国家社会科学基金重大项目"媒体融合中的版权理论与运营研究"（项目编号：19ZDA331）和中国社会科学院创新工程重大科研规划项目"国家治理体系和治理能力现代化研究"（项目编号：2019ZDGH014）的阶段性成果

失序与平衡

媒体融合中的版权制度

（修订本）

朱鸿军　著

中国社会科学出版社

图书在版编目(CIP)数据

失序与平衡:媒体融合中的版权制度/朱鸿军著. —修订本.
—北京:中国社会科学出版社,2020.11
ISBN 978 - 7 - 5203 - 2277 - 5

Ⅰ.①失⋯ Ⅱ.①朱⋯ Ⅲ.①版权—研究—中国 Ⅳ.①D923.414

中国版本图书馆 CIP 数据核字(2018)第 060198 号

出 版 人	赵剑英
责任编辑	陈肖静
责任校对	刘 娟
责任印制	戴 宽

出　　版	中国社会科学出版社
社　　址	北京鼓楼西大街甲 158 号
邮　　编	100720
网　　址	http://www.csspw.cn
发 行 部	010 - 84083685
门 市 部	010 - 84029450
经　　销	新华书店及其他书店
印　　刷	北京明恒达印务有限公司
装　　订	廊坊市广阳区广增装订厂
版　　次	2020 年 11 月第 1 版
印　　次	2020 年 11 月第 1 次印刷
开　　本	710×1000　1/16
印　　张	19
插　　页	2
字　　数	233 千字
定　　价	79.00 元

凡购买中国社会科学出版社图书,如有质量问题请与本社营销中心联系调换
电话:010 - 84083683
版权所有　侵权必究

目 录

第一章 导论 …………………………………………………（1）
    一 研究缘起 ……………………………………………（2）
    二 研究意义 ……………………………………………（8）
    三 文献回顾 ……………………………………………（10）
    四 创新点与难点 ………………………………………（54）
    五 核心概念界定 ………………………………………（55）
    六 研究方法 ……………………………………………（75）
    七 研究框架 ……………………………………………（76）

第二章 新旧媒体的融合与版权制度的变革 ………………（78）
  第一节 信息传播技术：版权制度的关键影响变量 ………（79）
    一 印刷出版术与版权制度的出现 ……………………（80）
    二 模拟技术与版权制度的扩张 ………………………（83）
    三 计算机网络技术与版权制度的重大革新 …………（89）
  第二节 计算机网络技术驱动的媒体融合与版权
        制度创新 ……………………………………………（92）

· 1 ·

▶▶▶ 失序与平衡:媒体融合中的版权制度

    一 媒体融合:人类媒体演变的主基调 ……………………(93)
    二 计算机网络技术:新旧媒体融合的根本驱动力 ……(94)
    三 计算机网络技术驱动的媒体融合中版权制度的
        创新维度 ………………………………………………(98)

第三节 版权制度创新:媒体融合成功的关键环节 ……(100)
    一 版权:媒体生存和发展的根基 ……………………(101)
    二 版权问题:制约媒体融合的瓶颈 …………………(106)
    三 版权制度创新:融媒版权问题的解决之道 ………(109)

第三章 融媒中我国版权制度的框架体系 ………………(112)
第一节 融媒中的我国版权法律制度 ……………………(112)
    一 我国版权法律制度的发展历程 ……………………(113)
    二 融媒中版权法律制度的框架 ………………………(117)
    三 融媒高相关的版权法律法规 ………………………(119)
    四 融媒中常见的版权纠纷机制 ………………………(122)

第二节 融媒中我国版权行政管理制度 …………………(124)
    一 我国版权行政管理制度主体框架 …………………(124)
    二 融媒中版权行政管理制度的优势 …………………(126)
    三 融媒中版权行政管理制度的成效 …………………(127)

第三节 融媒中我国版权社会服务制度 …………………(130)
    一 我国版权社会服务制度的构成 ……………………(130)
    二 融媒中版权社会服务制度的作用 …………………(134)
    三 融媒中版权社会服务制度的成效 …………………(136)

第四节 融媒中我国版权私力救济制度 …………………(137)
    一 私力救济与公力救济、社会救济 …………………(137)
    二 边缘化:我国版权私力救济的历史现状 …………(138)
    三 融媒:版权私力救济趋"中心化"的诱因 …………(145)

目录

第四章　失序：融媒中我国版权制度的不适 （162）

第一节　融媒中版权基础问题的待界定 （162）
一　一些作品版权客体的不明确 （163）
二　一些作品版权本体的不清晰 （175）
三　一些作品版权主体的不明了 （176）

第二节　融媒中版权基本原则的再调整 （177）
一　"先授权后使用原则"存在缺陷 （177）
二　"合理使用原则"的部分不适用 （178）
三　"法定许可制度"落地难 （179）
四　"避风港原则"受到质疑 （181）

第三节　融媒中版权合理保护难度加大 （183）
一　复杂：融媒中的版权侵权情形 （184）
二　低廉：融媒中的版权侵权成本 （193）
三　高昂：融媒中的版权维权成本 （198）

第四节　融媒中版权顺畅利用阻力增强 （201）
一　权利人确权基础管理不到位 （201）
二　海量版权的授权机制不通畅 （204）
三　版权的销售市场不规范 （210）
四　使用者规范用权习惯未养成 （212）

第五节　融媒中版权的正当性受到质疑 （214）
一　正当性：版权一直为人诟病的焦点 （215）
二　融媒中版权理论依据的动摇 （218）
三　信息自由优先论：抗辩融媒中版权正当性的一种理由 （220）

第五章　平衡：融媒中我国版权制度的优化 （225）

第一节　融媒中我国版权法律制度的优化 （226）

一　版权基础问题的再界定 …………………………（226）
　　二　版权基本原则的新调整 …………………………（233）
　　三　其他重要版权问题的法律回应 …………………（236）
第二节　融媒中我国版权行政管理制度的优化 …………（238）
　　一　加强版权行政管理基础建设 ……………………（238）
　　二　加大版权侵权行政处罚力度 ……………………（242）
　　三　整合资源合力铲除侵权土壤 ……………………（244）
第三节　融媒中我国版权社会服务制度的优化 …………（249）
　　一　大力完善著作权集体管理制度 …………………（250）
　　二　由协会牵头集中解决版权问题 …………………（254）
　　三　成立各种媒体行业的版权联盟 …………………（255）
第四节　融媒中我国版权私力救济制度的优化 …………（256）
　　一　作者版权私力救济制度的优化 …………………（256）
　　二　传统媒体版权私力救济制度的优化 ……………（260）
　　三　网络媒体版权私力救济制度的优化 ……………（271）
第五节　融媒中版权正当性续存的依据 …………………（278）
　　一　版权正当性存续的理论依据 ……………………（279）
　　二　版权与信息自由的并行不悖 ……………………（280）
　　三　版权优化与实践障碍的消弭 ……………………（281）

结语 …………………………………………………………（283）
参考文献 ……………………………………………………（285）
后记 …………………………………………………………（296）

第一章 导论

20世纪90年代中期,诞生于20世纪60年代的计算机互联网技术在经历了30多年的"军事首用、科研跟进、商业随后"的累积发展后,逐步广泛运用于社会大众领域。与此同时,在该类技术的驱动下,一种迥异于报刊、图书、广播、电视等传统媒体的媒体物种——网络媒体开始崛起。缘起于技术扩张而带来的内容短缺之需,这种全新的媒体物种将目光投向了内容的专业产制者同时又是海量内容囤积者的传统媒体。面对网络媒体这种具有强烈侵略性的新兴媒体,传统媒体已感到了丝丝寒意,虽然正处"盛年的自信"并没有使其对这样的威胁形成行业性的警惕,但还是有一些富有战略眼光的媒体认识到了计算机互联网技术的重要性,开始主动借助这类技术涉足新媒体。由此,一场以计算机互联网技术为根本驱动力的媒体融合拉开了序幕,并且自此这场延续至今媒体融合20多年的发展历程表明,这一驱动力的角色分量一直没变。

从人类版权制度的演变历史来看,每一次重大的信息传播技术的变革都会带来版权制度的重大调整。与传统媒体技术相比，计算机互联网技术发生了革命性变化，理论上这自然会驱使基于传统媒体技术特性建立的现有版权制度产生重大变革。此外，惯常经验判断，媒体融合属于传统媒体与新兴媒体交融的地带，与纯粹的传统媒体或新兴媒体环境相比，介入其中的版权利益群体数量会更多、群体的异质性更强，应该会给以追求利益平衡为理想状态的版权制度的调适增加很多难度。现实的状况是否如此，设若与既定的理论推演和经验判断相吻合，那是如何呈现的，实践层面看哪些属于有待迫切解决的障碍及如何对其加以排除，理论层面看又会有怎样的调整及会带来怎样的实践影响，等等，这些都属于本书研究的核心对象。本书具体的研究样本是我国。

一　研究缘起

2014年8月18日，中央全面深化改革领导小组第四次会议上通过了《关于推动传统媒体与新兴媒体融合发展的指导意见》。该意见的出台标志着在我国媒体融合已不仅仅关涉到媒体行业自身的发展，而且成为一种国家意志行为。然而，媒体融合20多年，尤其是最近10多年的经验反映，意想不到的是，版权，一个在中国传媒发展中经常不被重视的边缘领域，居然成为横亘在媒体融合进程中的一大拦路虎。

2000年左右曾经被认为成不了大气候的商业新媒体，自1994年我国正式接入国际互联网以来，经过十多年的发展，已让传统媒体感受到了它的严重威胁和侵蚀，并日益使传统媒体发现内容是自身最大的优势，而版权保护则是让这种优势得以真实存在和持久延续的最重要保障之一。为此，最近10多年，以传统媒体为主要发力方的版权维权日渐成为整个媒体融合行业的一大景观。1999年中国网络版权第一案"王蒙案"拉开了这一景观的序幕，原告著名作家王蒙于1989年在《中国作家》第2期发表了小说《坚硬的稀粥》，被告世纪互联通技术有限公司未经许可将该小说在网上传播。[①] 自此，图书、期刊、报纸、电视、广播、音乐等传统媒体领域的版权维权活动此起彼伏。典型案例有：2000年刘京胜起诉搜狐网站未经许可擅自将原告译著《唐·吉诃德》供人下载；2002年北京大学陈兴良教授诉中国数字图书馆有限责任公司侵犯其信息网络传播权，这是我国第一起与数字图书馆有关的著作权侵权案；[②] 2004年中国社会科学院知识产权研究中心研究员周林与特聘教授徐家力代表郑成思等7名知识产权专家状告北京书生数字技术有限公司侵犯其著作权，这是国内第一起顶级版权专家与数字图书馆对簿公堂的版权纠纷案例；[③] 2005年、2006年浙江泛亚电子商务公司、七大唱片公司[④]等起诉百度、雅虎、搜狐等未经许可进行包括深度链接在内侵权的系列案，[⑤] 2007年11大唱片公司[⑥]诉阿里巴巴科技信息有限公司侵犯著作邻接权案；[⑦] 2008

[①] 祝建军：《数字时代著作权裁判逻辑》，法律出版社2014年版，第8页。
[②] 李明山、常青等：《中国当代版权史》，知识产权出版社2007年版，第425页。
[③] 同上。
[④] EMI集团香港有限公司、SONY BMG音乐娱乐（香港）有限公司、华纳唱片有限公司、环球唱片有限公司、金牌娱乐事业有限公司、正东唱片有限公司、新艺宝唱片有限公司。
[⑤] 参见北京市海淀区法院（2005）海民初字第14665号民事判决书、北京市第一中级人民法院（2005）一中民初字第7978号民事判决书、北京市第一中级人民法院（2006）一中民初字第6273号民事判决书、北京市第二中级人民法院（2007）二中民初字第02629号民事判决书和北京市高级人民法院（2007）高民初字第1201号民事判决书。——祝建军：《数字时代著作权裁判逻辑》，法律出版社2014年版，第8页。
[⑥] 科艺白带股份有限公司、EMI集团香港有限公司、环球唱片有限公司、环球唱片有限公司、环球国际唱片股份有限公司、新力博德曼音乐娱乐股份有限公司、正东唱片有限公司、华纳唱片有限公司、百代唱片有限公司、索尼博德曼音乐娱乐、水星唱片有限公司。
[⑦] 蒋凯：《中国音乐著作权管理与诉讼》，知识产权出版社2008年版，第99页。

▶▶▶ 失序与平衡：媒体融合中的版权制度

年中央电视台起诉世纪龙信息网络有限公司未经许可在其经营的网站上转播央视奥运频道直播的奥运火炬珠穆朗玛峰传递节目案；2009年《新京报》状告浙江在线网站违法转载案；2010年湖南师范大学魏剑美副教授起诉龙源期刊网案；2014年玄霆娱乐起诉喜马拉雅FM侵权案，同年《广州日报》起诉今日头条侵权案；等等。

有的媒体甚至十年如一日地将这样的维权活动坚持下去，如《新京报》从2005年便开始了自身的版权维权活动。自2005年10月20多位报业老总发起《南京宣言》，倡议"报界应当联合起来"积极运用法律武器维护自身权益以来，传统媒体结盟维权也在成为趋势：2006年元旦前后，时任解放日报报业集团社长尹明华：向全国38家报业集团发出《全国报业内容联盟倡议书》；2009年8月19日，央视网、凤凰网携手建"网络视频版权保护联盟"；2016年12月15日，人民网和京报网、中青在线、中国日报网等24家单位联合成立"党报新媒体版权联盟"；2017年4月26日，人民日报社、新华社等10家主要中央新闻单位和新媒体网站联合发起的"中国新闻媒体版权保护联盟"宣告成立，并发布了《中国新闻媒体版权保护联盟宣言》。

近些年官方和半官方也在积极为传统媒体的版权利益站台。2014年国家版权局开展"剑网2014"行动，重点打击非法转载传统媒体作品，① 时任国家版权局副局长阎晓宏说："支持传统媒体提高自身维权能力，在行动到一定阶段后，要推动传统媒体和

---

① 璩静：《国家版权局：网络偷用报纸作品或将面临严厉打击》，新华网，2014年6月18日。

网站签订合作协议,这才是一条正规。"①;2015年4月22日国家版权局发布《关于规范网络转载版权秩序的通知》明确规定互联网媒体转载他人作品必须得到授权,并支付报酬;2016年11月18日,国家版权局率《人民日报》、《经济日报》、人民网、中央电视台等17家中央媒体学习重庆日报报业集团版权维权经验。②2008年6月3日,中国音乐著作权协会联合中国音像著作权集体管理协会和国际唱片业协会对百度音乐下载提起侵权诉讼。2008年10月24日中国文字著作权协会成立,成为我国唯一的文字作品著作权集体管理机构,这些年该著作权组织不断出头保护传统媒体的版权:2010年,应中国作家要求,在中国作协等部门支持下,中国文字著作权协会与正在实施"谷歌数字图书馆"计划的美国谷歌公司举行3轮谈判和多次磋商,促使谷歌提交其非法扫描收录的21万种中国图书清单,并向中国作家公开道歉,这一"中国作家向谷歌维权"事件入选2010年度全国知识产权保护20个重大事件;③2017年8月1日,该组织起诉知网侵犯著作权,该案系其提起的首起维权诉讼,据该协会负责人介绍,协会还将委托律师针对中国知网、万方数据、重庆维普等知识数据公司的侵权展开大规模的诉讼维权行动。2017年6月9日中国报业协会举办首届中国报业版权大会,成立了中国报业协会版权工作委员会筹备组,报业维权高潮被掀起。

这些年来传统媒体越趋频繁的版权维权行动(据《2014年中国网络版权保护年度报告》介绍,传统媒体成为诉讼的主体,这

---

① 《国家版权局:支持传统媒体正当维权》,《新京报》2014年6月13日。
② 《国家版权局率17家中央媒体记者学习交流重报集团版权维权》,《重庆日报》2016年11月21日。
③ 王清:《一枝一叶间 雀鸣争执何——中国版权制度十年发展综述》,《编辑之友》2012年第1期。

▶▶▶ 失序与平衡:媒体融合中的版权制度

些媒体包括传统出版社、报社及报业集团,也有老牌的电影制片厂、广播电视台等),① 也正在促使新媒体规范自身的版权行为,并积极地由侵权方逐步变为反侵权方,标志性事件:2009 年 9 月 15 日,由激动网、优朋普乐、搜狐视频 3 家发起,国内 110 家互联网视频共同创建了"中国网络视频反盗版联盟"。一些新媒体并且开始积极帮助传统媒体进行版权的保护,如 2016 年 8 月 26 日,淘宝网携手 36 家出版社成立少儿出版反盗版联盟,让这些联盟成员加入阿里巴巴知识产权保护系统,借助自身的新媒体经验和技术力量协助成员进行版权的维权。② 但是,从总体上看,新媒体侵犯传统媒体版权的局面依然没有得到根本改观。《2014 年中国网络版权保护年度报告》显示,2014 年共有 125 件涉及传统媒体与新媒体的版权侵权纠纷案,占全年版权案件的 13%。另根据国家版权局 2011 年至 2016 年每年公布的十大侵权盗版案件分布看,6 年 60 件案件中涉及传统媒体与新兴媒体之间的版权纠纷案有 18 件,占比超 3 成。

面对各方的指责,时常被标签化为侵权盗版的"施害者"和现有版权秩序"麻烦制造者"的网络媒体也有自身的不满。在版权立法环节,现有版权法律制度趋于一味增加网络媒体承担的义务而不赋予其权利,如《著作权法》第 22 条第 4 项规定"报纸、期刊、广播电台、电视台等媒体刊登或播放其他报纸、期刊、广播电台、电视台等媒体已经发表的关于政治、经济、宗教问题的时事性文章,但作者声明不许刊登、播放的除外",第 22 条第 5

---

① 中国信息通信研究院:《2014 年中国网络版权保护年度报告》,国家版局官网,2015 年 4 月 22 日,http://www.ncac.gov.cn/chinacopyright/contents/6194/249936。
② 《淘宝网携手 36 家出版社 共建"少儿出版反盗版联盟"》,央广网,2016 年 8 月 26 日,http://tech.cnr.cn/techgd/20160826/t20160826_523086439.shtml。

项规定"报纸、期刊、广播电台、电视台等媒体刊登或者播放在公众集会上发表的讲话，但作者声明不许刊登、播放的除外"，都没有明确凸显网络媒体作为第四媒体的应有地位。① 在版权作品的产制环节，相比较传统媒体而言，众多网络媒体拥有更强的资金、技术、人才等方面的实力，对新兴市场也更熟悉，更有能力供给符合受众需求的高品质版权作品，但却苦于资质限制而不能涉足诸多类型内容的产制。政府为何不能将网络媒体的身份正常化？为何不通过网络媒体的引入来激发版权作品市场的活力，通过法律、经济、行政等手段来防控这种正常化所带来的风险？在版权作品的使用环节，早在2004年郑成思等7位专家上诉作品被侵权案中，各方已形成共识，使用者与版权人一对一洽谈的传统授权模式已经不符合数字时代的发展要求，② 但至今现有制度依然要求网络媒体通过这种模式来获取版权人的授权。

传统媒体与新兴媒体在版权领域的剑拔弩张，自然会严重影响到两者之间的顺利融合。一方面，传统媒体出于防范警惕的考虑不会轻易将版权作品授权转让给网络媒体，另一方面得不到大量正版高质量内容的网络媒体也会对传统媒体心生更多不满，甚至会依然我行我素（先侵权使用再考虑后果），这又会引发传统媒体的更大反弹，从而使两者关系更加恶化。如前文所述，媒体融合已成为一项非常重要的国家战略行为。然而，很显然，目前传统媒体与网络媒体之间的版权关系很不利于该战略行为的推进，是否可借助版权制度的创新将这样的紧张关系舒缓并趋于融洽，进而为媒体融合的顺利推进提供正向的力量，这便是本研究的缘起所在。

---

① 李明山、常青等：《中国当代版权史》，知识产权出版社2007年版，第415页。
② 同上书，第427页。

二 研究意义

从国家宏观发展层面看，该研究有一定现实意义。如上文所述，本研究试图通过创新和完善版权制度助推媒体融合这一国家战略行为的顺利推进。此外，我国正在朝着由经济大国向经济强国的伟大目标迈进，这驱使加强和完善作为 21 世纪现代经济强国核心驱动的鼓励和保护创新的知识产权制度成为实现该目标的必然选择。现今，知识产权制度已被国家置于极高地位。2013 年中共十八届三中全会通过的关涉到中国未来十几年和更长时间发展的《中共中央关于全面深化改革若干重大问题的决定》提出，加强知识产权运用和保护，健全技术创新激励机制，探索建立知识产权法院。2017 年党的十九大报告也提出"倡导创新文化，强化知识产权创造、保护、运用"。2018 年习近平在博鳌亚洲论坛所提出的中国扩大开放的四项重大举措，"加强知识产权保护"便是其中一项。版权，作为与专利、商标一道成为知识产权的三大板块之一，从大处看，该领域的制度是否健全也会影响到中国经济强国伟大目标的实现。当前媒体融合中的版权制度创新正是健全该领域制度的重点所在。

从版权立法、司法和行政工作看，该研究也有着很强的现实意义。目前，我国《著作权法》正在进行第三次修订，修订的送审稿已交全国人大讨论。在这关键的时间点，及时对融媒领域中的版权立法问题展开研究正合时宜。此外，无论于版权司法系统而言，还是对版权行政管理机构来说，媒体融合中的版权都已成为他们工作的重点和难点，集中体现为：一是相关的投诉举报、案件纠纷数量庞大，一些法院和版权行政部门工作人员已忙得焦头烂额；二是问题解决的难度大，与传统媒体环境相比，互联网媒体中的版权问题本就要复杂得多，但与之相比，媒体融合中的版权利益关系更加错综复杂，既有网络空间身份多元的版权利益方，还有图书、报刊、广电等传统媒体系统版权利益方的介入，这会大大增加版权问题解决的难度；三是问题出现的周期短，计算机互联网技术频繁的更新迭代和传统媒体嫁接各种新兴媒体技术不断升级的现状，使得媒体融合中的版权问题长期处于变动状态，时常是旧问题尚未解决，更多新问题又不断涌现。本研究将对版权司法和行政实践中遭遇到的主要问题给予回应。

在媒体业界本研究也应有一定的应用价值。传统媒体所关心的：在媒体融合中保护版权时会遇到哪些难点，哪些难点能解决，哪些不能解决，哪些短期内能解决，哪些需要假以时日才能解决；如何将版权价值最大化，如何增强版权意识，怎样建立现代的版权管理体系，不同媒体版权运营的方式都有哪些，等等。网络媒体关注的：如何才能合法合理地取得版权，侵权盗版会带来怎样的危害，侵权盗版中需承担怎样的责任，如何将得来的版权价值最大化，等等。这些都将成为本书的研究对象。

最后，众所周知，交汇地带矛盾多、冲突多，非常有助于理论的创新。媒体融合中，不仅版权的基础概念——版权本体、客体和主体的内涵和外延会发生变化（如版权作品评价标准"创新性"的界定，时事新闻无版权的质疑，信息网络传播和广播权的合并等），而且版权的基本制度—先授权后使用制度、合理使用制度、法定许可制度等也需要再认识和新调整，并且版权正当性—版权合法性的基础，如劳动说、激励说和人格说等版权立足的基础理论也受质疑。本研究希望通过分析探讨这些内容对既有版权理论有一定的推进。

三 文献回顾

(一) 国外研究的历史与现状

整体上而言,西方学者鲜见直接考察媒体融合语境中版权的论著,但从20世纪90年代至今,尤其是近年来欧美学界对该议题所作的具有引领价值的开拓性研究数量大幅增多,而且覆盖议题较宽、视角多元。概括国外媒体融合中版权研究的现状,大体可以概括为以下几个方面:

1. 反思媒体融合中的版权基础理论

(1) 分析媒体融合挑战版权的因素。有传媒学者指出,媒体融合对当代版权制度构成核心挑战主要因素有两:一是传媒产品/版权作品的跨媒介流动,二是受众/使用者对传媒产品/版权作品文本的参与式改造(Sandra M. Falero, 2016; Emma Keltie, 2017)[①]。前者冲击了传媒产业在文化产品流通领域中的商业垄断,其所对应的是文件共享活动(Jonas Andersson Schwarz, 2014)[②],后者则颠覆了传媒产业对其文化产品的文本垄断,其所对应的是各种粉丝创作以及恶搞文化(Owen Gallagher, 2018)[③]。

(2) 审视版权的若干基本原则。为在版权法层面为使用者权

[①] Sandra M. Falero, *Digital Participatory Culture and the TV Audience: Everyone's a Critic*, Springer, 2016, p. 126; Keltie, Emma, *The culture industry and participatory audiences*, Springer, 2017, p. 28.

[②] Andersson Schwarz, J., & Larsson, S., "The justifications of piracy: Differences in conceptualization and argumentation between active uploaders and other file-sharers", in Martin Fredriksson & James Arvanitakis, eds., Piracy: Leakages from Modernity, Litwin Books, 2014, pp. 217 – 239.

[③] Gallagher, Owen, *Reclaiming Critical Remix Video: The Role of Sampling in Transformative Works*, Routledge, 2017, p. 156.

利提供更坚实的保护，从而真正实现版权制度内含的利益平衡，一方面需要在版权案件审理环节中提升"转换性"要素的权重（Owen Gallagher，2018）①，并且严格限制版权所有者"衍生作品创作权利"的适用范围（Omri Rachum-Twaig，2019）②，另一方面需要明确升格版权限制与例外条款为具有强制性的"使用者权利"（Pascale Chapdelaine，2017）③，尤其是对原作品进行"戏拟"的权利（Amy Lai，2019）④，从而确保公众拥有实质性参与文化建构的能力（Pascale Chapdelaine，2018）⑤。此外，在媒介融合中，首次销售原则在加以适当调整的情形下应该继续适用，不能因数字传播方式而悬置（Aaron Perzanowski &Jason Schultz，2016）⑥，而法定许可以及补偿金制度则应该在文件共享、私人使用乃至部分合理使用中获得更广泛地运用（Omri Rachum-Twaig，2019）⑦。

（3）反思版权正当性哲学理论基础。有学者认为媒介融合语境中文化产品受众的权力提升重置了版权作品创作者与使用者各自的主体身份以及彼此之间的主体关系（James Meese，2018）⑧，

---

① Gallagher, Owen, *Reclaiming Critical Remix Video: The Role of Sampling in Transformative Works*, Routledge, 2017, p.178.
② Rachum-Twaig, O., "Whose Robot Is It Anyway?: Liability for Artificial-Intelligence-Based Robots", *University of Illinois Law Review*, Vol.2020, No.4, 2019, pp.1141-1175.
③ Chapdelaine, Pascale, *Copyright user rights: Contracts and the erosion of property*, Oxford University Press, 2017, p.18.
④ Lai, Amy, *The Right to Parody: Comparative Analysis of Copyright and Free Speech*, Cambridge University Press, 2019, p.278.
⑤ Chapdelaine, P., "Copyright User Rights and Remedies: An Access to Justice Perspective", *Laws*, Vol.7, No.3, 2018, pp.1-26.
⑥ Perzanowski, Aaron & Jason Schultz, *The end of ownership: Personal property in the digital economy*, The MIT Press, 2016, p.123.
⑦ Rachum-Twaig, O., "Whose Robot Is It Anyway?: Liability for Artificial-Intelligence-Based Robots", *University of Illinois Law Review*, Vol.2020, No.4, 2019, pp.1141-1175.
⑧ Meese, James, *Authors, users, and pirates: Copyright law and subjectivity*, The MIT Press, 2018, p.289.

▶▶▶ 失序与平衡：媒体融合中的版权制度

从而使得版权制度的哲学根基从个人主义和功利主义转变为社群主义，版权作品创作者和使用者都是这一文化社群中的构成性要素，这才是作者权利和使用者权利的正当性依据（Carys J. Craig, 2011）[1]。以此观之，版权规制的根本合法性并非在于为创作者提供经济激励或人格保护，而在于保障人类文化创造的可持续性（Giancarlo Frosio, 2018）[2]。在主张开放网络版权的劳伦斯·莱斯格（Lawrence Lessig, 2009）[3] 看来，版权保护的核心是创造性思想，思想的一个必然特点是无竞争性，对它的使用和分享并不会减少它的数量，由此，他提出了公共版权和自由文化概念。

近些年，还有涌现了有关版权正当性的新理论。社会规划理论的提出者 Neil Netanel（1996）[4] 认为，版权法的制定应当有助于培育健康的、参与性的和多元化的公民社会。为了达到这一目标，版权法应当扩大公共领域范围，如缩短版权保护期限、减少作者专有权利，扩大强制许可制度适用等，从而实现版权的生产性和结构性功能。用户权利理论主张者 Jessica Litman（2008）[5] 认为在版权法创造的法律生态中，如果版权法使用户承担过重的义务，则不能实现鼓励作者创作的目的，因此版权法给使用者带来的利益应当同作者及作品发行者持平。Julie Cohen（2005）[6] 认

---

[1] Craig, Carys, J., *Copyright, communication and culture: Towards a relational theory of copyright law*, Edward Elgar Publishing, 2011, p. 56.

[2] Frosio, Giancarlo, *Reconciling copyright with cumulative creativity: the third paradigm*, Edward Elgar Publishing, 2018, p. 81.

[3] Lessig, Lawrence, *Code: And other laws of cyberspace*, Read How You Want. com, 2009, p. 35.

[4] Netanel, N. W., "Copyright and a democratic civil society", *Yale Lj*, Vol. 106, 1996, pp. 283 – 387.

[5] Litman, J., "Billowing White Goo", *Colum. JL & Arts*, Vol. 31, No. 4, 2008, pp. 587 – 601.

[6] Cohen, J. E., "The place of the user in copyright law", *Fordham L. Rev.*, Vol. 74, No. 2, 2005, pp. 347 – 374.

为，在版权体系中，用户与作者的角色会发生转化，尤其是品味与才能均未最终形成的"情境化用户"。

（4）探讨版权亚文化的积极价值。首先，部分学者通过对服装行业、餐饮行业、脱口秀表演、纹身艺术以及尼日利亚电影业的经验性分析，指出创意活动在无需版权保护的情形下同样具有可持续性（Kate Darling&Aaron Perzanowski，2017）[1]。其次，以"知识共享协议"和"开源软件运动"为代表的"开放获取"实践已然成为一种比现有版权更能实现推动知识传播这一公共利益的、具备高度可行性的制度选项（Peter Suber，2012）[2]。再次，不少创作者以及使用者群体自发设立了若干准版权规范，例如非商业性/非营利性原则、原作署名原则以及转换性原则（Patricia Aufderheide &Jaszi Peter，2018）[3]。

2. 媒体融合中的版权法律制度研究

（1）质疑媒体融合中的最新版权立法。总体上看，学者们对大量的新法给出了质疑。有学者研究印度、欧盟等立法指出，虽然是应对媒体融合而立法，但却并没有解决媒体融合问题，反而衍生出更深层次难题。Tabrez Ahmad（2009）[4]对《信息技术法案》的研究指出，尽管印度当前的网络版权侵权现象已十分严峻，但《信息技术法案》却没能具体涵盖到包括版权在内的线上支付、媒体融合、域名注册、网络仲裁和管辖权等问题。Neal

---

[1] KateDarling & Aaron Perzanowski, eds, *Creativity without law: challenging the assumptions of intellectual property*, NYU Press, 2017, p.76.

[2] Suber, Peter, *Open access*, The MIT Press, 2012, p.66.

[3] Aufderheide, Patricia & Peter Jaszi, *Reclaiming fair use: How to put balance back in copyright*, University of Chicago Press, 2018, p.92.

[4] Ahmad, T., "Copyright infringement in cyberspace and network security: A threat to e-commerce", *The IUP Journal of Cyber Law*, Vol.9, No.1, 2009, pp.17–24.

▶▶▶ 失序与平衡：媒体融合中的版权制度

Geach（2009）[①] 对欧盟于2007年通过的《视听媒体服务指令》（Audiovisual Media Services Directive）提出批评，指出该指令未能明晰媒体融合平台与版权侵权的潜在增长之间的联系，如互联网的全球性与版权保护的区域性的矛盾、个人利用"网络交互性"传播受版权保护作品的漏洞、媒体融合环境下版权保护与社会创新的关系等。此外，Maurizio Borghi（2011）[②] 探讨了欧盟《信息社会版权指令》（the Information Society Directive, 2001）在应对互联网流媒体时的不足。其认为，网络直播的传播形式不属于交互式传播，参考欧洲判例法，版权法中关于广播权的规定不能直接约束直播流，由此产生一些悖论。João Quintais（2020）[③] 对2019年5月欧洲议会出台的《数字化单一市场版权指令》进行了梳理和批判。他认为，该指令由最初的"促进数字化单一市场的立法工具"变成了一种"行业政策工具"（an industry policy tool），其出台更多的是通过游说而非依据专家和论证，进而形成了一个有缺陷的立法。

也有学者认为新闻出版者权立法有助于保护媒体机构的利益，但会损害网络媒体的利益，加重网络平台审核责任，无视"避风港规则"，从而阻碍了网络创新和信息自由。德国联邦参议院于2013年批准了一项名为Leistungsschutzrecht fu̎r Presseverlege（LSR）的立法，以应对新闻聚合行为对传统媒体利益的冲击。英

---

① Geach, N., "The future of copyright in the age of convergence: Is a new approach needed for the new media world?" *International Review of Law, Computers & Technology*, Vol. 23, No. 1 – 2, 2009, pp. 131 – 142.

② Borghi, M., "Chasing copyright infringement in the streaming landscape", *International Review of Intellectual Property and Competition Law*, Vol. 42, No. 3, 2011, pp. 316 – 343.

③ Quintais, J., "The New Copyright in the Digital Single Market Directive: A Critical Look", *European Intellectual Property Review*, Vol. 42, No. 1, 2020, pp. 28 – 41.

国剑桥大学学者 *Eleonora Rosati*（2013）[1] 的研究提出，该法律将通过向新闻出版商提供新闻内容的附属权利来扩大新闻出版商的版权，旨在收回传统新闻出版商在网上损失的部分收入，不过，该法案可能会影响媒体多元化，并且阻止网络创新。同样，西班牙为了应对新闻聚合平台的冲击，于 2014 年颁布了新修正的《知识产权法》，要求新闻聚合平台对所使用的图文素材获得许可并支付报酬。根据巴塞罗那大学 Joan Calzada 和加拿大皇后大学 Ricard Gil（2014）[2] 的统计结果，法案的实施迫使西班牙"谷歌新闻"平台关闭，并令西班牙新闻媒体的每日访问次数减少了 8% 至 14%。两位学者的结论是，德国与西班牙保守的版权立法阻碍了新闻媒体的发展及新闻自由的实现。

（2）聚焦于媒体融合中最新版权司法领域。①加强技术中立原则。技术对媒体融合发挥重要作用，但也容易引发司法问题。技术中立原则意味着版权法应以同等方式适用于表现同一作品的不同技术，该原则的应用不受传统版权法的禁锢，同时平衡作品创作者与使用者间的利益关系。Kevin P. Siu（2013）[3] 的研究表明，在加拿大的司法实践中，非技术中立的版权制度会阻碍媒体技术创新，并降低经济效率；而保护版权法完整性和促进技术发展的最佳方法是在法定权利到一般商业性权利的范式转变中加强技术中立原则。

②"选择—进入"机制已不再适用。面对新闻聚合行为，学

---

[1] Rosati, E., "The German 'Google Tax' law: groovy or greedy?" *International Review of Intellectual Property and Competition Law*, Vol. 8, No. 7, 2013, pp. 497–497.

[2] Calzada, J. & Gil, R., "What Do News Aggregators Do? Evidence from Google News in Spain and Germany", *Marketing Science*, Vol. 39, No. 1, 2020, pp. 134–167.

[3] Siu, K. P., "Technological Neutrality: Toward Copyright Convergence in the Digital Age", *U. Toronto Fac. L. Rev.*, Vol. 71, No. 2, 2013, pp. 76–112.

者认为，传统版权法的"选择—进入"机制已不再适用，"选择—退出"机制更适合互联网的技术特性。Monika Jasiewicz（2012）[①]基于"Field v. Google 案"中提出"选择—退出"机制（opt-out）更适合新闻聚合，除非权利人使用"机器人排除协议"（robots exclusion protocol）来表示他们不希望新闻聚合器获取其内容，否则权利人应被视作已向新闻聚合平台授予默认许可。

③认为转换性使用可以构成合理使用。2007年的"完美十诉亚马逊案"（Perfect 10, Inc. v. Amazon.com, Inc., 508 F.3d 1146, 9th Cir. 2007）是美国联邦第九巡回上诉法院审理的一起由《完美十》杂志起诉亚马逊公司和谷歌公司的案件。学者 Meng Ding（2008）[②]解析了该案的判决，该案中，法院认为谷歌公司为图像搜索引擎存储《完美十》网站的图像和创建相关链接的行为，非常具有转换性（transformative），且有较强的公益效果，因此认定该行为属于对《完美十》杂志公司所拥有的图像版权的合理使用，没有侵害其版权。Ding 认为，该案的裁决加强了搜索引擎在促进公众知识方面的作用，同时也强调了搜索引擎不得利用其技术任意侵犯版权，标志着版权合理使用原则的扩大解释持续趋势。

4. 媒体融合中版权运营管理模式研究

（1）传媒企业版权运营管理的一般理论探讨。在国外研究中，关于传媒企业版权运营管理理论的探讨，往往是以探索文化产业中的版权理论运用的形式予以展现，而传媒企业作为文化产

---

① Jasiewicz, M. I., "Copyright protection in an opt-out world: Implied license doctrine and news aggregators", *Yale LJ*, Vol. 122, No. 3, 2012, pp. 837–850.

② Ding, M., "Perfect 10 v Amazon.com: A Step Toward Copyright's Tort Law Roots", *Berkeley Tech. LJ*, Vol. 23, No. 1, 2008, pp. 373–403.

业的核心力量成为重要论述。如 Klein Bethany，Giles Moss 和 Lee Edwards（2015）①用大量翔实数据和案例解释了数字时代版权对于文化产业勃兴的重大意义，Gani-Ikilama，Mary（2016）②系统探讨了版权理论在文化产业中的应用，并对版权理论在文化产业中的应用框架做出较为详细的梳理。此外 http：//apps. webofknowledge. com/full_ record. do? product = WOS&search_ mode = GeneralSearch&qid = 7&SID = 7BL631Eo3ZR9D3suUeb&page = 1&doc = 6 Backhaus，Juergen G.（2014）③对文化产业中的版权资源开发问题做出系统阐述，Towse，Ruth（2010）④则对版权理论应用于创意产业的研究范式进行了总结和探讨。

学者也对传媒企业版权进行了重点关注，如面对新媒体下的复杂版权管理情况，Kierkegaard（2011）⑤探讨了媒体内容众筹生产作品的管理问题，Backhaus，Juergen G（2014）⑥一文则将媒体、技术、版权三种传媒产业因素进行综合考察，探讨法律和经济如何在传媒产业中有机结合。Lopez Cepeda，Ana Maria 等（2019）⑦对欧洲公共服务类媒体企业的内容生产与版权管理做出

---

① Klein, Bethany, Giles Moss, & Lee Edwards, *Understanding copyright*: *Intellectual property in the digital age*, Sage Publications, 2015, p. 66.

② Gani-Ikilama, M., "Copyright theory and a justificatory framework for creative autonomy in cultural industries", *Queen Mary Journal of Intellectual Property*, Vol. 6, No. 2, 2016, pp. 154 – 174.

③ Backhaus, J. G., *Encyclopedia of Law and Economics*, Springer, 2014, p. 278.

④ Towse, R., "Creativity, copyright and the creative industries paradigm", *Kyklos*, Vol. 63, No. 3, 2010, pp. 461 – 478.

⑤ Kierkegaard, P., "Beefing up end user development: legal protection and regulatory compliance", *International Symposium on End User Development*, Springer, Berlin, Heidelberg, 2011, pp. 203 – 217.

⑥ Backhaus, J. G., *Encyclopedia of Law and Economics*, Springer, 2014, p. 367.

⑦ López-Cepeda, A. M., López-Golán, M., "Rodríguez-Castro M. Participatory audiences in the European public service media: Content production and copyright", *Comunicar*, Vol. 27, No. 60, 2019, pp. 93 – 102.

失序与平衡：媒体融合中的版权制度

较为系统地研究，尤其是对传媒企业 UGC 类版权内容管理提出一些针对性的建议。

Richard Watt（2018）[①] 对著作权作品许可的微观经济学理论进行了思考和评述。他认为许可本质上决定了消费者对受版权保护的商品的最终价值，以及该最终价值中存在的风险是如何共同体现受版权保护作品的个人和公司共享的。许可合同是一种机制，它为有创造力的个人提供了在未来继续创作内容的动力。

（2）传媒企业版权运营管理的经验介绍。关于传媒企业版权运营管理的经验研究，国外文献主要表现在区域经验介绍和典型传媒企业经验介绍两方面。在版权运营管理的国家或区域整体描述方面，SchroffSimone 和 John Street（2018）[②] 结合欧盟《数字单一市场版权规定》探讨了欧盟传媒企业如何利用规定进行整个区域的版权运作。Majo-Vazquez，Silvia.（2017）[③] 则分析了西班牙在 2015 年新链接税出台前后数字传媒企业的版权运营变化。Aufderheide，Patricia（2017）[④] 则对澳大利亚传媒企业版权运营情况做出扫描，并指出澳大利亚传媒企业版权运营中过度合理使用的弊端。同样，版权大国美国也在享受版权经济的同时面临数字媒体情境下的合理使用问题，Aufderheide，Patri-

---

[①] Watt, R. & Mueller-Langer, F., "Indirect Copyright Infringement Liability for an ISP: An Application of the Theory of the Economics of Contracts under Asymmetric Information", *Review of Economic Research on Copyright Issues*, Vol. 15, No. 2, 2018, pp. 57 – 79.

[②] Schroff, S., Street, J., "The politics of the Digital Single Market: culture vs. competition vs. copyright", *Information, Communication & Society*, Vol. 21, No. 10, 2018, pp. 1305 – 1321.

[③] Majó-Vázquez, S., Cardenal, A. S. & González-Bailón, S., "Digital news consumption and copyright intervention: Evidence from Spain before and after the 2015 'Link Tax'", *Journal of Computer-Mediated Communication*, Vol. 22, No. 5, 2017, pp. 284 – 301.

[④] Aufderheide, P. & Davis, D. H., "Contributors and arguments in australian policy debates on fair use and copyright: The missing discussion of the creative process", *International Journal of Communication*, Vol. 11, No. ??, 2017, pp. 522 – 545.

cia. (2016)[①] 一文就以美国虚拟艺术版权产业为例做了系统论述。学者关于国外区域版权运营经验的介绍较为广泛，不仅涉及欧美，如 Counsel, Graeme (2017)[②] 对非洲传媒产业市场的版权开发进行了全面扫描，Pouris, Anastassios (2017)[③] 以数据调研的形式全面展现南非传媒企业版权运营的发展状况。Andanda, Pamela (2016)[④] 则对南非数字新闻业的版权运营管理做出思考。

国外学者也针对不同类型媒体企业的版权运营做出专门论述。Dodds, Francis (2018)[⑤] 探讨了新时期学术出版业的版权问题，Towse, Ruth (2017)[⑥] 一文则对音乐出版企业的版权市场开发问题做出量化分析。在期刊版权运营方面，Guerra Gonzalez, Jenny Teresita (2019)[⑦] 以葡萄牙、西班牙和墨西哥期刊版权为例进行调研，展现三国期刊企业的现代版权运营模式。Farries, Elizabeth; Sturm, Tristan (2019)[⑧] 则

[①] Aufderheide, P., Milosevic, T. & Bello, B., "The impact of copyright permissions culture on the US visual arts community: The consequences of fear of fair use", *New media &society*, Vol. 18, No. 9, 2016, pp. 2012 – 2027.

[②] Counse, G., Röschenthaler, Ute, & Mamadou, D. (eds.), "Copyright Africa-How Intellectual Property, Media, and Markets Transform Immaterial Cultural Goods", *Anthropos*, Vol. 112, No. 2, 2017, pp. 706 – 707.

[③] Pouris, A. & Inglesi-Lotz, R., "The contribution of copyright-based industries to the South African economy", *South African Journal of Science*, Vol. 113, No. 11 – 12, 2017, pp. 1 – 7.

[④] Andanda, P., "Copyright law and online journalism: a South African perspective on fair use and reasonable media practice", *Queen Mary Journal of Intellectual Property*, Vol. 6, No. 4, 2016, pp. 411 – 434.

[⑤] Dodds, F., "The changing copyright landscape in academic publishing", *Learned Publishing*, Vol. 31, No. 3, 2018, pp. 270 – 275.

[⑥] Towse R., "Economics of music publishing: copyright and the market", *Journal of Cultural Economics*, Vol. 41, No. 4, 2017, pp. 403 – 420.

[⑦] Guerra González, J. T., "La administración de los derechos de autor en las revistas portuguesas, españolas y mexicanas de historia a través de sus modelos e instrumentos", *Investigación bibliotecológica*, Vol. 33, No. 79, 2019, pp. 205 – 240.

[⑧] Farries, E. & Sturm, T., "Feminist legal geographies of intimate-image sexual abuse: Using copyright logic to combat the unauthorized distribution of celebrity intimate images in cyberspaces", *Environment and Planning A: Economy and Space*, Vol. 51, No. 5, 2019, pp. 1145 – 1165.

▶▶▶ 失序与平衡：媒体融合中的版权制度

针对新媒体企业网络图片版权管理问题做出系统探索。在影视版权方面，Sarikakis, Katharine（2017）[①] 以美国《权力的游戏》为例，分析了用户内容生产的版权获取、管理与开发策略。类似的视角也体现在迪斯尼版权运营研究论文中，如 Edwards, Lee（2015）[②] 就对迪斯尼创意资源的版权开发经验做出系统阐释。此外，也有文章关注传媒企业的转播权开发问题，Raymond, Boyle（2010）[③] 对网络媒体企业赛事转播权运营做出较为全面的分析。

（3）新媒体版权运营管理研究。在新媒体版权运营研究方面，国外学者视角较为广泛，既有版权管理经验和教训的介绍，也有技术层面的探讨。http：//apps.webofknowledge.com/full_record.do? product = WOS&search_ mode = GeneralSearch&qid = 7&SID = 7BL631Eo3ZR9D3suUeb&page = 1&doc = 1&cacheurlFromRightClick = no Campagnolo, Gian Marco（2019）[④] 以 Copyright Hub 公司所收集的数据和案例为基础，分析了新媒体企业版权运营所受到的政府、产业和技术影响。Ortland, Eberhard（2015）[⑤] 系统分析了新媒体版

[①] Sarikakis, K. & Krug, C., "Rodriguez-Amat J R. Defining authorship in user-generated content: Copyright struggles in The Game of Thrones", *New media & society*, Vol. 19, No. 4, 2017, pp. 542 – 559.

[②] Edwards, L., Klein, B., & Lee, D., et al., "'Isn't it just a way to protect Walt Disney's rights?': Media user perspectives on copyright", *New media &society*, Vol. 17, No. 5, 2015, pp. 691 – 707.

[③] Boyle, R., "Sport and the media in the UK: the long revolution?" *Sport in Society*, Vol. 13, No. 9, 2010, pp. 1300 – 1313.

[④] Campagnolo, G. M., "The Nguyen H, Williams R. The temporal dynamics of technology promises in government and industry partnerships for digital innovation: the case of the Copyright Hub", *Technology Analysis & Strategic Management*, Vol. 31, No. 8, 2019, pp. 972 – 985.

[⑤] Ortland, E., "Monika Dommann, Autoren und Apparate. Die Geschichte des Copyrights im Medienwandel, Frankfurt a. M.: S. Fischer 2014", *Berichte zur Wissenschaftsgeschichte*, Vol. 38, No. 2, 2015, pp. 197 – 200.

权运用中作者管理的重要作用。Storella, Alison C. (2014)[①] 一文则以社交媒体企业为例，分析了新媒体版权管理的复杂性，并指出新媒体在版权内容获取和开发方面的弊端和优势。Podlas, Kimberlianne (2019)[②] 一文则以 ABC v. Aereo 案件为例，阐释新媒体企业版权运营必须遵守版权规则，否则将会从合法传播转变为非法窃取。

5. 媒体融合中版权保护技术问题研究

对媒体融合中的版权保护技术，国外学者们主要集中于数字版权登记、数字版权作品传播路径跟踪与监测以及版权信息存储与追踪方面的数字指纹技术、追踪监测技术和区块链技术。

（1）数字指纹水印技术的版权实践以及对版权法的创新精神以及合理使用规定产生影响。杜克大学法学院学者 Bartholomew Taylor (2015)[③] 从合理使用的角度对以 YouTube 的 Content ID 为代表的数字指纹系统提出质疑，提出：（1）不会识别版权作品使用者的使用目的是商业的使用，还是转换性的使用；（2）无法分析版权作品的属性；（3）无法识别版权作品被使用的质量比例；（4）信息匹配后不给新作品上传者说明的机会，因而是违背了版权法鼓励创作的精神和合理使用的规定。而媒体融合中，合理使用是创作平台的基础性原则，但数字指纹技术可自动排除合理使用。

同样，Zapata-Kim Laura (2016)[④] 从分析 Digital Millennium

[①] Storella, A. C., "It's Selfie-Evident: Spectrums of Alienability and Copyrighted Content on Social Media", *BUL Rev*, Vol. 94, No. 6, 2014, pp. 2045–2088.

[②] Podlas, K., "Linking to Online Content Becomes Copyright Infringement: Lessons from Aereo", *Journal of Broadcasting & Electronic Media*, Vol. 63, No. 1, 2019, pp. 160–176.

[③] Bartholomew, T. B., "The death of fair use in cyberspace: YouTube and the problem with content ID", *Duke L. & Tech. Rev.*, Vol. 13, No. 1, 2015, pp. 66–88.

[④] Zapata-Kim, L., "Should YouTube's Content ID Be Liable for Misrepresentation under the Digital Millennium Copyright Act", *BCL Rev.*, Vol. 57, No. 5, 2016, pp. 1847–1874.

失序与平衡:媒体融合中的版权制度

Copyright Act（DMCA）对企业责任规定的角度出发，分析作为避风港原则的实践，数字指纹技术实际等于 DMCA 中正式的删除通知，但 Content ID 是考虑合理使用，从而提出应将对企业版权管理技术可识别合理使用纳入 DMCA 中。芝加哥肯特法学院学者 Boroughf Benjamin（2015）[1] 从促进文化创新的角度分析数字指纹信息因无法识别合理使用会对信息交流、作品创新的打击。

Sarita P. Ambadekar（2019）[2] 等认为由于使用数字水印进行内容认证，在互联网上共享版权文件、图像、音频和视频变得更加容易。文章还发现在内容保护、版权管理和篡改检测领域的应用，使用复杂的信号/图像处理算法，操作和复制音频、图像和视频变得容易得多。因此，通过加密进行内容认证，并抵抗噪声、压缩和几何等常见攻击，已成为一个紧迫而重要的问题。因此，他提出了一种基于离散小波变换（DWT）和加密的数字图像水印技术。

Ivanenko Vitaliy 和 Ushakov Nikita（2017）[3] 提出了利用数字水印保护视频版权的方法，研究了视频水印的不同嵌入方法。提出了改进的露水水印算法。该方法以其技术突出找到提取标签位时可能会发生误差的阈值。计算了该算法的性能因素，它们依赖于三个参数：能量差、截止点和 DCT 块数，并找出了各参数的有效值。该方法可作为版权保护的有效选择。

---

[1] Boroughf, B., "The next great YouTube: improving content ID to Foster creativity, cooperation, and fair compensation", *Alb. LJ Sci. & Tech*, Vol. 25, No. 1, 2015, pp. 95 – 128.

[2] Ambadekar, S. P., Jain, J., & Khanapuri, J., "Digital image watermarking through encryption and DWT for copyright protection", *Recent Trends in Signal and Image Processing*, Springer, Singapore, 2019, pp. 187 – 195.

[3] Vitaliy, I. & Nikita, U., "Copyright Protection for Video Content Based on Digital Watermarking", *First International Early Research Career Enhancement School on Biologically Inspired Cognitive Architectures*, Springer, Cham, 2017, pp. 329 – 334.

（2）追踪监测技术可以适用媒体融合语境下不同的传播形态，以加强传播过程中的版权保护。学者针对不同的媒体形式，提出不同的版权侵权监测技术方案。如针对社交网站上出现的图片等版权侵权的现象，亚太科技大学学者 Rahman（2018）[1] 等人在研究中详细介绍数字水印技术的使用以预防社交网站中图片版权侵权行为的发生，同时提出使用版权作品追踪软件 Copyscape 来对作品传播的路径进行监测。有研究者针对种子分享型的传播渠道，提出专门用于跟踪侵犯版权的 BitTorrent 用户的系统和方法。圣母大学学者 Zhang（2018）[2] 等人针对视频直播型的媒体提出，除了使用数字指纹和水印技术，数字水印和序列号技术也应该被采用。

（3）区块链技术被学者认定为媒体融合时代所必需的版权保护技术，但是对于其在版权保护中的作用褒贬不一。Guadamuz Andres（2018）[3] 认为区块链可解决孤儿作品版权确权问题。Demos Claire（2018）[4] 在研究中将使用区块链技术保护图片作品版权，与水印和原数据技术进行比较，论证了使用区块链技术可提高图片版权注册登记和侵权维权的效率。但同时俄罗斯学者 Alexander Savelyev（2018）[5] 提出区块链技术在存储并认证版权作品信息的同时，

---

[1] Abd Rahman, N. A., Amirizal, M. & Hanis, N., "Digital Image Misused Protection and Tracking Techniques and Tools", *Journal of Applied Technology and Innovation*, Vol. 2, No. 1, 2018, pp. 31 – 37.

[2] Zhang, D. Y., Li, Q., & Tong, H., et al., "Crowdsourcing-based copyright infringement detection in live video streams", *IEEE/ACM International Conference on Advances in Social Networks Analysis and Mining*, 2018, pp. 367 – 374.

[3] Guadamuz, A., "Copyright, Smart Contracts and the Blockchain", *Jotwell: J. Things We Like*, October 29, 2018.

[4] Demos, C., "Returning the Photographer's Autonomy: The Integration of Blockchain Technology into Copyright Registration", *Marshall Rev. Intell. Prop. L.*, Vol. 18, No. 2, 2018, pp. 221 – 241.

[5] Savelyev, A., "Copyright in the blockchain era: Promises and challenges", *Computer law & security review*, Vol. 34, No. 3, 2018, pp. 550 – 561.

失序与平衡：媒体融合中的版权制度

无法确保信息本身的真实性，因此仍需对此技术保持谨慎的态度。

Michele Finck 和 Valentina Moscon（2019）[①] 在对区块链技术表示乐观的同时，也对该技术的局限进行了说明，区块链主要用在不考虑公共政策目标的私人订购方式。为了避免版权管理中的错误重现，作者建议在进行跨学科研究时要多与利益相关者对话，以确保区块链技术的实施可以改变当前的状况。Alexander Savelyev（2018）[②] 认为区块链技术有潜力改变数字世界中传播受版权保护内容的方式。具体地说，它可能使有关版权所有权、透明度及其后续变更的可追溯性的信息的可访问性达到前所未有的水平。对所有版权所有者来说，立即获得版权使用费，并对制作的数字内容拥有技术上的主权所有权，应该是有吸引力的。然而，这样一个美丽的新世界并不是没有代价的，许多新问题需要解决，才能发挥区块链技术的潜力。其中包括：在哪里存储受版权保护的内容，以及相关方面需要调整在线中介机构的法律地位；还有如何在区块链记录的不可变性和对其进行调整的必要性之间找到一个正确的平衡等问题。

6. 不同媒体类型融媒转型中的版权问题研究

（1）对报纸领域的"付费墙"研究。媒体融合中，在广告收入已无法满足报纸运营的情况下，不少报纸为维持生计，开始以"付费墙"来保障自身利益。Andrea Carson（2015）[③] 研究了澳大利亚报纸"付费墙"的发展，她指出，"付费墙"正在成为常态，

[①] Finck, M. & Moscon, V., "Copyright Law on Blockchains: Between New Forms of Rights Administration and Digital Rights Management 2.0", *IIC-International Review of Intellectual Property and Competition Law*, Vol. 50, No. 1, 2019, pp. 77-108.

[②] Savelyev, A., "Copyright in the blockchain era: Promises and challenges", *Computer law & security review*, Vol. 34, No. 3, 2018, pp. 550-561.

[③] Carson, A., "Behind the newspaper paywall - lessons in charging for online content: a comparative analysis of why Australian newspapers are stuck in the purgatorial space between digital and print", *Media, Culture & Society*, Vol. 37, No. 7, 2015, pp. 1022-1041.

且价格正在增加,其所带来的利益不容忽视。加拿大麦科文大学的学者 Brian Gorman（2015）[①] 在全北美就新闻"付费墙"的发展进行了广泛的调研,"付费墙"并非是报纸在媒体融合时期解决困境的完美方案,但确实可以有效防止报业的崩塌。

（2）作者与出版商的版权博弈是期刊媒体融合领域的热点话题。英国拉夫堡大学学者 Gadd, E.（2003）[②] 等人对 80 家学术期刊出版商的版权协议进行了分析,认为,越来越多的学者希望保留自己的权利,作者与出版商之间的版权协议应由一个代表双方需要的工作组重新审议；美国约翰·马歇尔法学院学者 Koransky Jason（2009）[③] 则站在出版商立场,提出应将数字媒体修订纳入特权范围,同时建立强制性许可制度,法定比率下出版商可以对集体作品的稿件进行再版。

（3）对广播电视的网络转播问题研究。直播技术的诞生改变了传统广播、电视节目的传播方式,未经授权转播互联网上的广播、电视已经成为媒体融合时期版权领域的热点问题之一。Kanchana Kariyawasam（2017）[④] 研究了澳大利亚体育节目的网络转播现状,称网络转播致使传统广播公司的损失已超过数十亿美元,并对体育行业造成了严重伤害。其指出,传统的版权法框架已不适应现在的传播技术,如不进行改革,现场体育转播权与未经授权的转播之间的法律不确定性将难以解决,并阻碍影像流媒体的数字创新。

[①] Gorman, Brian, *Crash to paywall: Canadian newspapers and the great disruption*, McGill-Queen's Press-MQUP, 2015, p.78.

[②] Gadd, E., Oppenheim, C. & Probets, S., "RoMEO studies 4: An analysis of journal publishers'copyright agreements", *Learned publishing*, Vol.16, No.4, 2003, pp.293–308.

[③] Koransky, J., "Magazine publishers exhale: Exploiting collective works after Greenberg", *J. Marshall Rev. Intell. Prop. L.*, Vol.9, No.1, 2009, pp.161–183.

[④] Kariyawasam, K. & Tsai, M., "Copyright and live streaming of sports broadcasting", *International Review of Law, Computers & Technology*, Vol.31, No.3, 2017, pp.265–288.

▶▶▶ **失序与平衡:媒体融合中的版权制度**

（4）对图书数字出版领域的反盗版研究指出，在媒体融合环境下，传统的图书行业面临数字化转型，但其中盗版问题非常突出。基于此，一些研究者给出了应对方案，如 Abhijit K. Choudhury 等人（1995）[①]探讨了使用密码协议来阻止电子副本的非法传播；爱尔兰都柏林圣三一大学的研究者 J. J. K. O Ruanaidh 等人（1996）[②]则提出以电子水印技术防止盗版。

总体看，国外相关研究存在的问题主要有：一是总体数量相对较少且高质量论文较少；二是系统性研究太少，研究对象主要分布于版权的立法司法领域，而且都是一些零星的研究。三是创新性研究成果较少，大量的研究重复性多，集中于版权立法司法领域的诸多文献往往关注某些案例的研究，主要聚焦于探讨作品独创性、专有权利、合理使用等问题。四是论文偏多，专著性成果很少。尽管有的专著部分章节涉及媒体融合中的版权问题，但并不是整本专著都在讨论这一问题。五是学理性不够，尤其是对媒体融合中版权的基础理论问题讨论不够深入，偏重于对策应用研究。

（二）国内研究的历史与现状

与西方国家相比，我国在研究媒体融合中版权方面的起步并不迟。1994 年我国正式接入世界互联网。自其不久，20 世纪 90 年代中期，我国媒体融合实践行动拉开序幕，与此同时有关媒体融合中的版权研究也同步开展。与西方国家所不同的是，作为媒体融合最主要参与主体的传统媒体，在中国，缘由于长期以来推行严格行业管理制，不同类别媒体互相之间的行业壁垒尤其高，

---

① Choudhury, A. K., Maxemchuk, N. F. & Paul, S., et al., "Copyright protection for electronic publishing over computer networks", *Ieee Network*, Vol. 9, No. 3, 1995, pp. 12 – 20.

② O'Ruanaidh, J. J. K., Dowling, W. J. & Boland, F. M., "Watermarking digital images for copyright protection", *IEE Proceedings-Vision, Image and Signal Processing*, Vol. 143, No. 4, 1996, pp. 250 – 256.

图书、报纸、期刊、广播、电视各自按照自身的行业逻辑在展开着媒体融合。与之对应，在较长时间内，对媒体融合中的版权研究也出现了明显的媒体行业特色。2014 年当媒体融合成为一种强大国家意志行为后，传统媒体作为一个整体与新兴媒体融合中的版权研究才开始大量出现。需要特别交待的是，缘由于有关媒体融合中版权研究的著作很少，所以该部分最主要用中国知网的相关文献作为国内媒体融合中版权研究历史与现状梳理的分析资料。

2018 年 1 月 26 日（下文期刊、报纸、电视、广播融媒领域的版权文献检索日期皆为该天），在知网高级搜索中分别以"图书版权""图书著作权""出版著作权""出版版权"为篇名进行检索，共检索到有效文献 1952 篇，其中有关图书融媒领域版权的文章 368 篇。与报刊、广电等传统媒体相比，相关研究起步最先，最早文献为 1995 年柳松发表的《试论电子出版与版权保护》一文。之后几年，该领域研究并未太受重视，至 2001 年，七年时间仅有 9 篇文献。自 2002 年起，相关研究开始发力，至 2014 年达到峰值，有 40 篇文献，见图 1。

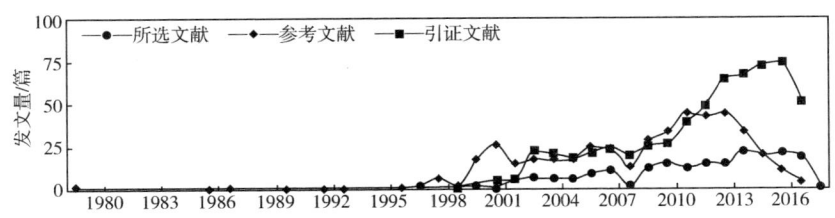

图 1　图书融媒领域版权研究的文献时间分布

从文献的关键词共现分析看，见图 2，图书融媒中的版权保护毫无疑问成为研究的中心话题。数字图书馆、Google 和谷歌成为高频词，这说明数字图书馆或图书数据库中的版权成为热门研究议题，经统计有 24 篇专门文献，最早研究为 2003 年张凤斌的

▶▶▶ 失序与平衡：媒体融合中的版权制度

《我国中文图书数据库版权建设比较研究》一文，2007年中国社会科学院研究员吴锐起诉超星数字图书馆侵犯版权之后，该类议题研究开始逐步成为热点，王燕元①、吴玉征②、晓何③、舒晴④、徐春成⑤等纷纷就数字图书馆对图书数字版权的影响提供了自己的证据。从其他高频关键词看，复制权、数字版权、电子书等成为体现图书出版行业特色的研究话题。

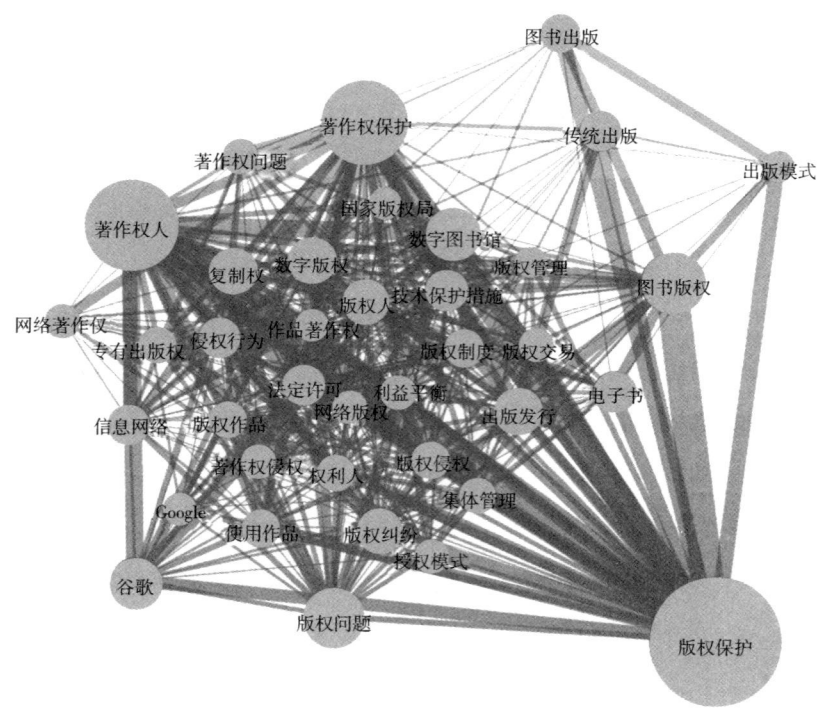

图2　图书融媒领域版权研究的文献关键词共现分析

---

① 王燕元：《突破数字版权围城成数字图书馆难题》，《中国贸易报》2007年7月10日。
② 吴玉征：《超星事件凸现数字版权之乱》，《计算机世界》2007年6月4日。
③ 晓何：《从"吴锐风波"看数字版权如何发展》，《科技日报》2007年7月11日。
④ 舒静：《三问谷歌"侵权门"》，《新华每日电讯》2009年11月24日。
⑤ 徐春成：《数字图书馆版权纷争背后的博弈》，《中国知识产权报》2010年1月22日。

从文献类型分布看，行业内眷化现象较为突出，368篇文献大多都发表在《科技与出版》《中国出版》等编辑出版行业的报刊上。

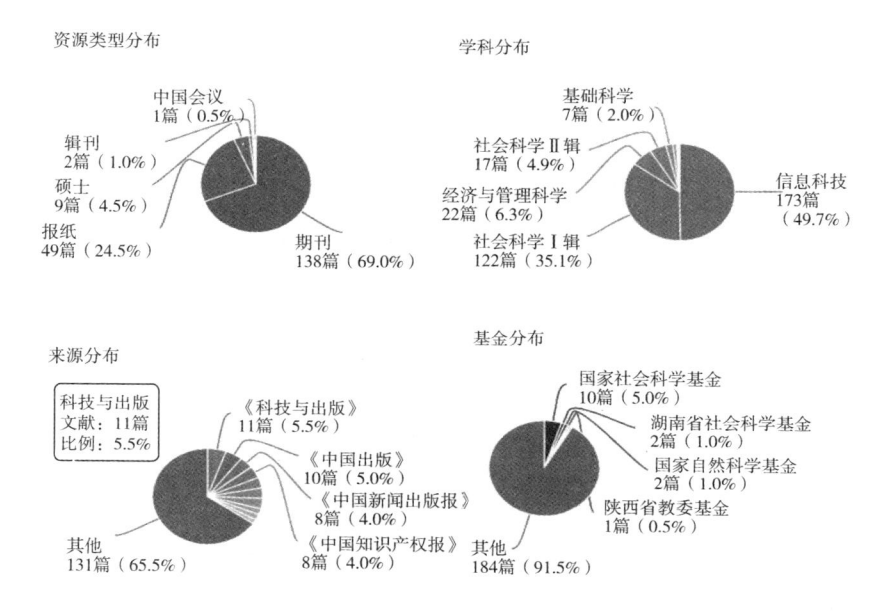

资源类型分布
- 期刊 138篇（69.0%）
- 报纸 49篇（24.5%）
- 硕士 9篇（4.5%）
- 辑刊 2篇（1.0%）
- 中国会议 1篇（0.5%）

学科分布
- 信息科技 173篇（49.7%）
- 社会科学Ⅰ辑 122篇（35.1%）
- 经济与管理科学 22篇（6.3%）
- 社会科学Ⅱ辑 17篇（4.9%）
- 基础科学 7篇（2.0%）

来源分布
- 《科技与出版》文献：11篇 比例：5.5%
- 《科技与出版》11篇（5.5%）
- 《中国出版》10篇（5.0%）
- 《中国新闻出版报》8篇（4.0%）
- 《中国知识产权报》8篇（4.0%）
- 其他 131篇（65.5%）

基金分布
- 国家社会科学基金 10篇（5.0%）
- 湖南省社会科学基金 2篇（1.0%）
- 国家自然科学基金 2篇（1.0%）
- 陕西省教委基金 1篇（0.5%）
- 其他 184篇（91.5%）

图3　图书融媒领域版权研究的文献类型分布

分别以"期刊版权"和"期刊著作权"为篇名在知网中进行搜索，搜索到的有效文献共计有547篇，其中150篇涉及期刊融媒领域的版权。与其他传统媒体相比，期刊融媒中的版权研究开展较早，最早文献是1999年杨兆弘的《电子期刊的安全和版权保护问题》一文，该文较前瞻地认识到了电子期刊版权重要性，认为随着防火墙技术、电子加密技术、认证技术等技术的完善，电子期刊的知识产权将得到有效保护。自此之后，张光威[1]、管文革和秦珂[2]、

---

[1] 张光威：《期刊上网及其著作权保护》，《编辑之友》2000年第5期。
[2] 管文革、秦珂：《数字化、因特网和电子期刊的著作权问题》，《图书馆学研究》2001年第4期。

▶ ▶ ▶ 失序与平衡：媒体融合中的版权制度

秦珂和曹作华[①]、於昆与陈霞[②]、林国栋[③]、李华婷[④]等都接着对电子期刊和期刊上网中的版权展开了研究。从文献的时间分布看，2010年和2011年是研究的最高峰期，文献数量分别为14篇和16篇，合计占到了所有文献数量的五分之一，这期间，研究者们主要围绕期刊数据库和期刊数字化中的版权问题展开研究，其中龙源期刊网的侵权案成为大家讨论的具有社会效应的新闻事件，有9篇文献集中探讨期刊论文信息网络传播权归属的合法性。

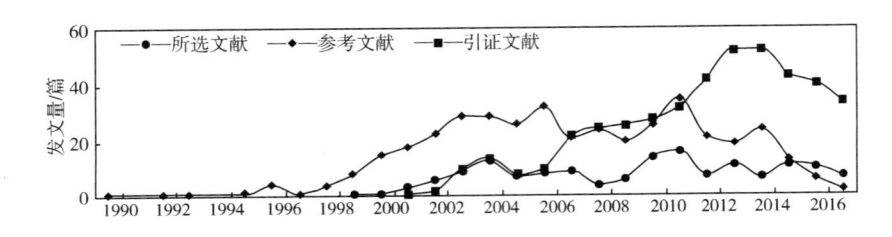

图4　期刊融媒领域版权研究的文献时间分布

从文献的关键词共现分析看，学术期刊融媒领域版权研究的主导话语框架中，著作权人、著作权成为高频出现的关键词，这一现象反映出，在"版权"一词经常替代"著作权"成为惯常研究表述的背景下，作者或作品的著作权成为学术期刊融媒中较为突出的版权问题；此外，开放存取在提供一种具有颠覆性期刊数字化模式的同时，其所涉及的版权成为另一焦点议题；最后，从

---

① 秦珂、曹作华：《电子期刊著作权保护若干问题探讨》，《中国科技期刊研究》2001年第12期。
② 於昆、陈霞：《电子期刊版权保护问题的探讨》，《农业图书情报学刊》2002年第3期。
③ 林国栋：《期刊上网与著作权保护》，《福建农林大学学报》（哲学社会科学版）2002年第3期。
④ 李华婷：《试论网络型电子期刊著作权保护的几个问题》，《情报杂志》2003年第4期。

汇编权、版式设计权、电子期刊、期刊数字化等具有显著期刊行业特色的高频关键词可看出相关研究的兴趣点。

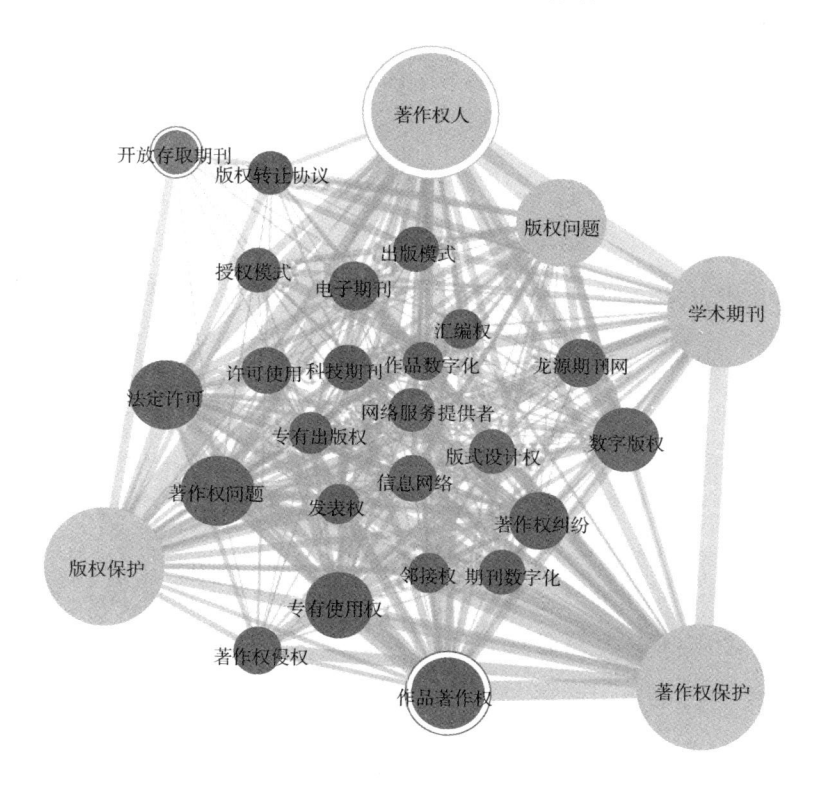

图5 期刊融媒领域版权研究的文献关键词共现分析

从文献类型分布看，见图6，相关研究学术性较强，期刊论文占比达到了85.3%，受国家社科基金资助的论文占比达到4.6%，与其他传统媒体融媒领域版权文献相比，两比例都是最高的。研究的业外溢出效应较好，从文献的学科分布看，被归为信息科技、经济与管理科学等学科的文献占比数相对较多，达到了56.7%。

失序与平衡：媒体融合中的版权制度

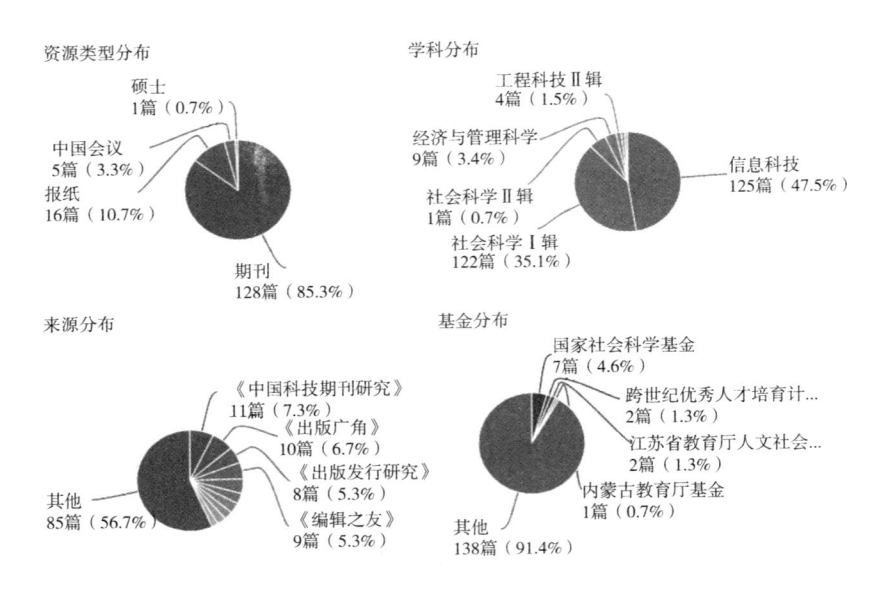

资源类型分布
- 硕士 1篇（0.7%）
- 中国会议 5篇（3.3%）
- 报纸 16篇（10.7%）
- 期刊 128篇（85.3%）

学科分布
- 工程科技Ⅱ辑 4篇（1.5%）
- 经济与管理科学 9篇（3.4%）
- 社会科学Ⅱ辑 1篇（0.7%）
- 社会科学Ⅰ辑 122篇（35.1%）
- 信息科技 125篇（47.5%）

来源分布
- 《中国科技期刊研究》11篇（7.3%）
- 《出版广角》10篇（6.7%）
- 《出版发行研究》8篇（5.3%）
- 《编辑之友》9篇（5.3%）
- 其他 85篇（56.7%）

基金分布
- 国家社会科学基金 7篇（4.6%）
- 跨世纪优秀人才培育计… 2篇（1.3%）
- 江苏省教育厅人文社会… 2篇（1.3%）
- 内蒙古教育厅基金 1篇（0.7%）
- 其他 138篇（91.4%）

图6 期刊融媒领域版权研究的文献类型分布

在知网中分别以"报纸版权""报纸著作权""报业版权""报业著作权"为篇名进行搜索，共有73篇有效文献，其中50篇研究报纸融媒中的版权。与其他传统媒体相比，我国报业融媒中的版权研究相对较晚，相关文献直至2008年才出现，见图7。该年中国版权保护中心撰写了《报纸网络版权保护现状及相关需求调研报告》，同年该中心主任发出了"中国报业需狙击侵权"的呼吁①。厦门大学金星老师的《报纸版权保护的现状、难点问题和法律适用》是最早公开发表的研究融媒中报纸版权的论文，该文着重对报纸网上转载、新闻作品版权、一稿多投的版权规定、报纸版式设计的版权保护等展开了探索性研究。②

---

① 韩璐、来斌：《中国报业，狙击侵权路在何方——访中国版权中心主任殷桂鉴》，《中国报业》2008年第10期。

② 金星：《报纸版权保护的现状、难点问题和法律适用》，《新闻界》2008年第6期。

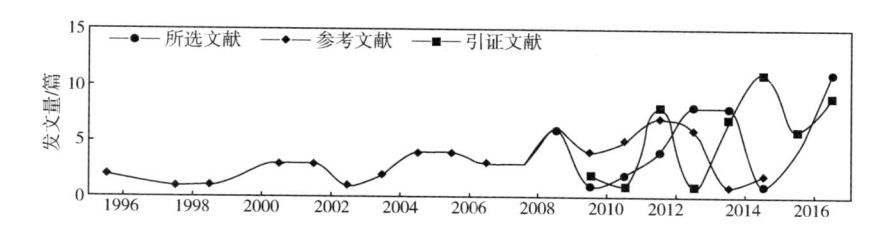

图 7 我国报业融媒领域版权研究的文献时间分布

从文献关键词共现分析看，见图 8，报业集团、《重庆日报》成为出现频率最高的两大关键词，对文献内容进行分析，可发现主要是因为重要报业媒体的重大版权保护行为成为众多研究的缘起和中心议题；侵权行为、侵权问题、版权纠纷等二级热度关键词显示，报纸版权被侵权较为严重，版权维权成为报纸融媒领域的一种行业行为；另外从时事新闻、新闻标题两关键词也可见，报纸融媒领域中的新闻版权问题较为突出。

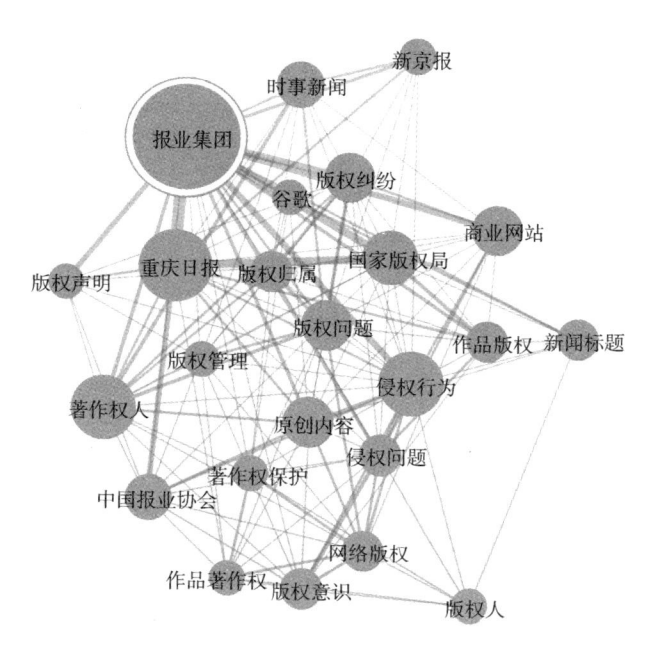

图 8 报纸融媒领域版权研究的文献关键词共现分析

▶▶▶ 失序与平衡:媒体融合中的版权制度

从文献类型分布来看,见图9,该领域的研究层次整体较低：50篇文献中有14篇都是不能称之为学术论文的报纸文章,余下的36篇论文中,有8篇都是案例介绍性报告,如重庆日报报业集团的版权工作介绍、《新京报》的维权案例和香港、德国的版权保护经验等；另有23篇主要发表在《中国报业》《青年记者》《新闻战线》等一般行业性期刊上,仅有2篇发表在CSSCI期刊《新闻界》上；基金资助文献则没有。

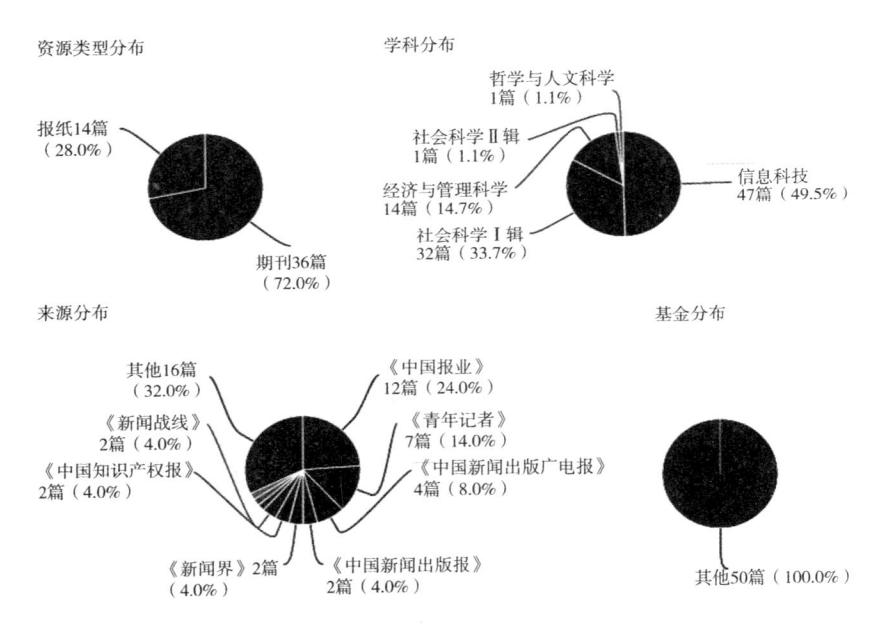

资源类型分布
报纸14篇（28.0%）
期刊36篇（72.0%）

学科分布
哲学与人文科学 1篇（1.1%）
社会科学Ⅱ辑 1篇（1.1%）
经济与管理科学 14篇（14.7%）
社会科学Ⅰ辑 32篇（33.7%）
信息科技 47篇（49.5%）

来源分布
其他16篇（32.0%）
《新闻战线》2篇（4.0%）
《中国知识产权报》2篇（4.0%）
《新闻界》2篇（4.0%）
《中国新闻出版报》2篇（4.0%）
《中国新闻出版广电报》4篇（8.0%）
《青年记者》7篇（14.0%）
《中国报业》12篇（24.0%）

基金分布
其他50篇（100.0%）

图9 报纸融媒领域版权研究的文献类型分布

在知网中分别以"电视版权"和"电视著作权"为篇名进行搜索,共有文献373篇,其中涉及电视融媒领域版权研究的有94篇。最早研究为2004年属于信息科技学科学者的吴贤纶撰写的论文《美国采取保护版权的技术以促进地面无线电视数字化》,新闻传播学科的最早研究为同年丁文华的《数字时代的广播电视版权管理——应用与需求的初步考虑》一文。从文献的时间分布看，2008年至2016年期间为研究的高峰期，8年时间共有77篇文献，见图10。

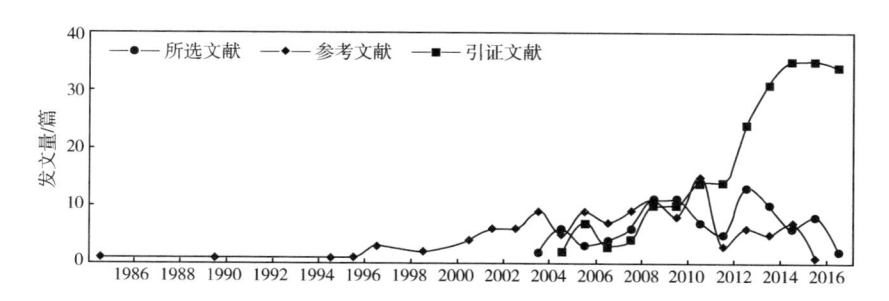

图10 电视融媒领域版权研究的文献时间分布

从关键词共现分析看，见图11，互联网电视、数字电视、三网融合领域中的版权保护、版权管理成为关注的焦点，一些文献还偏好从侵权、版权纠纷、广播权、信息网络传播权和一些案例切入展开研究。

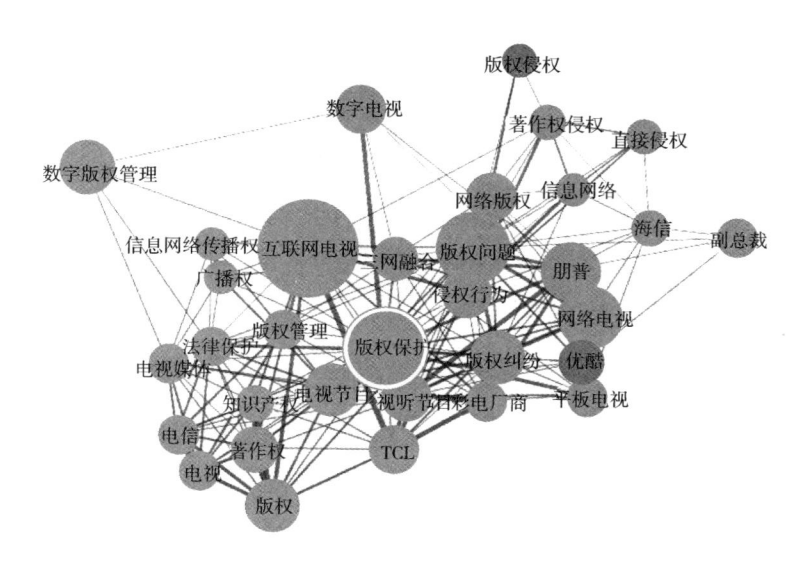

图11 电视融媒领域版权研究的文献关键词共现分析

▶ ▶ ▶ 失序与平衡:媒体融合中的版权制度

从文献类型来看,见图12,相比较报纸、期刊、图书、广播等媒体而言,电视融媒领域的版权研究,一方面被研究者关注的比较多,研究的质量相对较高,一些论文刊登在相对高水平的学术期刊和受到一些有分量基金的资助,另一方面研究者的学科多元性较强,既有新闻传播学,还有信息技术科学、经济与管理学科、法学等其他学科。

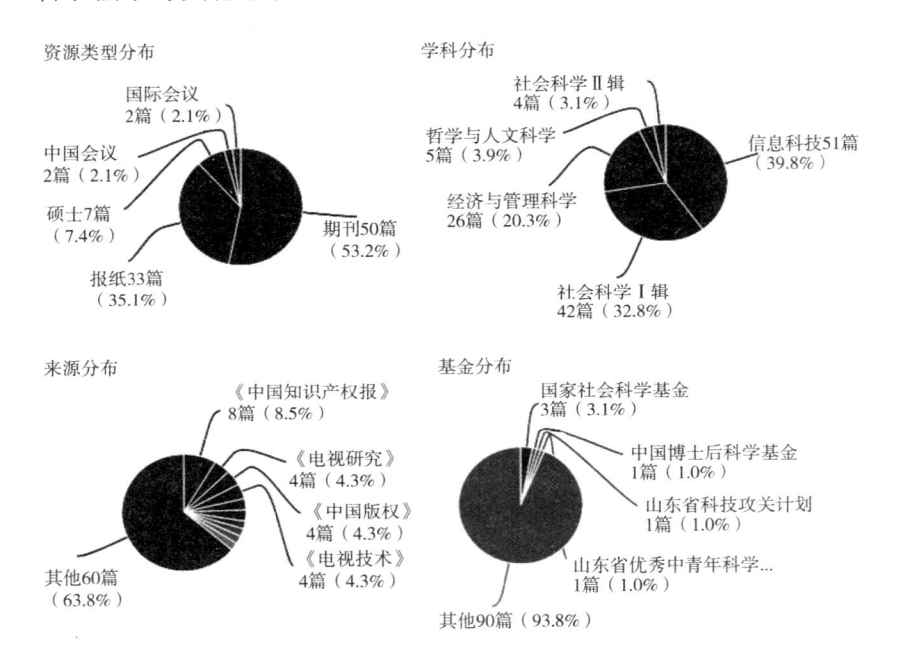

资源类型分布
- 国际会议 2篇(2.1%)
- 中国会议 2篇(2.1%)
- 硕士 7篇(7.4%)
- 报纸 33篇(35.1%)
- 期刊 50篇(53.2%)

学科分布
- 社会科学Ⅱ辑 4篇(3.1%)
- 哲学与人文科学 5篇(3.9%)
- 经济与管理科学 26篇(20.3%)
- 信息科技 51篇(39.8%)
- 社会科学Ⅰ辑 42篇(32.8%)

来源分布
- 《中国知识产权报》 8篇(8.5%)
- 《电视研究》 4篇(4.3%)
- 《中国版权》 4篇(4.3%)
- 《电视技术》 4篇(4.3%)
- 其他 60篇(63.8%)

基金分布
- 国家社会科学基金 3篇(3.1%)
- 中国博士后科学基金 1篇(1.0%)
- 山东省科技攻关计划 1篇(1.0%)
- 山东省优秀中青年科学… 1篇(1.0%)
- 其他 90篇(93.8%)

图12 电视融媒领域版权研究的文献类型分布

在知网中,分别以"广播版权"和"广播著作权"为篇名进行搜索,共有文献144篇,其中研究广播融媒领域版权文献33篇。最早相关研究文献是2006年范科峰等撰写的《一种数字电视广播系统中的版权保护方案》一文。相比较而言,广电融媒领域版权研究文献数量最少,这从一个侧面反映出该领域的版权问题相对较少,另一方面也可能与被重视程度不够有关。

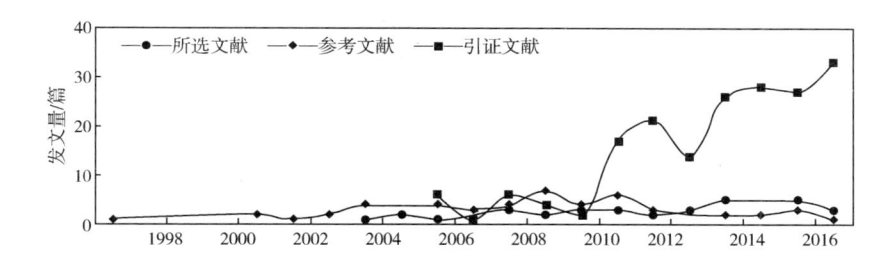

图 13　广播融媒领域版权研究的文献时间分布

从文献的关键共现分析看，见图 14，该领域版权研究主要围绕版权保护、版权管理、广播权、著作权人等主题进行。从文献类型分布看，见图 15，较多研究是从技术角度切入，研究的整体质量偏低，高水平学术期刊论文和高层次基金资助的成果少。但值得一提的是，王迁[①]、陈明涛[②]、孙远钊[③]、焦和平[④]、衷文玲[⑤]等围绕广播权和信息网络传播权、网络广播服务提供商版权、网络广播的著作权许可等议题探讨的论文水平相对较高，影响较大。

有关媒介融合版权的研究，除了研究不同传统媒体融媒领域版权的外，还有从整体研究融媒领域版权的成果。在知网中分别以"媒体融合版权""媒体融合著作权""媒介融合版权""媒介融合著作权"为篇名进行检索，共有 47 篇文献。根据图 16 显示，有个非常显著的特征，2014 年成为研究的分水岭，前后文献的数

---

① 王迁：《我国〈著作权法〉中"广播权"与"信息网络传播权"的重构》，《重庆工学院学报》（社会科学版）2008 年第 9 期。

② 陈明涛：《网络广播服务提供商的版权责任》，《法学》2010 年第 8 期。

③ 孙远钊：《论网络广播的著作权许可问题——引介美国的处理方式与最近发展》，《网络法律评论》2011 年第 12 期。

④ 焦和平：《三网融合下广播权与信息网络传播权的重构——兼析〈著作权法〉（修改草案）前两稿的相关规定》，《法律科学》（《西北政法大学学报》）2013 年第 1 期。

⑤ 衷文玲：《论著作权法中的"广播权"与"信息网络传播权"——以〈著作权法〉第三次修改为背景》，《知识经济》2014 年第 3 期。

▶▶▶ 失序与平衡：媒体融合中的版权制度

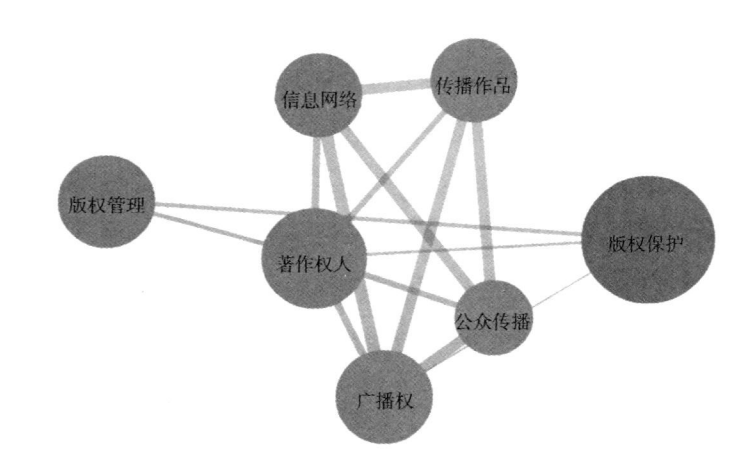

图 14　广播融媒领域版权研究的文献关键词共现分析

量有极大悬殊，最早文献出现在 2011 年①，自此到 2014 年仅有 2 篇,② 余下 45 篇皆是 2014 年之后的。这与 2014 年 8 月 18 日中央出台的《关于推动传统媒体与新兴媒体融合发展的指导意见》密切相关。2014 年之后的文献，该文件经常成为诸多研究的缘起或论证依据。

根据图 17 的关键词共现分析，版权保护、媒体融合、媒介融合成为标识度最高的三大关键词。版权纠纷、授权机制、版权交易的高频出现，恰与融媒领域经常出现这三类版权问题相吻合。新媒体传播、自媒体成为频繁出现的关键词，这与新媒体成为引发媒体融合中版权问题最大变量因素与自媒体中版权问题兴起的状况相吻合。从国家版权局和版权管理两关键词以及搜索的文献文本内容看，融媒版权秩序中，在司法制度滞后实践的情形下，

---

①　冷秋丽：《媒介融合视角下的图书附属版权产业价值分析》，《现代出版》2011 年第 4 期。
②　除了注释 1 的一篇之外，另一篇是：张安琪：《媒介融合背景下图书数字版权的平衡与保护》，《2012 年北京大学新闻传播伦理与法制国际学术研讨会论文集》。

资源类型分布

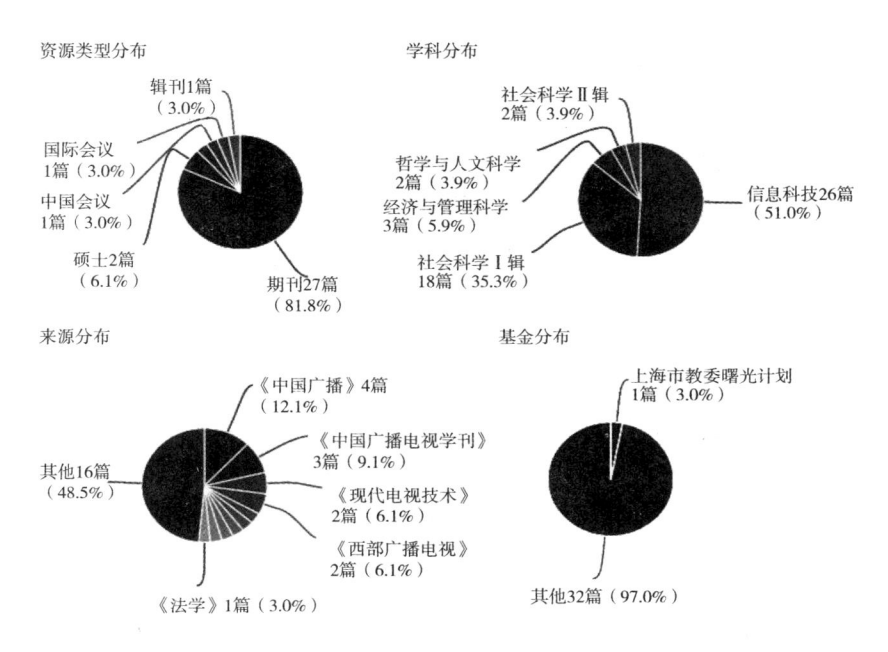

- 辑刊1篇（3.0%）
- 国际会议1篇（3.0%）
- 中国会议1篇（3.0%）
- 硕士2篇（6.1%）
- 期刊27篇（81.8%）

学科分布

- 社会科学Ⅱ辑 2篇（3.9%）
- 哲学与人文科学 2篇（3.9%）
- 经济与管理科学 3篇（5.9%）
- 社会科学Ⅰ辑 18篇（35.3%）
- 信息科技26篇（51.0%）

来源分布

- 《中国广播》4篇（12.1%）
- 《中国广播电视学刊》3篇（9.1%）
- 《现代电视技术》2篇（6.1%）
- 《西部广播电视》2篇（6.1%）
- 《法学》1篇（3.0%）
- 其他16篇（48.5%）

基金分布

- 上海市教委曙光计划 1篇（3.0%）
- 其他32篇（97.0%）

图15　广播融媒领域版权研究的文献类型分布

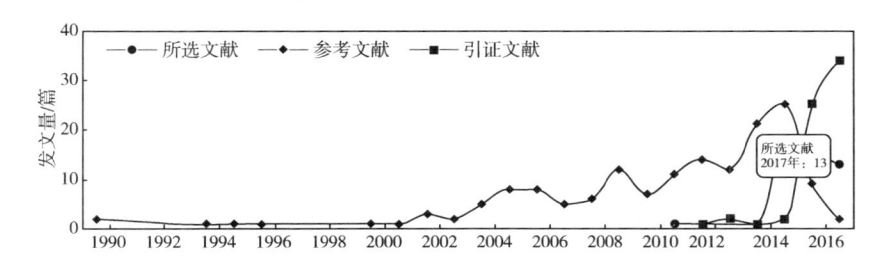

图16　媒体融合领域版权研究的文献时间分布

国家版权局扮演着融媒领域版权失序的救火队长的角色，版权行政管理也成为学界业界频频提及的版权秩序重构的重要路径。另据图18显示，与上述五大传统媒体融媒领域版权研究文献相比，这些研究质量较高，47篇文献中有14篇属于国家社科基金资助论文，占比达到29.8%。

· 39 ·

失序与平衡：媒体融合中的版权制度

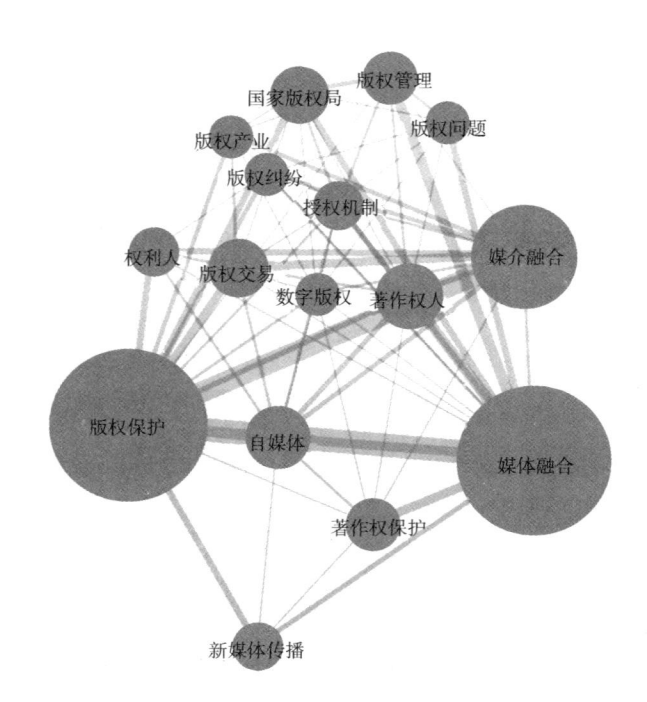

图17 媒体融合领域版权研究的文献关键词共现分析

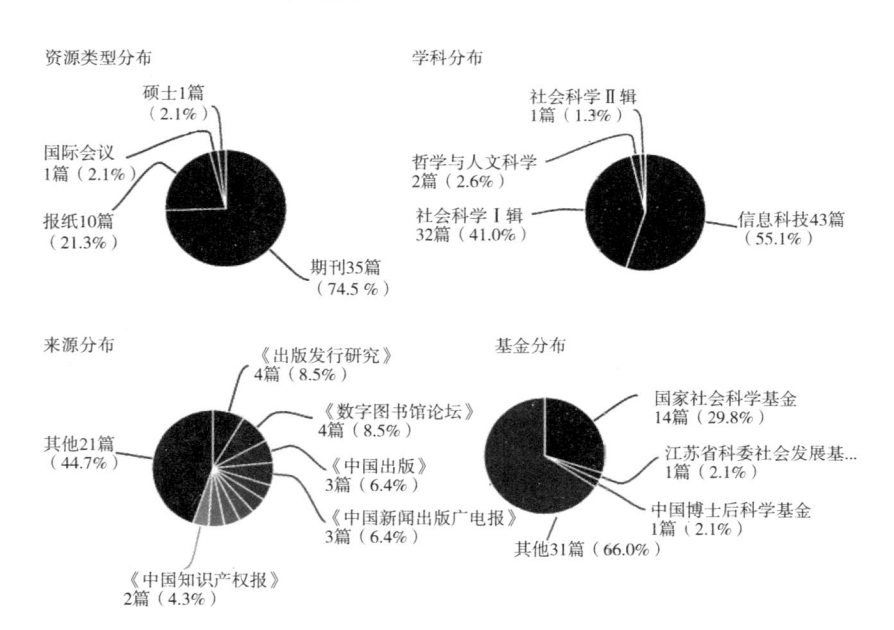

图18 媒体融合领域版权研究的文献类型分布

第一章　导论

综合来看，媒体融媒领域的版权研究最显著的特征是，不同类别媒体融媒领域的版权研究有很大差异。比较来看，图书融媒领域版权研究最早，见图20，成果数量最多，见图21，成果的质量最高，见图19，期刊其次，电视其后，报纸和广播最后。之所以出现这样的状况，主要与版权在这些传统媒体发展中的权重以及这些传统媒体受新兴媒体冲击的时间和程度有很大关联。与其他媒体相比，版权对图书的重要性更直接。图书销售是一次售卖模式，版权一丢，直接后果是，血本无归。报纸、电视、广播等媒体采用的是二次售卖模式，他人盗取了作品，只要署名权等精神权依然保留，报纸等媒体依然可以通过广告、赞助等其他方式来获取经济收益。正因如此，相比较而言，图书领域有较为良好的版权重视传统，根据知网的数据，1979年便有图书版权方面的研究[1]，1980年就有学者呼吁在图书出版领域"开展版权研究，培养版权人员"[2]。与之比较，期刊版权研究最早文献出现在1985年，[3] 报纸为2007年，[4] 电视为1998年，[5] 广播为1994年；[6] 从文献总量看，图书版权研究有1952篇，远远高于期刊的547篇、报纸的73篇、电视的373篇、广播的144篇，见图21。此外，在网络媒体兴起时，各种手持电子阅读器的出现以及对整个行业有致命威胁的数字图书馆计划，使得图书出版业较早感受到了行业危机，这促使其本能认识到版权是自身的生存和发展之本。与图书相比，期刊有诸多相似性，版权对期刊

---

[1] 楚毅：《滥编滥发之风不可不刹》，《出版工作》1979年第7期。
[2] 任干：《开展版权研究　培养版权人员》，《出版工作》1980年第5期。
[3] 王正：《增强版权意识与提高期刊质量问题》，《黑龙江财专学报》1991年第1期。
[4] 金星：《报纸版权保护的现状、难点问题和法律适用》，《新闻界》2008年第12期。
[5] 高光伟：《英国对商标的保护（六）——电视或电影片名称、作品标题与商标、版权等》，《中华商标》1998年第2期。
[6] 昌铭：《欧委会将实行卫星广播版权法》，《标准化信息》1994年第4期。

的重要性也较为直接，有大量期刊也是采用一次销售模式，而且网络媒体所建设的如收割机般掠夺他人果实的期刊数据库使得期刊较敏感、较深层次地感受到了网络媒体的压力。为此，相比较于报纸、广播、电视，期刊融媒领域的版权研究成果较早、较多，质量较高。若对报纸、电视、广播三类媒体融媒的版权研究进行对比，电视融媒领域版权研究时间最早，数量最多，质量最高。这与相比较而言历史上电视行业对版权重视程度更高有关。众多电视节目投入很大，版权售卖是其重要的收入来源，版权一丢，损失巨大。报社和广播台所产制的传媒产品的版权直接价值相对较低，这使得这两个行业版权观念历来较弱。虽然广播较早感受到了新媒体带来的寒流，但是广播媒体本身的不可替代性，使其很快成为抗网络媒体冲击能力最强的传统媒体。报纸是在版权领域出现重大战略误判的传统媒体，早期面对网络媒体的侵权，不仅没有维权，反而提倡和放纵，等进入 2008 年由世界百年未遇金融危机而触发全行业溃败时才痛悟版权的价值。广播、报纸的行业特性使得有关两媒体融媒领域的版权研究处于最弱状况。

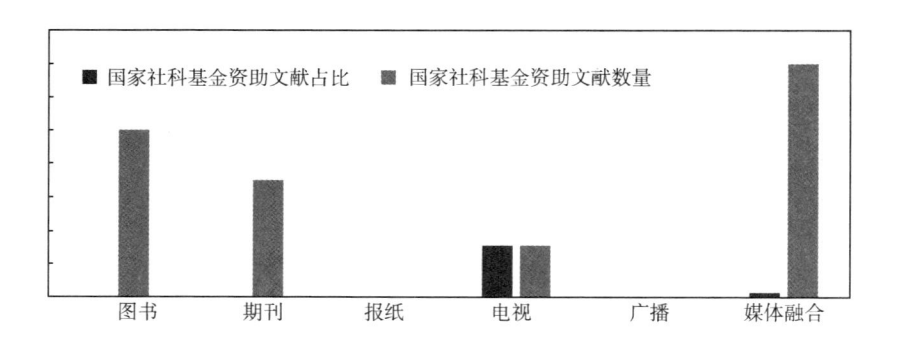

图 19 国家社科基金资助文献状况

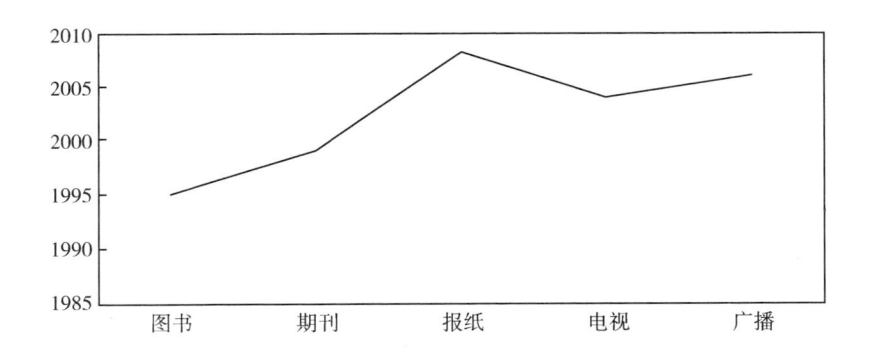

图 20　五大媒体融媒领域版权研究最早文献的时间对比

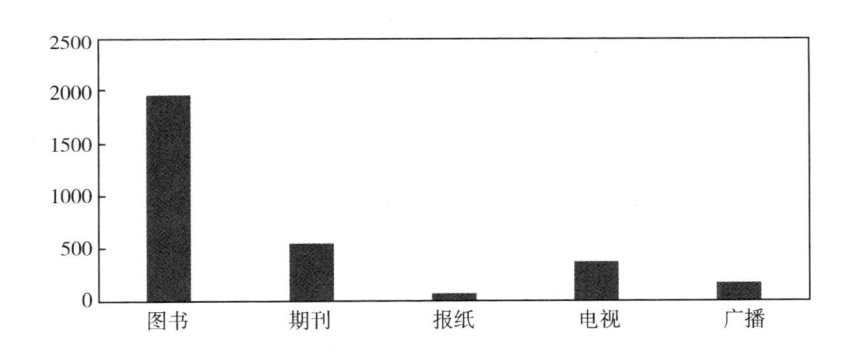

图 21　五大媒体融媒领域版权研究文献数量对比

此外，融媒领域版权研究还呈现出这几个特征：一是属于应用性较强的研究，从文献来源分布看，大部分都发表在《中国出版》《编辑之友》《出版发行研究》《出版广角》《中国报业》《新闻战线》《中国广播电视学刊》《中国广播》等行业性期刊上，而通常认为学术较强的该学科领域的一些学术期刊，如《新闻与传播研究》《国际新闻界》《现代传播》《新闻大学》等，则几乎没有刊载相关论文。二是属于实践很期待的研究，从文献资源类型分布看，有大量文献出现在《中国知识产权报》《中国新闻出版报》《中国出版传媒商报》《中华读书报》等行业性报纸上，有的甚至出现在《人民日报》等大众新闻媒体上，这

▶▶▶ 失序与平衡:媒体融合中的版权制度

折射出媒体融合中的一些版权问题不仅业界很关切,而且也为大众所关注。三是属于行业外溢效应较强的研究,一般理解,版权方面的研究应被划归为法学、新闻传播学学科,但从文献学科分布看,有相当数量的文献分布在信息科技、经济与管理科学等学科中。

根据上述融媒领域版权文献关键词共现分析,以及对共计742篇文献的文本内容解读,可发现,相关研究主要围绕以下四大主题展开。

1. 强调版权对媒体融合的重要性

兰汉姆(Richard A. Lanham)在《注意力经济》一书中提到:"在信息时代,最有价值的商品不是物品(stuff),而是风格(style),因为新媒体上充斥着海量、泛滥的信息,正是风格在竞争着我们投向这些信息的注意力。在这样的世界中,知识产权(intellectual property)而非有形财产权(real property)将成为经济的核心。"[1] 国内众多学者直接提到版权对媒体融合的重要性。范继红认为:"对媒体融合发展中面临的主要版权问题进行阐述,找到解决版权问题的有效途径和方法,以提升我国移动互联网时代新闻宣传领域的综合治理能力,保障媒体融合发展沿着正确方向前进。"[2]《新闻传播》刊载的一文指出"随着传统媒体和新媒体在内容、渠道、平台、经营、管理等方面深度融合和竞争加剧,内容成为媒体的核心资源,版权成为双方博弈的重要手段"。[3] 一些学者分别从不同传统媒体角度提醒要注意版权在融媒转型中的

---

[1] Lanham, *The Economics of Attention*, Chicago: The University of Chicago Press, 2006, p. 126.

[2] 范继红:《媒体融合中的版权问题分析及解决方案——构建基于版权公共服务机构的模式》,《新闻与写作》2015年第4期。

[3]《传统媒体版权保护面临八大难关》,《新闻传播》2016年第9期。

核心地位。筱舟等说到："版权是传统媒体的核心资产，也是提高竞争力、抢占新媒体舆论阵地和信息传播制高点的重要战略资源，是全媒体时代传统媒体战略转型、进一步增强传播力和影响力的重要保障。"[①] 干燕飞强调"传统出版与新兴出版融合发展趋势下，出版活动的核心始终是内容，版权资源始终是出版社的核心竞争力"[②]。朱鸿军呼吁，融媒环境下学术期刊应该树立版权是"命根"的意识，认识到版权是生存之基和发展之源，面对时下被网络媒体侵权所可能带来的蝇头小利，应持有足够警惕，切莫贪小失大。[③] 崔健、刘云霞以重庆日报报业集团为分析案例提出，该集团将版权保护作为报纸融媒发展的基础战略的这种创新探索值得引起学习[④]，向泽映认为该集团走出了一条传统媒体技术加持、内外兼修的新闻维权新路子。[⑤] 刘劲雄认为过去电视台的核心业务是制片，现在应是版权运营，未来电视台之间的竞争在版权领域，媒体融合中，电视拥有高质量的版权，这是最重要的优势所在。[⑥] 2010 中国版权年会将"三网融合与版权保护"确立为会议的主题，与会者达成共识：三网融合之初就要把版权的保护工作提到重要的议事日程。

2. 媒体融合中版权保护困境的探讨

根据图 2、5、8、11、14、17 融媒领域版权文献的关键词共现

---

① 筱舟、王波、雷鑫：《传统媒体版权管理与保护面临的四大问题》，《中国记者》2014 年第 14 期。
② 干燕飞：《媒体融合时代传统出版版权运营探析》，《科技与传播》2015 年第 24 期。
③ 朱鸿军：《融媒环境中学术期刊的版权保护之困与突围》，《中国出版》2017 年第 19 期。
④ 崔健、刘云霞：《把版权保护作为集团转型融合发展的基础战略——重庆日报报业集团版权工作的创新探索》，《青年记者》2017 年第 7 期。
⑤ 向泽映：《版权保护：融合发展的基础战略》，《中国报业》2017 年第 13 期。
⑥ 刘劲雄：《电视台未来竞争的是版权》，《中国新闻出版广电报》2017 年 3 月 26 日。

▶▶▶ 失序与平衡:媒体融合中的版权制度

分析显示,版权保护毫无争议成为节点最大的热词。对具体文献进行文本分析会发现,大量研究者聚焦于融媒中版权保护困境:一是法律法规滞后。朱鸿军认为,媒介融合环境报纸版权维权在法律层面存在时事新闻版权保护需再认识,合理使用规定不适用,转载稿酬费用过低,惩罚条款震慑力不足,传统媒体维权身份合法性不足,合并审理未能得到司法实践的支持等问题;[1] 宋明亮认为"避风港"原则让媒体维权无所适从。[2] 二是维权成本高,收益低[3]。人民日报社副社长张建星提到,网络媒体的侵权行为可以用"铺天盖地"形容,面对如此海量的侵权行为,报社需要投入较多的资金和人员发现并留存侵权证据,而律师费、公证费等高昂的维权成本和较低的赔偿额度之间的不合理比例,让报社烦恼不已;[4] 宋明亮认为维权可能会赔钱。[5] 三是媒体自身缺乏版权资产管理制度[6]。郑宁认为版权管理是媒体资产管理必不可少的组成部分,其最终目标是追求版权价值的最大化,实现媒体资产的保值增值,但我国传统媒体版权管理并不健全,诸如热播剧《人民的名义》刚公开播放,就出现了送审样片泄露。[7] 四是社会组织不发达[8]。五

---

[1] 朱鸿军:《集体抗争与数字化转型:纸媒版权保护的路径》,《中国报业》2014年第9期。

[2] 《媒体版权保护任重道远》,《传媒》2017年7月(下)。

[3] 郑宁:《媒体融合时代传统媒体如何走出版权保护的困局》,《中国广播》2017年第12期;《传统媒体版权保护面临八大难关》,《新闻传播》2016年第9期;朱鸿军:《版权问题:制约媒介融合发展的瓶颈》,《出版发行研究》2015年第10期。

[4] 《媒体版权保护任重道远》,《传媒》2017年7月(下)。

[5] 同上。

[6] 郑宁:《媒体融合时代传统媒体如何走出版权保护的困局》,《中国广播》2017年第12期;《传统媒体版权保护面临八大难关》,《新闻传播》2016年第9期。

[7] 郑宁:《媒体融合时代传统媒体如何走出版权保护的困局》,《中国广播》2017年第12期。

[8] 朱鸿军:《集体抗争与数字化转型:纸媒版权保护的路径》,《中国报业》2014年第9期。

是版权意识薄弱，①媒体之间出现的侵权事件，经常会因碍于情面不了了之。②

另有一些成果认为转载不付稿费、版权界定不清晰、版权营销意识和能力不足、缺乏版权的国际营销能力等等也是媒体融合中版权保护面临的阻力。③一些学者分析了特定类别媒体的融媒版权保护难点，朱鸿军认为行政保护所针对的对象是有"损害公共利益"的侵权行为，而报纸的版权侵权标的小，很难借助该途径来维权。梁首钢、陈燕专门对三网融合下的版权管理进行了研究，认为三网融合趋势下传统版权管理面临着点播服务、网上实时播放和下载服务等新业务的权利许可、海量素材的"合理使用"、网络作品权利分散等难题。④

3. 媒体融合中版权保护路径探讨

大多研究从法律调整层面来寻找版权保护路径。王国柱觉得"先授权后使用"应该作为现阶段必须坚持的原则，当事人通过合同方式对网络转载事项的自主安排是形成良好转载秩序的基础，版权授权机制创新则是网络转载应对媒体融合的必由之路。⑤虽然我国《著作权法》规定时事新闻不受版权保护，但在黄玲玲、翟红蕾等来看，应该学习国外经验对这类新闻赋予一定的保护，如借鉴意大利经验，其版权法规定"在实际公报发布16小时内，或在通讯社授权发布的报刊发布之前，转载

---

① 朱鸿军：《集体抗争与数字化转型：纸媒版权保护的路径》，《中国报业》2014年第9期；《传统媒体版权保护面临八大难关》，《新闻传播》2016年第9期。
② 《媒体版权保护任重道远》，《传媒》2017年7月（下）。
③ 《传统媒体版权保护面临八大难关》，《新闻传播》2016年第9期。
④ 梁首钢、陈燕：《"三网融合"下内容版权管理的问题刍议》，《南方电视学刊》2010年第2期。
⑤ 王国柱：《媒体融合背景下网络转载的版权规则——解读国家版权局〈关于规范网络转载版权秩序的通知〉》，《出版发行研究》2015年第8期。

▶▶▶ 失序与平衡:媒体融合中的版权制度

或广播通讯社发布的新闻公报的行为被视为侵权"。[1] 唐倩针对如何判定网络接入服务商的侵权责任这一难题,在目前已发展出的"三振"机制与"屏蔽"机制两种模式中,她主张我国司法实践应选择后者。[2] M. sakthivel 在 *Webcasters' Protection under Copyright-A Comparative Study* 一文中批判了流媒体技术的本质,评估了著作权保护下流媒体技术同广播的相似点,思考了在著作权广播框架内网络广播的可能性和适用于网络广播的广播组织权的制度。[3] 网络转播台能否自由适用于广播电视信号,温迪戈登提出了并不完美的"三步检测法"的合理使用范式,当许可的成本很高,且该传播许可是为了重要的公共利益而设定的,豁免就应该是合理的,同时,当豁免能够促进广告或节目的销售时该豁免也应该是合理的。[4] 针对非职业作家版权维权时"孤军作战"、诉讼成本高等问题,李明山等建议学习国外经验在版权集体管理实践中推出延伸的集体许可制度和带有担保补偿条款的合同等措施。[5]

技术引发的问题可借助技术来解决。孙骁[6]、梁首钢和陈燕[7]、唐凯捷[8]认为,曾在互联网环境中有过不成功运行的 DRM 技术运用于媒体融合的版权保护中正合适,但要防止技术措施滥用的现

---

[1] 黄玲玲、翟红蕾:《传统媒体新闻作品版权保护及维权思考》,《中国报业》2017 年 7 月(上);翟红蕾等:《数据新闻作品版权辨析》,《新闻前哨》2017 年第 2 期。

[2] 唐倩:《论借助网络接入服务提供者打击网络版权侵权的制度构建——基于对"三振"机制与"屏蔽"机制的思考》,《成都理工大学学报》(社会科学版)2017 年 9 月。

[3] 赵双阁:《三网融合背景下的中国广播组织权制度的反思与重构》,社科文献出版社 2016 年版,绪论第 5 页。

[4] 赵双阁:《三网融合背景下的中国广播组织权制度的反思与重构》,社科文献出版社 2016 年版,绪论第 5 页。

[5] 李明山、常青等:《中国当代版权史》,知识产权出版社 2007 年版,第 418 页。

[6] 孙骁:《论"三网融合"与著作权法律制度的完善》,硕士学位论文,中国政法大学,2010 年,第 38 页。

[7] 梁首钢、陈燕:《"三网融合"下内容版权管理的问题刍议》,《南方电视学刊》2010 年第 2 期。

[8] 唐凯捷:《DRM——三网融合版权保护正当时》,《电视技术》2011 年第 6 期。

象。向泽映的观点是更好地运用已建成的新技术维权平台,在"深"和"效"字上做文章,努力闯出一条数字取证维权的新路。①李晶晶建议传统纸媒企业需要将先进的技术手段与版权服务进行有机结合,建立完整的版权作品生产管理、传播追踪、价值评估和全面维权的新型维权模式,以适应新的发展环境。②聂静和赵丰③等认为计算机互联网技术的发展从本质上颠覆了传统媒体技术中以控制为核心的版权保护模式,可借助区块链技术④化解现有数字版权保护的困境。

传统媒体与新兴媒体在版权保护方面的合作问题,有不同的声音。《纽约时报》、德国施普林格集团旗下一些媒体正在推行"支付墙",以应对新媒体的免费作品使用。一些媒体也要求对"谷歌新闻"从各种信息来源精选文章,然后节选出其中一段精彩的内容搜索的做法进行收费。对于这种做法,有专家对其肯定的依据在于,当今这个高度工业化的世界绝不可能靠小道消息来运转,它需要高质量的新闻,而所有高质量的新闻又都需要很大的成本支出,因此,受众必须抛弃免费获得新闻的思想。此外,德国出版商还正在游说德国政府通过一项新的版权保护法案,禁止网络在没有获得许可的情况下使用出版商原创的新闻内容,默克尔总理领导的联合政府已决定制定一项这样的法律,但具体时间还没有确定。基斯的观点是,该拟议中的版权保护法很有必

---

① 向泽映:《版权保护:融合发展的基础战略》,《中国报业》2017年第13期。
② 《媒体版权保护任重道远》,《传媒》2017年7月(下)。
③ 聂静、赵丰:《基于区块链的数字出版版权保护》,《出版发行研究》2017年第9期。
④ 区块链技术本质上是一个集分布式网络、共识机制、加密算法、智能合约、权限许可、价值和资产等要素为一体的分布式去中心化账本技术。该技术使得单一记账模式转变换成大众参与记账模式,这样每一区块链节点都很难获取完整的账本数据库。——唐文剑、吕雯:《区块链将如何重新定义世界》,机械工业出版社2016年版,第55页。

▶▶▶ **失序与平衡：媒体融合中的版权制度**

要，业界需要借助该法来共同努力构建未来的数字化商业模式。①国内财新正在推行"支付墙"，效果如何有待检验。朱鸿军认为，媒体融合环境中的报纸版权保护，仅靠一家或几家报社的力量，很难对既存的障碍有实质性排除，应该走集体抗争的道路；报社们应该组建版权保护联盟，发挥集聚优势，共同推动版权法律的完善，合力进入行政保护范围，促使民众版权保护意识的提高。②

另一种声音则更多强调合作。有观点认为，单独设立"支付墙"的办法不是上策，应该跟网络公司合作。针对德国拟议的版权保护法，罗宾·迈耶·兰奇（Robin Mey-er-Lucht）说："用这种办法来解决问题是一种倒退。出版商应该寻求与内容使用者进行合作，通过立法禁止网络使用出版内容纯粹是浪费钱财，那根本不会起作用。"③张建星提倡建立"化敌为友"的合作思路；向泽映提出积极推进与门户网站、新兴媒体的多维度深度合作，真正实现融合发展，联合全国兄弟媒体，形成统一版权价格体系；初萌认为，应从"避风港"走向合作共治，版权治理并不是要把版权人放在网络服务商的对立面，作为一项社会工程，版权保护必然依赖于社会各方利益主体的共同参与；张洪波提出加强集体沟通，建立集体对话机制，努力实现融合发展。④

社会保护作为一种重要的路径也被重视。中国文字著作权协会总干事的张洪波呼吁，应充分发挥行业协会和版权集体管理组

---

① ［德］埃里克·普凡纳、张世海：《严格保护报纸的版权——德国报业的自救计划》，《中国报业》2010年第1期。
② 朱鸿军：《集体抗争与数字化转型：纸媒版权保护的路径》，《中国报业》2014年第9期。
③ ［德］埃里克·普凡纳、张世海：《严格保护报纸的版权——德国报业的自救计划》，《中国报业》2010年第1期。
④ 《媒体版权保护任重道远》，《传媒》2017年7月（下）。

织的作用，加强行业自律。郑直也看中行业组织的力量，提到新闻作为一种快速文化消费品，如通过传统模式进行授权，将可能出现严重的迟滞，主张众多的新闻单位和互联网单位之间进行海量的新闻内容授权时应发挥著作权集体管理组织的作用。①

也有一些学者从反思和批判的角度来审视媒介融合的版权保护。彭飞觉得，信息时代的版权保护需要依托互联网本身的独特性，形成立体的规制思维，强调版权保护并不意味着忽视版权制度本身的局限性。② 朱鸿军认为媒介融合环境下版权原本认为不容怀疑的核心内容需要重新审视，在这样的环境中关涉到其合法性的理论根基遭到了挑战，核心概念有待再界定，基本制度也需要大幅调整，③ 并认为正在流行的知识分享的版权亚文化有助于我们跳出既有版权的逻辑来反思现有版权制度。④

4. 媒体融合中版权运营探讨

尽可能使权利人的利益得到合理保护，与此同时也使版权得以顺畅地利用，这是版权制度设计的初衷。版权也只有得到较好的运用，权利人的利益才能得以最大化。束之高阁的版权，权利人的利益也不能得以实现。为此，相关成果对媒介融合中的版权运营展开了研究。王建锋认为，版权运营容易吸引项目基金、风险投资、股权并购等社会资本，借助金融资本的催化剂作用，容易形成以衍生品开发为主要获利手段的盈利模式。⑤ 张凤杰⑥、刘

---

① 《媒体版权保护任重道远》，《传媒》2017 年 7 月（下）。
② 同上。
③ 朱鸿军：《冲突与调适：微信空间版权正当性的反思》，《国际新闻界》2016 年第 12 期。
④ 朱鸿军：《版权问题：制约媒介融合发展的瓶颈》，《出版发行研究》2015 年第 10 期。
⑤ 王建锋：《版权运营改变电视剧市场格局》，《中国版权》2011 年第 6 期。
⑥ 张凤杰：《"全版权运营"热议》，《中国版权》2013 年第 5 期。

▶▶▶ 失序与平衡：媒体融合中的版权制度

星①、谢清风②等认为传统媒体在广告下滑、客户分流的情况下应该学习国外大型传媒如迪士尼、维亚康姆等进行"全版权运营"。张凤杰认为媒体融合环境中无论是从权利内容还是从权利运行方式上都具备了"全版权运营"的前提条件和客观需要。

  一些学者针对融媒中不同媒体的版权运营展开了研究。刘岚岚分析电视综艺节目新媒体版权市场出现了"一九格局"③趋势，常见的节目新媒体版权运营模式有台网"one-on-one"模式④和常态节目的集群化开发模式，提出在具体运营中要注意完善运营管理机制、将权利归属明晰化、对版权堆叠的节目新媒体版权链全面梳理。⑤沈艳阳着重对多屏时代的电视版权运营进行了探索，认为应建立全流程版权管理体系，积累优质视听节目版权储备，创新版权开发方式等。⑥郑直推崇湖南广电台版权独播战略⑦，认为这种方式有助于打造自己的互联网视频平台。朱昌爱表示，传统

---

① 刘星：《广播电视台全版权运营之道》，《当代电视》2017年第10期。
② 谢清风：《一体化：版权运营推动出版融合发展》，《科技与出版》2015年第9期。
③ 所谓的"一九格局"是指，电视综艺节目链的头部内容占据版权市场90%的预算，节目链的中部与尾部内容只能争取剩余的10%。——刘岚岚：《电视综艺节目新媒体版权的运营》，《新闻世界》2017年第10期。
④ 所谓台网"one-on-one"模式，即电视台与视频网站基于某一个节目的版权，为扩大其影响，倾注双方优势资源展开的独家、深入且更为开放的合作。——刘岚岚：《电视综艺节目新媒体版权的运营》，《新闻世界》2017年第10期。
⑤ 刘岚岚：《电视综艺节目新媒体版权的运营》，《新闻世界》2017年第10期。
⑥ 沈艳阳：《多屏时代的电视版权运营》，《中国广播电视学刊》2014年第6期。
⑦ 2014年，湖南广播电视台台长吕焕斌提出"芒果TV"独播战略。湖南卫视拥有完整知识产权的自制节目，将由"芒果TV"独播，不会采取互联网版权分销，以此打造自己的互联网视频平台。这与以往将优质综艺节目网络版权销售给各大视频网站的做法截然不同。芒果独播战略的实践包括明星自助旅游真人秀节目《花儿与少年》《唱战记》《变形记第八季》等几档新上档的栏目。尽管较之各大视频网站，"芒果TV"在技术和用户体验层面仍在不断探索中，但独播战略实施后取得了明显的效果。截至2014年10月10日，"芒果TV"客户端（App）下载量在两个月内从1671万增至3470万（仅安卓平台），翻了一倍，在播出类客户端中位居第一。——《芒果TV独播战略被忽视的几个细节》，http://it.sohu.com/20140512/n399458874.shtml，访问日期：2014年10月23日。转引自郑直《媒体融合背景下的广电版权管理》，《中国广播》2015年第3期。

出版企业未来版权之路，应大力开展数字版权贸易业务，建设网络版权交易平台以及重点开拓原创自主品牌等。① 相比较而言报纸版权运营研究重视不够，但实践中一些报社不仅开始重视而且尝到了甜头，据上海报业集团党委书记、社长裘新介绍，2017年上海报业集团全年版权收入已经超过3100万元，他觉得还远远不够，未来应该过亿元。

综合来看，实践中媒体融合的新兴之大势与版权对之的阻碍，促使版权这一原本属于传媒的非中心领域逐渐为学界所关注。然而从既有研究来看，存在着这几方面的不足：一是有关融媒版权的文献共计742篇，但从有关五大媒体版权的研究文献与有关五大媒体融媒领域版权的研究文献对比图看，相关研究数量依然相对偏少，见图22。报纸领域的版权文献更是严重滞后于实践，媒体融合中版权对报纸的发展极其重要，但最早文献直至2008年才出现，而且近10年来相关文献仅有50篇。二是系统性研究太少。排除知网上的文献，该领域的专著仅有赵双阁撰写的《三网融合背景下中国广播组织权制度的反思与重构》，但也只是谈及三网融合领域中的广播组织权制度。三是创新性研究较少。742篇文献中大量研究都是围绕着几个常见的问题展开重复性研究，创新性的成果很少。四是研究的学理性不强。742篇文献有相当部分是刊登在一般的行业报，剩余论文大多发表在学术性不强的行业期刊上且基本为对策应对性研究，学理性不够，缺乏对规律性内容、原概念和原理论的探讨。由这四点来看，现有研究水平其实是与版权问题在媒介融合实践中的重要位置不匹配的。

---

① 张子弘、姜旭：《数字出版倚仗版权运营"施展拳脚"》，《中国知识产权报》2011年9月9日。

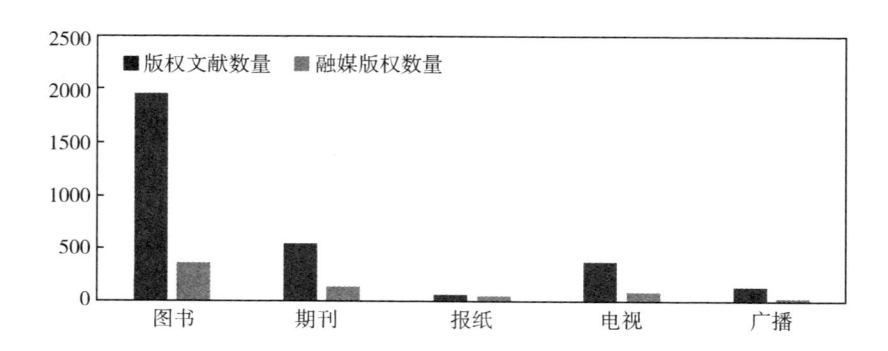

图22　五大媒体版权文献与各自融媒领域版权文献对比图

四　创新点和难点

与既有研究成果相比，本研究的创新之处主要体现在以下三方面：一是研究对象的创新。目前全面系统以我国媒介融合中版权版权制度为研究对象的成果还没有。全面系统研究的好处在于，既可以分别将图书、期刊、报纸、电视、广播等不同传统媒体与新兴媒体融合中的版权问题梳理清楚，便于区隔出不同媒体行业中的版权特征，同时也可以将不同媒体融媒中共性的版权内容概括出来。二是研究材料的创新。除了国内外文献资料，还到一线调研了较多一手资料，如三网融合中我国媒体人的版权素养。三是研究视角的创新。较多文献都是从传播学、法学角度来研究，本研究将借用对制度分析有较强解释力的新制度经济学和对无形资产运营分析较为匹配的信息经济学理论，这便于拓宽研究视野和加大研究深度。

这场以计算机网络技术为主要驱动力的媒体融合现在依然处于进行之中，未来状态如何还很难判断。并且计算机网络技术的强大创新能力和不断迭代更新的速度，还将使得这种不确定状态持续相当长的时间。为此，这场融媒环境中的版权问题将层出不穷。制度设计追求相对的稳定性，融媒环境中的版权问题更新越快，版权制度优化的难度就越大，既需要顾及当前，又需要考虑到长远。此外，这场媒体融合有着强烈的媒体行业特性。图书、期刊、报纸、电视、广播在与新兴媒体融合方面虽然有共性特征，如说到底都是媒介载体的融合和内容的融合，但也有着自身的个性，如图书融媒侧重发展数字出版，期刊融媒强调期刊数据库和 OA 出版的建设，报纸融媒的未来发展方向有可能是趋于成为网络空间权威信息的发布者和核验者，电视融媒中的数字电视是发展重点，广播融媒的方向是在线广播库和移动广播的打造。这所催生的结果是融媒中的版权问题也有着明显的媒体行业特性，不同媒体融媒领域有着不同的版权问题。为此，在版权制度的设计中，既需要考虑不同媒体融媒领域版权问题的特殊性，同时也需照顾到其中的共性问题。再有，所涉及的学科多元且既有研究基础薄弱。版权研究的主体学科是法学，但这并非法学的主流研究对象。研究媒体融合中的版权决定了会涉及大量新闻传播学的知识，但在新闻传播学研究中相关研究非常边缘。以上这些都会给研究者的知识积累和研究能力带来不小的挑战。

五 核心概念界定

（一）版权制度

1. 什么是版权

版权亦称著作权，是指著作权人对作品享有的权利。版权有狭义与广义之分。狭义的版权，仅指作者就其所创作的作品而享有的权利；广义的版权，还包括作品的传播者，如表演者、录音制品制

▶▶▶ **失序与平衡：媒体融合中的版权制度**

作者和广播组织的权利。版权由人身权和财产权两大权利组成。版权人身权是指创作者对其作品享有的、与创作者人身权密不可分的权利。版权财产权，又称作品的财产权或经济权，是指作者及经作者授权的他人，通过使用该作品获取经济利益的权利。[1] 我国《著作权法》规定了版权的4种人身权和13种财产权：发表权[2]、署名权[3]、修改权[4]、保护作品完整权[5]、复制权[6]、发行权[7]、出租权[8]、展览权[9]、表演权[10]、放映权[11]、广播权[12]、信息网络传播权[13]、摄制权[14]、改编权[15]、翻译权[16]、汇编权[17]和应当由著作权人享有的其他权利。

2. 什么是制度

何谓制度？美国制度主义经济学家凡勃伦宽泛地将其定义为

---

[1] 朱鸿军：《新媒体时代我国版权保护制度的优化研究——基于新制度经济学视角》，苏州大学出版社2012年版，第8页。

[2] 发表权，即决定作品是否公之于众的权利。

[3] 署名权，即表明作者身份，在作品上署名的权利。

[4] 修改权，即修改或者授权他人修改作品的权利。

[5] 保护作品完整权，即保护作品不受歪曲、篡改的权利。

[6] 复制权，即以印刷、复印、拓印、录音、录像、翻录、翻拍等方式将作品制作一份或者多份的权利。

[7] 发行权，即以出售或者赠与方式向公众提供作品的原件或者复制件的权利。

[8] 出租权，即有偿许可他人临时使用电影作品和以类似摄制电影的方法创作的作品、计算机软件的权利，计算机软件不是出租的主要标的的除外。

[9] 展览权，即公开陈列美术作品、摄影作品的原件或者复制件的权利。

[10] 表演权，即公开表演作品，以及用各种手段公开播送作品的表演的权利。

[11] 放映权，即通过放映机、幻灯机等技术设备公开再现美术、摄影、电影和以类似摄制电影的方法创作的作品等的权利。

[12] 广播权，即以无线方式公开广播或者传播作品，以有线传播或者转播的方式向公众传播广播的作品，以及通过扩音器或者其他传送符号、声音、图像的类似工具向公众传播广播的作品的权利。

[13] 信息网络传播权，即以有线或者无线方式向公众提供作品，使公众可以在其个人选定的时间和地点获得作品的权利。

[14] 摄制权，即以摄制电影或者以类似摄制电影的方法将作品固定在载体上的权利。

[15] 改编权，即改变作品，创作出具有独创性的新作品的权利。

[16] 翻译权，即将作品从一种语言文字转换成另一种语言文字的权利。

[17] 汇编权，即将作品或者作品的片段通过选择或者编排，汇集成新作品的权利。

"大多数人共同的既定的思想习惯"。[1] 康芒斯则认为制度无非是集体行动控制个人行动[2]。另一位制度主义经济学家沃尔顿·哈米尔顿对制度提出了一个更精确的著名定义:"制度意味着一些普遍的永久的思想行为方式,它渗透在一个团体的习惯中或一个民族的习俗中……制度强制性地规定了人们行为的可行范围。"[3] 后制度主义者霍奇森认为制度是通过传统、习惯或法律的约束所创造出来的持久的行为规范的社会组织。[4] 日本新制度经济学家青木昌彦从博弈论的角度出发概括了其他人对制度的定义,并提出了自己的理解。他指出,关于制度有三种定义,一是把制度定义为博弈的参与者,尤其是组织;二是把制度定义为博弈的规则;三是把制度定义为博弈的均衡解。[5] 诺贝尔经济学奖获得者、美国新制度经济学家道格拉斯·诺斯将制度分为正式制度[6]、非正式制度[7]和实施机制[8],他这样定义制度:"制度提供框架,人类得以在里面相互影

---

[1] 转引自乔弗瑞·M. 霍奇逊的《西方制度经济学发展概况简述》,该文译自 Geoffrey·M., Hodgson, *The Economics of Institutions*, Published by Edword El-gar Publishing Limited, 1993。

[2] 转引自张宇燕《制度经济学:异端的见解》,《现代经济学前沿专题》第二集,商务印书馆 1996 年版,第 226—228 页。

[3] 转引自张宇燕《制度经济学:异端的见解》,《现代经济学前沿专题》第二集,商务印书馆 1996 年版,第 226—228 页。

[4] 同上。

[5] 张旭昆:《制度的定义与分类》,《浙江社会科学》2002 年第 6 期。

[6] 正式制度是人们有意识建立起来的并以正式方式加以确定的各种制度安排,如各种成文法律、法规、政策、规章和契约等。诺斯说正式制度主要是指正式的法规(宪法、法令、产权)。——朱鸿军:《新媒体时代我国版权制度的优化研究——基于新制度经济学视角》,苏州大学出版社 2012 年版,第 10 页。

[7] 非正式制度是指人们在长期社会交往中逐步形成、并得到社会认可的一系列约束。它体现的是亲密团体中群体成员的利益和偏好,它具有持久的生命力,构成世代相传、渐进演化的文化的一部分。——朱鸿军:《新媒体时代我国版权制度的优化研究——基于新制度经济学视角》,苏州大学出版社 2012 年版,第 10 页。

[8] 所谓的实施机制是指使正式制度和非正式制度得以实施的制度,包括正式制度实施机制和非正式制度实施机制。——朱鸿军:《新媒体时代我国版权制度的优化研究——基于新制度经济学视角》,苏州大学出版社 2012 年版,第 11 页。

响。制度确立合作和竞争的关系，这些关系构成一个社会，……制度是一整套规则，应遵循的要求和合乎伦理道德的行为规范，用以约束个人的行为。制度是为人类设计的，构造着政治、经济和社会相互关系的一系列约束。"[①]

3. 什么是版权制度

本研究采用诺斯的制度观，认为制度是一系列约束或是一整套的规则（或简称行为规则）。该观点也为理论界普遍接受。但需补充的是，为使制度更具有操作性，本研究认为在制度的定义中应该加上制度的领域性和目的性这两个决定制度具体身份性质的限定。制度应是指在一定范围、依照既定目标设计的约束人们的一整套规则。为此，本文研究所指的版权制度是指版权领域依照既定社会所赋予的目标所设计的约束版权利益相关人的一整套规则。

4. 版权制度的构成

本研究根据对版权制度的理解和基于本国国情，将我国版权制度分为四大制度，即版权法律制度、版权行政管理制度、版权社会服务制度、版权私力救济制度。版权法律制度是指版权立法、司法领域的版权制度，主要包括版权法律法规制度和版权司法组织制度。与西方发达国家相比，我国版权法律制度虽然起步较慢，但进步很快，现在已基本与国际接轨。版权行政管理制度具体包括版权行政机构设置、管理方式等制度。与西方发达国家所不同的是，该制度与版权法律制度一道构成了具有中国特色的"双轮"驱动的版权制度。版权社会服务制度

---

① 转引自张宇燕《制度经济学：异端的见解》，《现代经济学前沿专题》第二集，商务印书馆1996年版，第226—228页。

是指公共社会服务领域的版权制度，具体包括版权社会管理相关规定、版权社会组织构成等。与西方发达国家相比，我国该领域制度较弱。版权私力救济制度主要是指权利人、使用者保护和使用版权的制度。与西方发达国家相比，我国该方面的制度建设水平较低。

5. 版权制度的目标及功能

人类设立现代版权制度的终极目标在于提高和优化知识产品的生产效率，实现社会知识产品总体效应的最大化。版权制度为何具备实现这样目标的功能？

其一，版权制度赋予了知识产品的排他性，明确了产权，保护了创新，提高了效率。与其他物质产品不同，知识产品本身具有消费的非竞争性与收益的非排他性。即从消费角度看，A消费了某知识产品（如一首音乐），并不会影响B对此知识产品的使用。从收益角度看，若无版权保护制度，生产者则无法有效地将未付费者排除在消费群体之外，其在开发知识产品时先行投入的大量资金与努力因此无法得到补偿，在这样的情况下，知识产品市场便难以正常运转。为克服因知识产品具有非排他性而造成的市场失灵，有必要通过保护性的社会契约赋予知识产品创造者以财产权与人身权。版权制度即为这样一种社会契约，其借助法律手段确立知识产品的排他性，使知识产品的产权归属相对明晰，从而避免因消费者无偿使用致使智力劳动成果产出无效率或低效率的情况。明确版权归属可以提高知识产品生产效率的具体原因常被归结为两个层面：第一，从个人层面，可保护创作者获得应有的物质回报和精神鼓励，促使其保持再创作的积极性。第二，从公司层面看，可保护版权商积极培育、挖掘、营销创作者，促进创作者尽快崭露头角，以保证整个社会有更多创新作品。无

失序与平衡：媒体融合中的版权制度

论是个人层面还是公司层面的创新最终均有助于社会知识产品的增长。①

其二，版权制度内置了约束版权扩张的机制，照顾公共利益，促进作品传播，优化效率。为防止版权扩张过度，损害公众利益，拖累作品的传播，现代版权制度内置了权利限制机制，如版权保护期制度、合理使用制度、法定许可制度、版权补偿金制度、避风港原则等。这些限制制度，一方面是为了保护公共利益，兼顾社会公平，另一方面也是为了不损害版权人的深层和长远利益：一是版权扩张过度会抑制创作者创作的积极性，使得他们有可能会"躺在功劳簿上睡大觉"，依靠丰厚的版权收益不思进取；二是版权扩张过度会抬高版权作品的使用成本，从而会抑制作品的传播，进而有违众多创作者的创作初衷——创作的目的不仅仅是为了钱，而是为了让作品传播得更广泛、更久远。为此，版权的限制制度看似是与版权的保护制度相悖，会影响到知识产品的生产效率，但从深层次和长远看，其实是使得整个社会知识产品生产更健康持久，更优化。

对照一般意义上版权制度的目标及功能，我国版权制度还应具备服务国家社会需要的功能。《著作权法》第1条规定："为保护文学、艺术和科学作品作者的著作权，以及与著作权有关的权益，鼓励有益于社会主义精神文明、物质文明建设的作品的创作和传播，促进社会主义文化和科学事业的发展与繁荣，根据宪法制定本法。"该条作为《著作权法》的立法宗旨，将版权制度与国体、政体和其他实际发展状况进行了对接，增加了"有益于社会主义精神文明、物质文明建设和促进社会主义

---

① 丁汉青：《传媒版权管理研究》，中国人民大学出版社2017年版，第11页。

文化和科学事业的发展与繁荣"的国情特色。厘清我国版权制度的目标和功能有助于为本研究提供这样一个警示：分析和安排我国融媒中的版权制度时，既应考虑到一般规律，同时也应基于国情。

（二）媒体融合

1. 什么是媒体融合

在学界，媒体融合是个老话题。1979年尼古拉斯·尼葛洛庞帝在为其安身之所麻省理工大学媒介实验室筹集基金做巡回演讲时，用三个相互交叠的圆圈分别代表了广播和动画业、电脑业、印刷和出版业，认为这三种行业正在走向融合，并指出，三个圆圈的交叉处将成为成长最快、创新最多的领域，见图23。"媒体融合（media convergence）"一词最先由美国马萨诸塞州大学的伊契尔·索勒·普尔（Ithiel De Sola Pool）教授于1983年提出，他认为"各种媒介呈现出多功能一体化的趋势"[①]。2003年美国西北大学李奇·高登（Rich Gordon）在《融合一词的意义与内涵》一文中总结了媒介组织中"融合"的六个层面，即媒介技术融合、媒介所有权合并、媒介战术性联合、媒体组织结构性融合、新闻采访技能融合和新闻叙事形式融合。[②]

国内学界，中国人民大学的蔡雯最先将"媒体融合"概念引入国内，她着重介绍了美国新闻学会媒介研究中心主任安德鲁·纳齐森（Andrew Nachison）关于媒体融合的学术观点[③]，并对媒

[①] 高钢、陈绚：《关于媒体融合的几点思考》，《国际新闻界》2006年第9期。
[②] 蔡雯：《从"超级记者"到"超级团队"——西方媒体"融合新闻"的实践与理论》，《中国记者》2007年第1期。
[③] 安德鲁·纳齐森认为媒体融合是印刷的、音频的、视频的、互动性数字媒体组织之间的战略的、操作的、文化的联盟。——彭广林：《媒介融合背景下的新闻传播人才培养定位探析——基于对媒介融合内涵的理解》，《科教文汇》2015年第9期。

▶▶▶ 失序与平衡：媒体融合中的版权制度

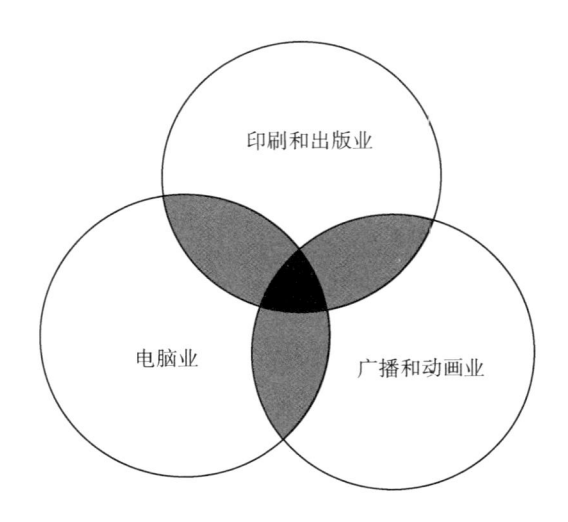

图23 1979年尼葛洛庞帝认为的未来媒介融合

体融合背景下新闻业务层面的变化进行了深入研究。[①] 在此之后，国内有众多学者对媒体融合做出了各种不同的解释。喻国明将媒体融合理解为对社会注意力资源和广告资源的一种整合，是媒介为完成某一共同性目标而实现的功能交叠。[②] 高钢认为，媒体融合是不同媒体形态之间的信息能量的传递，其趋势性特征包括：多媒体在同一平台上的能量互补；各类媒体之间的信息能量交换；信息传播者和信息接收者之间的信息能量交互；外部产业对传媒业的能量支持。[③] 熊澄宇将媒体融合归纳为三种核心形式：第一种是"指所有的媒介都向电子化和数字化这一种形式靠拢"；第二种是指包括"传媒文化形态的整合、传播系统的整合和传媒公司所有权的整合"等在内的媒介大整合；第三种包

[①] 许志晖：《媒体融合的经济学分析——探寻媒体融合的动因、路径及其效应》，博士学位论文，北京师范大学，2011年，第12页。
[②] 喻国明：《媒介融合下学术研究的关键》，《中国青年政治学院学报》2011年第2期。
[③] 高钢：《多网融合趋势下信息集散模式的改变》，《国际新闻界》2011年第10期。

括"媒体业务和媒体本身的整合、规制和控制的整合、用户对媒体的互动使用与参与的整合等为一体的整合"。① 姜进章等提出:"媒体融合是指在数字技术的基础上,报纸、广播、电视、网络、手机等媒体形态在内容和形式上走向一体化,所有的媒体将在数字平台上得以展现,在手机媒体上得以交汇,在跨媒体集团中得以运营。"② 王菲在《媒介大融合》一书中给出的媒体融合定义为:在数字技术的背景下,以信息消费终端的需求为指向,由内容融合、网络融合和终端融合所构成的媒介形态的演化过程。③

笔者认为,要界定清媒体融合这一核心概念,就必须首先明确"媒体"和"融合"这两个概念。何谓媒体?所谓"媒体"也称"媒介""传播媒介"或"传媒",意指传播过程中传送、接受信息的中介。媒体这一概念的内涵可以包括技术、载体、机构三层表意,如报纸这一媒体,既是一种印刷技术,又是一种内容载体,还是一种信息机构。④ 基于媒体融合中,技术尤为重要的特性,为此,本文采纳媒体概念内涵中的技术层面的表意。何谓融合?融合(convergence)不同于"整合"或"合并",或者说"convergence"不同于"integration"。两者之间的区别如物质形态的化学变化之于物理变化。前者是不同介质的媒体融合在一起,产生质变,形成一个全新的媒体形态,后者指同质媒体或是异质媒体之间通过合作、联盟的方式结合成为一个共同体,结合

---

① 熊澄宇:《整合传媒:新媒体进行时》,《国际新闻界》2006年第7期。
② 姜进章、谢晶、王芳群:《解析媒体融合现象》,《理论界》2006年第12期。
③ 王菲:《媒介大融合——数字媒体时代下的媒介融合论》,南方日报出版社2007年版,第38页。
④ 朱鸿军:《新媒体时代我国版权保护制度的优化研究——基于新制度经济学视角》,苏州大学出版社2012年版,第46页。

失序与平衡：媒体融合中的版权制度

前后的媒介形态没有发生根本性的变化。也就是说，整合或者合并只是媒体之间的物理相加，融合才是一种真正的化学反应。① 为此，本研究将媒体融合的概念界定为，在计算机网络技术的根本驱动下，传统媒体与新兴媒体融合为全新新媒体的媒体演进过程。

2. 我国媒体融合的行业特征

在我国，传统媒体与新兴媒体融合其实推动较早，20世纪90年代中期，就有一批传统媒体开始涉足新媒体，从时间点来看，与商业新媒体几乎处于同一时期，见表1。然而，政策保护带来的行业垄断、产业的剩余潜能、既有制度的落后等因素严重拖累传统媒体与新兴媒体的融合，以致经过十多年的发展，与商业网络媒体相比，传统媒体在发展新兴媒体方面的表现完全是天壤之别：前者的进步是一日千里，后者则如裹着脚布的老太婆，步履蹒跚。CNNIC第36次《中国互联网发展状况统计报告》显示，截至2016年8月底，全球互联网公司十强，中国占了4家，分别是阿里巴巴、腾讯、百度和京东。与之对照，我国传统媒体所办的新媒体大部分还处于盈利模式缺乏的窘境。2014年对于传统媒体的融媒发展而言是具有里程碑意义的一年，该年也被称之为"融媒元年"。这一年中央全面深化改革领导小组第四次会议出台了《关于推动传统媒体与新兴媒体融合发展的指导意见》，意味着融媒成功与否已不仅仅事关传媒行业的兴衰，而且关涉到国家全局的发展。自该年之后，我国传统媒体融媒发展进入快车道。《人民日报》的中央厨房、《解放日报》的澎湃新闻、浙江日报报

---

① 许志晖：《媒体融合的经济学分析——探寻媒体融合的动因、路径及其效应》，博士学位论文，北京师范大学，2011年，第12页。

业集团融媒的浙江经验、上海文广集团的 SMG、湖南卫视的芒果 TV、《深圳晚报》的 ZAKER 新闻、财新媒体的付费新闻等皆是传统媒体探索出的融媒成果。

表 1　国内传统媒体创办新媒体的时间与商业网络媒体成立的时间

传统媒体创办的新媒体	成立时间	商业新媒体	成立时间
人民网	1997 年	网易	1997 年
新华网	1997 年	搜狐	1998 年
中新网	1999 年	新浪	1998 年
光明网	2000 年	腾讯	1998 年
央视网	2000 年	淘宝	1999 年
大洋网	2000 年	百度	2000 年

值得注意的是，我国传统媒体在融媒发展方面体现出了鲜明的媒体行业特征。图书、期刊、报纸、电视、广播与新兴媒体融合侧重的领域各有不同。图书融媒领域侧重于数字出版和在线出版平台，期刊数据库和 OA 出版是期刊融媒的发展方向，报纸融媒侧重于一网和两微一端的建设，电视在打造三网融合和 IPTV，广播探索的数字广播、网络广播特别是广播+的道路。

（1）图书领域的融媒：电子出版、数字出版与在线平台

图书出版介入融媒领域较早。早在 20 世纪 90 年代初便有出版社开始涉足电子出版，即运用光电技术手段，将信息符号固定在易受光、电、磁作用的物体上，通过计算机处理设备，使信息能为公众接受、复制或传播。[1] 常见的电子出版物包括以磁卡、磁盘、集成电路卡和光盘等为介质的出版物等。经过数年的发展，我国电子出版就形成了一定的规模。2000 年，我国累计制作

---

[1] 沈仁干：《试论电子出版与版权保护》，《中国电子出版》1996 年第 1 期。

▶▶▶ 失序与平衡:媒体融合中的版权制度

出版了大约 5000 种以上的只读光盘（以 CD-ROM）为介质的电子出版物。① 进入 21 世纪，随着计算机技术、互联网技术、移动通信技术等数字媒体技术的迅猛发展和计算机网络媒体、手机媒体的广泛普及，光电技术逐步被数字技术所替代。数字出版将纸质版图书数字化或直接制作数字图书，是以计算机媒体、手机、电子阅读器为主要接收终端，以在线销售为主导发行渠道的出版方式，成为图书出版融媒发展的主导方向。"图书数字化""数字图书资源库""在线销售"等成为出版融媒的主打数字出版业务。如上海世纪出版集团这些年将其所拥有的 5 万多种出版物进行了数字化处理；凤凰传媒建设运营了图书资源库、助教资源库、基础教育试题库、图片库等四大基础资源库，并广泛与中国移动、亚马逊、当当、京东、苹果 ibook、掌阅等主要在线销售平台建立密切的合作关系；河南大象出版社着重建立两个在线教育的数据资源库，一个是与苏教社合作的题库，另一个是针对教师的资源库。② 然而，一直困扰中国图书数字出版的难题是盈利模式。自 21 世纪初至今，众多数字出版业务仍属于烧钱赚吆喝。据《2016—2017 中国数字出版产业年度报告》显示，2016 年我国数字出版产业整体收入为 5720 亿元，其中属于数字图书收入的仅为 52 亿元。我国图书出版领域的融媒在经历了十多年的"数字出版"的"数字泡沫"后，渐趋认识到囿在出版领域发展融媒的局限性。现今，结合各自专业特性打造特色的在线出版平台成为一大发展趋势。在这一波融媒中，由商业网络媒体反向融合传统出版的现象较为突出，如 2014 年成立的百度文学，2015 年组建的阿里文

---

① 赖茂生:《从电子出版到数字出版》,《中国电子出版》2000 年第 2 期。
② 徐冲冲:《我国传统图书出版与新媒体融合发展研究》,硕士学位论文,北京印刷学院,2016 年,第 29 页。

学、腾讯的阅文集团、掌阅科技的掌阅文学集团等网络文学在线出版平台,商业新媒体在这些平台的打造中都扮演着主导角色。当前的形势来看,传统出版对网络媒体进行融合的可能性微乎其微,反之,后者对前者进行"反向融合"的趋势越发明显。许多新媒体开始将图书出版单位纳入旗下,制定相关政策和计划,与出版单位共同开拓图书出版市场,并提供相关的先进技术手段帮助出版单位建立选题策划系统和客户体验编辑系统,扩大了知识资源数据平台,为用户提供了更全面、更系统的新媒体服务。[1]

(2) 期刊领域的融媒:电子期刊、数字期刊、期刊数据库与OA出版

所谓电子期刊是指以电子媒体为载体,借助计算机和通讯网络进行阅览、检索和打印的连续出版物。这是期刊的早期融媒形式。电子期刊可分为软盘(floppy disk)期刊、光盘(CD-ROM)期刊。最早的电子期刊实验是1976年美国的一家科学基金(NSF)主持的"电子信息交换系统"(ELES)项目中进行的电子期刊试验。[2] 电子期刊的大众化运用从1983年开始,Dialog与BRS分别在其原书目检索服务系统中增加了期刊这种全文数据库,《哈佛商业评论》(Harvard Business Review)是最早进入这种数据库的期刊之一。[3] 1989年我国的《中文科技期刊数据库》是西南信息中心(原中国科技信息研究所重庆分所)开发的一种光盘型数据库,以软磁盘发行,1992年6月以CD-ROM产品

---

[1] 姜军:《图书出版业与新媒体融合发展方向探析》,《新闻研究导刊》2016年1月。
[2] 张政宝:《电子期刊概述》,《江苏图书馆学报》1994年第6期。
[3] 张寒生、王伟赞:《从电子期刊的发展趋势谈我国数字期刊群的建设》,《大学图书情报学刊》2001年第4期。

▶▶▶ 失序与平衡：媒体融合中的版权制度

发行，是我国首例国产中文 CD-ROM 光盘库。1994 年我国的第一份杂志《电子信息与网络杂志》在上海 China-link 信息网络上免费发行。1995 年我国第一份电子期刊《神州学人》开通。1996 年我国第一部学术电子期刊《中国学术期刊（光盘版）》正式发行。我国政府十分重视电子期刊，1997 年科技部为此专门发文，把科技期刊上网工作列入国家"九五"重点科技攻关项目"数字化图书馆示范系统"加以启动，并将其纳入到了万方数据库系统（Chinainfo），1998 年 10 月万方数据资源系统电子期刊栏目开通。[1]

进入 21 世纪，数字技术的长足进步，软磁盘、光盘等磁光存储设备被逐步淘汰，期刊进入数字期刊时代。近十多年来，我国期刊数字化呈现出两种发展路径：一是以中国知网、万方数据库、维普数据库为代表的期刊数据库；二是期刊个体运营的期刊网站、在线投稿系统、小型期刊数据库、微信或微博公号等。前者现已成为占据绝对优势地位的发展模式，纸质期刊在其中处于相对弱势地位，所受冲击很大。后者的实践效果整体不佳，扩大影响但无盈利是共同窘境，能否持续令人担忧。

值得一提的是，可在互联网上自由获取学术性文献的 OA 期刊（Open Access Journal）在我国正在逐步推行。科技期刊领域出现了一批这样的期刊，如"开放期刊阅读联盟"、《中国科技论文在线》、中国光学期刊网、中国地学期刊网、OA 图书馆、Socolar 开放获取一站式检索服务平台、百世登出版集团的期刊出版平台

---

[1] 张寒生、王伟赟：《从电子期刊的发展趋势谈我国数字期刊群的建设》，《大学图书情报学刊》2001 年第 4 期。

等。2016年9月，我国人文社科期刊领域的第一家供公众免费使用的OA期刊"国家哲学社会科学文献中心"开通，2017年3月4日该中心在其微信公号上发布了一则帖子《知网有的论文，这个网站都有，还免费!》，当天的点击量就达到了10万+。① 目前国内一些大学图书馆也在积极参与研发OA期刊平台，如西安交大的"开放存取期刊共享集成平台"、大连理工大学的开放学术资源库、浙江大学建立的SSOA（人文社科类开放存取平台）等。

（3）报纸领域的融媒：一网和两微一端

20世纪90年代中后期，我国报纸通过创建网络版报纸的方式进行融媒发展。1993年《杭州日报》成为我国最早的网上传输媒体，紧随其后，《人民日报》《经济日报》分别于1997年、1999年建立自己的网站。进入21世纪，报社建网站进入高潮，现今几乎全国所有报纸都有自己的网站。随着手机移动媒体的出现，手机报成为这些网络版报纸的变体。在新闻信息过度饱和、人们信息需求越趋挑剔的大市场背景下，这种将纸质报纸搬到网上的融媒之路越走越窄，现今整体处于鸡肋状态。

2009年8月14日新浪微博开通，2012年8月18日腾讯微信公众号上线，以及我国手机媒体的普及，这三大因素将中国人拉入了"人人皆是媒体人，人人皆有麦克风"的时代。面对这样的形势，我国报业融媒重点从pc官网到社交媒体、移动媒体转移。"两微一端"，即开通微博、微信公号和新闻客户端成为报业融媒的"标配

---

① 朱鸿军：《免费分享：一种值得提倡的学术期刊数据库论文使用》，《编辑之友》2017年第6期。

▶▶▶ 失序与平衡：媒体融合中的版权制度

产品"。现今，作为中国社交媒体主要代表的"两微"平台，报纸的入驻率近乎百分之百。① 2015年8月底，经认证的中国内地报纸微博已达3571个②，按当年全国报纸1906种数量计算③，平均每家报纸有接近2个认证官方微博。微信公众号在报业的普及率更高，据统计，2016年10月520家报社新媒体账户微信公众号的开通率为87.3%，高于新浪微博83.7%的开通率④。

在新闻客户端方面，继2014年《人民日报》《解放军报》等全国性大报推出新闻客户端后，"澎湃新闻""界面""浙江新闻"紧随其后，纷纷效仿。据统计，截至2015年12月18日，中国内地31个省、市、自治区，已有近半数省级报业集团推出了APP；省会及副省级城市报业集团，也有至少7个APP上线；还有一些副省级以上城市的报业集团正在加紧筹备APP。⑤ 人民网研究院发布的《2015中国媒体移动传播指数报告》显示，截至2015年12月底，排名前100的报纸中，只有11家没有自有客户端。⑥ 据不完全统计，2016年又有至少近20家副省级以上城市报业集团的客户端上线，较有影响的如天津日报报业集团"新闻117"、四川日报报业集团"封面新闻"等，至2016年年末，全国内地31个省、直辖市、自治区党报集团（含内蒙古和青海暂

---

① 辜晓进：《作为报业转型突破口的社交媒体战略——基于国内104家代表性报纸"两微"的表现》，《新闻与传播研究》2017年第8期。
② 王春盛、焦晓洁、沈阳：《百花齐放 方兴未艾——2015年传统媒体"两微一端"的梳理和分析》，《新闻与写作》2015年第12期。
③ 《2015年全国新闻出版业基本情况》，原国家新闻出版广电总局官网，2016年9月1日。
④ 中国报业协会：《中国报业新媒体影响力报告》，2016年11月发布。
⑤ 辜晓进、李婷菊、叶愉：《集团APP的兴起与报业转型自救》，《新闻战线》2016年第1期。
⑥ 人民网研究院：《中国报纸2015移动传播百强榜发布：〈人民日报〉第一》，http://media.people.com.cn/n1/2016/0324/c14677-28222794.html，2016年3月24日。

未成立报业集团的省级党报）中，除了宁夏、新疆和西藏，已全部开通移动新闻客户端，有的还开通了多个。①

然而，无论"两微"也好，"一端"也罢，现今来看，都很难成为优质的融媒产品。开通微博、微信公号属于借用别人的灶台在做饭，一旦灶台换了，有更新的平台出现，原来的努力就可能付之东流。打造新闻客户端，打造自己的平台，看似弥补了自主平台短缺的软肋，但实际的运营效果并不太理想：下载量偏低、用户数量偏少，能盈利的寥寥无几。

（4）电视融媒领域：三网融合和 IPTV

三网融合是指广播电视网、电信网和计算机网通过技术改造，技术功能趋于一致，业务范围趋同，使得各式各样的广播电视节目、网络视频、音乐、图片、文字、游戏等分布在三网上的内容资源都可以在之间共享、共用。三网融合进程包括以下几个阶段：（1）三网融合初级阶段，互联网电视出现并不断发展。互联网电视是彩电行业发展的技术趋势，而且为三网融合奠定了基础。（2）三网融合适度竞争的阶段，行业壁垒，封闭垄断的时代终于被打破。（3）真正融合阶段，此阶段政策融合和监管融合较为完善，传播渠道流畅，最终打破各种垄断。② 2010 年 6 月 30 日国务院颁布了第一批三网融合试点城市的名单，共 12 个。2011 年 12 月 31 日国务院公布了第二批试点城市的名单，共 42 个。目前，三网融合已在全国较多城市铺开。

三网融合初期，因为存在线路带宽局限、政策不明朗、内容

---

① 辜晓进、张鑫瑶、徐蔓：《2016：中国报业"两微一端"战略新解读》，《新闻战线》2017 年 1 月（上）。

② 傅峰春：《业界精英华南论剑三网融合》，http：//www.sipo.gov.cn/mtjj/2010/201012/t20101221_556644.Html，2011 - 12 - 11。

▶▶▶ 失序与平衡：媒体融合中的版权制度

版权分散等种种问题，整体发展磕磕碰碰，难言理想。目前，IPTV 是运营商在三网融合中对抗广电的有线电视网和互联网 OTT 业务的最有力武器，在政策与市场的双重驱动下，分别拿到 IPTV 一南一北传输牌照的中国电信和中国联通都以最快速度开启了一场 IPTV 圈地运动。

IPTV（Internet Protocol Television），又称交互式网络电视，是三网融合技术下的产物。它集中了电信网、广播电视网、互联网三方面的优势，利用宽带有线电视网的基础设施，以家用电视机作为主要终端，通过互联网络协议来提供包括视频节目在内的多种服务的数字媒体。用户利用计算机或机顶盒＋电视就可以实现接收视频节目、广播等服务。

在我国，IPTV 业务的实现主要需要广电和电信两方面的合作，2015 年 9 月国务院办公厅在《关于印发三网融合推广方案的通知》中指出，要全面推进三网融合，将广电、电信业务双向进入扩大到全国范围。IPTV 想获得用户的青睐，需要在带宽、播放顺畅度、内容丰富性等方面下功夫，而其中视频资源的丰富程度直接影响着用户的使用体验。为此，各 IPTV 运营商都力图扩大视频内容的涵盖面。如百事通在公司的网站上就强调"强势内容是公司获取用户流量的核心竞争力。……已积累精品内容版权超过 120 万小时"。

以 IPTV 为代表的三网融合产品能给所有的版权关系人带来益处。对作者而言，三网融合使作品的传播途径越来越多，作品传播的渠道越来越畅通，市场需求逐渐增大，作品价值体现得更充分，作品的版权价格逐步提高，激发了作者的创作热情。对于服务提供商而言，三网融合中因为消费者对信息需求量的增大将会获得更多的利益。对消费者而言，在信息内容传播渠道不断拓宽的情况下，消费者获得的信息量将大量增加，获得信息将变得更为快捷。① 当然，三网融合也有可能给所有的版权利益方带来诸多危害，设若版权保护不到位，权利人的利益受损，作者的创作积极性会下降，邻接权人投资生产和传播版权作品的动力会受挫，消费获取高质量作品的可能性会大幅减少，等等。如何趋利避害，尽可能使得各版权方的利益最大化，实现他们之间利益的相对平衡，这便需要对现有的版权制度进行适时的创新和优化。

（5）广播融媒领域：数字广播、网络广播和广播＋

与图书、报刊、电视相比，广播最先受到互联网的惨烈冲击。20世纪90年代，广播成为下滑幅度最大的传统媒体，一度步入严重衰退期。广播的媒体融合可分为三阶段：（1）数字广播初始阶段；（2）网络广播阶段；（3）广播＋阶段。

20世纪90年代中期，广播在经历了调幅、调频两个技术发展阶段后，正式进入数字音频广播新阶段。借助数字技术，新媒体传播工具层出不穷，如数码录音笔、MP3、3G手机、光盘刻录机等，这些设备使得广播在采、编、播方面渐渐进入数字化时代。数字化技术也使得稀缺的广播频率资源变为富余资源。② 2000年前后，广播进入网络广播阶段，众多电台开通了自己的网站，中央人民广播电台1998年创办了"央广网"，同年中国国际广播电台创办的"国际在线"正式发布，2001年北京人民广播电台成立了北京广播网，同年江苏省广播电视总台联合江苏省交通厅、江苏省公安厅联合创办的"江苏交通广播网"开播，等等。在数字广播和网络广播阶段，广播在融媒领域并未取得实质性的进展，所谓的融

---

① 王渊：《三网融合中的版权问题与对策研究》，《中国科技论坛》2013年第2期。
② 司颖：《媒体融合——广播与时发展的策略选择》，《中国广播》2008年第1期。

▶▶▶ **失序与平衡：媒体融合中的版权制度**

合仅仅是简单利用新兴的数字技术提高效率或者影响。

真正使得广播深入深度融媒阶段的是最近几年的"广播+"阶段。令人意外的是，原先受各种媒体挤压最厉害的广播，随着我国汽车保有量和移动人群的逐年增加，最近十多年里，出现了逆传统媒体颓势而快速增长的状况。正因为广播在移动传播中不可替代的优势，使其在媒体融合中有了"以我为主融媒"即"广播+"的底气。这些年，一些广播台正依照这样的路径大刀阔斧地杀入新媒体领域。如浙江广播电台 2015 便提出了"广播+"的全新发展理念，以广播母体为核心资源平台，与各种传播形态展开深度融合，打造多元跨界联动广播的新格局（如图 24 所示）。无锡广播电台的各个频率会在日常节目中创设多维互动环节，将电话连线、微博互动和微信推送等进行联动结合，并利用电台的品牌优势和主持人的名人效应创办了 APP 和各种微信公号。FM893 福州音乐广播借助自身在音乐传播中积累的资源和直播的优势，举办大型音乐演唱会，并通过喜马拉雅、蜻蜓 FM 同步直播。①

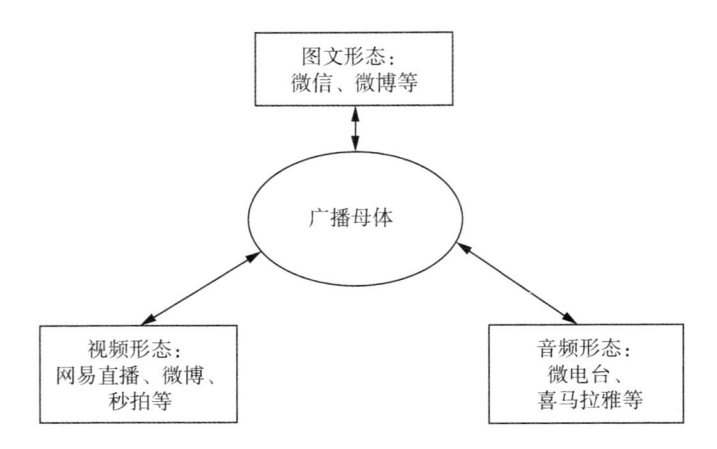

图 24 浙江广播电台的全形态传播格局

---

① 窦浩：《新媒体时代广播电台的融合发展路径》，《传媒》2017 年 3 月（下）。

六 研究方法

本研究主要采用历史文献法、比较分析法、个案分析法以及调查统计分析法等研究方法。

历史文献法。从研读国内外相关专著、学术论文、研究报告以及其他文献资料中提出自己的观点，寻找相关论据。本研究对中国知网 742 篇相关文献进行了深入的分析，一方面全景详细展示了我国相关研究的状况，另一方面以此为基础作为文章论证的资料依据。

比较分析法。一方面对图书、期刊、报纸、电视、广播五大媒体各自融媒领域版权问题展开对比研究，在归纳总结共性内容的同时，廓清不同媒体融媒版权方面的特性之处，另一方面，对国内外融媒环境中版权问题进行对比研究，检验中国经验世界贡献的可行性的同时，探索国际得失做法对本国的借鉴。

个案分析法。本研究属于实践性非常强的研究，诸多问题出自大量的实践案例，众多的应对之策也需要从案例中寻找答案。中国社会科学院研究员吴锐起诉超星数字图书馆案、《新京报》起诉浙江在线案、魏剑美起诉龙源期刊网案、郑成思等 7 名知识产权专家状告北京书生数字技术有限公司案、中国文字著作权协会起诉中国知网案等诸多典型案例，都成了本研究的素材。

调查统计法。本研究对"三网融合环境下用户观看影视节目习惯"和"三网融合中我国媒体人的版权素养"展开调查，借助一手数据增加研究的可信度。

七 研究框架

本研究主要分六大内容。第一章，导论。主要谈及研究缘起、研究意义、文献回顾、创新点和难点、核心概念界定以及研究方法和研究框架。第二章，新旧媒体的融合与版权制度的变革。这是本研究的逻辑起点，媒体融合环境中既有的版权秩序为何会出现如此大的不适状态，追根溯源，始作俑者是引发人类第五次信息传播技术革命的计算机网络技术。从人类版权制度的演变历史看，信息传播技术是影响版权制度的关键影响变量，信息传播技术的革命都会引发版权制度的重大变革，印刷出版术的发明成为促动现代版权制度诞生的必要条件，摄影术、录音技术、广播电视技术等模拟技术的出现使得版权制度不断扩张，计算机网络技术则使得现今的版权制度面临着全面的革新。延续至今的以计算机网络技术为根本驱动的这场媒体融合比纯粹的计算机网络环境还复杂，这场媒体融合的自有特征也规定了版权制度的创新维度。诸多证据表明，版权问题已成为制约媒体融合的瓶颈，现有的版权制度不进行创新将阻碍媒体融合的发展。第三章，融媒中我国版权制度的框架体系。该章开始正式介入本研究的主体研究对象：媒体融合环境中我国版权制度。主要从版权法律制度、版权行政管理制度、版权社会服务制度、版权私力救济制度四方面对我国融媒环境中的现有版权制度框架进行分析。第四章，失序：融媒中我国版权制度的不适。该章主要从融媒中版权基础问题的待界定、版权基本原则的再调整、版权合理保护难度加大、版权顺畅利用阻力增强、版权的正当性受到质疑等五方面来阐述融媒环境中我国既有版权失序的窘境。第五章，平衡：融媒中我国版权制度的优化。主要从版权法律制度、行政管理制度、版权社会服务制度、版权私力救济制度等四方面对我国融媒环境中的版权制度进行优化。最后部分，结语。版权问题已成为制约我国媒体融合的瓶颈，能否将其排除关涉到的不仅仅是传媒行业自身的发展，更会关联国家推动媒体融合战略意图的实现。融媒环境中我国版权制度的确面临着重大调整，但研究表明，一方面参照人类历史上历次应对因信息传播技术革新而带来版权制度调整的路径，我们可以找到对应的解决之策，另一方面需要对现有版权制度的理论进行创新，进而依此从根源上找到更加优化的制度出路。融媒环境中版权制度研究，既需要考虑不同类别媒体融合领域版权制度的共性之处，同时也不能忽视特殊性的存在。不然，忽视前者，很可能出现版权制度的碎片化，缺乏系统性和长期适用性，忽视后者，则会有制度落地时针对性不强、操作性弱的风险。总体来看，本书依照提出问题、分析问题和解决问题的逻辑主线展开研究。

第二章 新旧媒体的融合与版权制度的变革

版权制度史一定程度上是一部信息传播技术发展史,"著作权法是被技术变革推着走的",① 人类历史上每次信息传播技术的革命都会带来版权制度的重大变革。以计算机网络技术为根本驱动力的传统媒体与新兴媒体的融合,本质上是以符合互联网传播规律、传统媒体趋向于升级为新兴媒体的融合。为此,融媒中的版权制度应该根据计算机网络技术的特征而设计。然而,传统媒体不可能一夜之间升级为新兴媒体,新兴媒体也不可能完全取代所有传统媒体。这场媒体融合必然需要一个时间并不短的过程。在这样一个新旧媒体交融的特殊时期,现有版权制度如何调整,与纯粹传统媒体环境或互联网环境相比,难度显然要大得多。因其既需要关照来自新旧两种异质性较强媒体环境中不同版权利益方在同一融媒环境中的利益平衡,同时又要考虑对应的制度调适不会严重打破原有新旧媒体环境中版

---

① Heather A. Sapp, *North American Anti-Circumvention: Implementation of the WIPO Internet Treaties in the United States*, Mexico and Canada, Comp. L. Rev. & Rev. & Tech. J. Fall, 2005, p. 1.

权秩序的相对稳定。

第一节 信息传播技术:版权制度的关键影响变量

自 1709 年《安娜法》颁布以来,现代版权制度已有 300 多年的历史。综观来看,诸多因素影响其发展。一国或地区的政治意识形态会作用于版权制度的安排,冷战时期,前苏联的著作权制度偏重强调权利的公权性,与之相反,英美等西方国家则偏向于版权的私权性。一国或地区的政治意识形态以及传统文化、习惯等非正式制度不仅会决定版权法律、法规、政策等正式制度的设计水平,而且会成为正式版权制度能否顺利落地的最根本、最持久的影响因素。[①]以我国为例,"窃书不为偷"等传统观念使得民众版权意识普遍较为淡薄,这也成为较长时期版权制度执行不下去的最主要原因。一国或地区的文化经济发展水平也会决定着怎样价值取向的版权制度。美国建国之初,由于文化经济发展水平较低,为此,在对外国作品的侵权盗版方面持消极态度。[②]然而,在诸多因素中,信息传播技术则成为极其关键的影响变量。可以这样说,现代版权制度史就是一部信息传播技术发展史,人类每次重大的信息传播技术革命都会对版权制度带来极其重要的影响。

---

① 朱鸿军:《新媒体时代我国版权制度的优化研究——基于新制度经济学视角》,苏州大学出版社 2012 年版,第 49 页。
② 美国建国后的相当长一段时间内,对版权作品采取的都是本土保护策略。1790 年《版权法》中明确强调只保护美国本国公民的版权,并不禁止复制外国作品。不保护外国作品版权的政策一直持续到 1891 年颁布《国际版权法》。正是 18、19 世纪美国《版权法》并不保护外国作品的版权,导致那一时期美国对外国作品盗版成风,出版商可以自由且免费地出版任何一部外国作家的作品,既不需要取得原作者许可,也不需要支付相应的税费。1891 年《国际版权法》虽从法律上禁止盗版外国作品,但同时也规定了"国内印刷条款",即一部美国作品要得到保护就必须在美国国内印刷。在美国《版权法》(转下页)

▶▶▶ 失序与平衡:媒体融合中的版权制度

一 印刷出版术与版权制度的出现

版权制度到底是不是随着印刷术的采用而出现？大多数西方学者持支持态度，将德国人古登堡（J. Guten-berg）开始应用活字印刷术看作版权保护的开始，[①]"当威廉·卡克斯顿（William Caxton）将印刷机于1476年带进英国，一种最终被称为著作权的新的财产形式不可避免地出现了"。[②]国内著名学者郑成思先生指出："无论东、西方知识产权法学者，都无例外地认为著作权是随着印刷术的采用而出现的"[③]，并认为："如果版权确实是随着印刷术的采用而出现的，它就应当最早出现于中国。"[④]虽然有学者反驳到，古登堡成功应用活字印刷为1450年，英国《安娜法》诞生于1709年，两者相差了至少两个半世纪，很难论证现代版权制度与印刷技术存在着必然

（接上页）中，无论是将国外作品排斥在版权保护之外还是实行"国内印刷条款"，均反映出美国的实用主义心态。具体来讲，18、19世纪，美国版权产业发展水平较低，落后于英法等版权大国，对外国作品提供版权保护不利于美国的经济发展和文化传播，所以为了保护国家利益，美国拒绝保护外国作品版权。此类本土保护政策使得美国在一百多年里赶超英国，一跃成为版权经济大国。二战后，美国经过近10年的发展，版权大国地位得以确立。1955年加入《世界版权公约》，标志开始进入世界版权保护体系，1989年加入了远高于美国《版权法》的《伯尔尼公约》，宣告进入国际版权保护的主流体系。——任闻:《美国小说披露美国盗版史》，《中国新闻出版广电报》2015年7月14日；王世威：《美国版权法立法策略的历史变迁对我国的启示》，《法制与社会》2011年第13期。转引自丁汉青《传媒版权管理研究》，中国人民大学出版社2017年版，第71、72页。

[①] 周艳敏、宋慧献：《古登堡之后——从印刷特权到现代版权》，《出版发行研究》2008年第9期。

[②] Lyman Ray Patterson, *Copyright in Historical Perspective*, Nashville: Vanderbilt University Press, 1968, p.128.

[③] 郑成思：《中外印刷出版与版权概念的沿革》，《版权研究文选》，商务印书馆1995年版，第126页。

[④] 郑成思：《版权法》（修订本），中国人民大学出版社1997年版，第2页；郑成思：《知识产权论》，法律出版社1998年版，第15页。

第二章 新旧媒体的融合与版权制度的变革

的因果关系。① 但有大量的证据表明,紧随活字印刷术的出现,一些控制印刷出版的法令或权利不断推出,而这些法令与权利恰恰是催生现代版权的制度铺垫。

1450年古登堡的金属活字印刷术成功,随后不到半个多世纪的时间里,教会为大范围地印制《圣经》、履行传播教义的使命而成为最青睐使用者。在其大力支持下,印刷术这种新兴信息传播技术很快沿着主要城市之间的贸易路线成放射状传向欧洲各地区②。1476年英国第一家印刷厂建立,标志现代印刷出版业由此拉开序幕,很快该行业成为一个朝阳产业在欧洲各国快速发展。然而,随着印刷术的大范围推行和印刷出版业的兴起,各种开始活跃的"异端"思想引发了教会的极大不安。为维持宗教垄断,使信徒保持信仰的绝对忠诚和对《圣经》理解的思想统一(让《圣经》务必是钦定版本),教会对世俗社会印刷的态度很快发生了转变,由支持变为禁止。

1485年在欧洲活字印刷发源地美因兹,大主教发布命令,严禁滥用活字印刷术这一"神赠技术",1489年教廷向所有信徒发布了同样内容的敕令。③ 教会的禁令对主张"政教合一"的欧洲来说影响很大。从此,欧洲史上最严酷、最漫长、最系统的印刷出版审查开始。④ 与之对应,印刷出版产业界产生了另一种反应:"印刷商对印刷业进行了大量的投资;建立印刷厂、制作字型、制造附带的零件并装订作品;从作者那里获得作品,或者重新出版

---

① 周艳敏、宋慧献:《古登堡之后——从印刷特权到现代版权》,《出版发行研究》2008年第9期。
② 《中国大百科全书·新闻出版》,中国大百科全书出版社1990年版,第338页。
③ 沈固朝:《欧洲书报检查制度的兴衰》,南京大学出版社1999年版,第17页。
④ 周艳敏、宋慧献:《古登堡之后——从印刷特权到现代版权》,《出版发行研究》2008年第9期。

▶▶▶ 失序与平衡:媒体融合中的版权制度

他们编辑或翻译的经典之作",可是,"'盗版可以说是与技术本身一起诞生',为了维护利益,印刷商们很早就开始请求当局防止那些复制其书籍版本的印刷商的不正当竞争"。① 在这样的情势下,欧洲各国统治者为满足教会的要求和书商的利益,同时也会为了便利于思想舆论的控制,开始实行以特权为形式的印刷垄断制度:1469 年威尼斯政府赋予最早将印刷术带入本国的斯派尔·约翰(John of Speyer)对印刷业拥有为期 5 年的垄断,意大利随之成为施行印刷特权的最早国家,1526 年,威尼斯政府立法规定印刷出版必须得到十人委员会(Council of Ten)的出版许可,1543 年,又一部审查法重申了这一点,并对未获许可的出版规定了严厉的惩罚;② 法国王室最早给予印刷商的特权发生于 1507—1508 年(最早获得特权的是宗教文本),1521 年弗朗索瓦一世(Francois I)的一个法令对这种特权给予了确认;1557 年,英女王玛丽向书商公会颁发"王室特许状",希望它成为一个实施出版审查的工具。③

对于这种印刷出版特许权制度,西方学者这样评价道,"在每一个国家,当局的利害所系都是相同的:控制代表信息提供新方式的图书贸易,并鼓励新兴产业","当局没用多长时间就认识到,通过把权利限制为只授予少数人的特权,他们可以很容易地控制所有出版物,这给予政府一个轻巧而有效的武器,允许他们

---

① 周艳敏、宋慧献:《古登堡之后——从印刷特权到现代版权》,《出版发行研究》2008 年第 9 期。
② [法]费夫贺、马尔坦:《印刷术的诞生》,李鸿志译,广西师范大学出版社 2006 年版,第 237 页;John Feather, *Publishing, Piracy and Politics: A Historical Study of Copyright in Britain*, Mansell Pulishing Limited, London, 1994, p. 11。
③ 周艳敏、宋慧献:《古登堡之后——从印刷特权到现代版权》,《出版发行研究》2008 年第 9 期。

对这种新媒体实施严厉的审查"。① 然而,"正是这种作为管制制度的印刷特权,成为了现代版权制度的前身"②。

虽然印刷出版特权与现代版权有着本质上的差异:从权利的性质来看,前者是封建特权的一种,后者是民主社会的一种公民权利;从权利的目的来看,前者是统治者为了进行公共言论的管制,后者在于保护创新,鼓励传播;从权利的主体来看,前者是书商,后者是作者。但是印刷特权为现代版权的产生奠定了基础,1662年的《特许法》是1709年标志现代版权法诞生的《安娜法》的成文法源头,围绕印刷出版特权有关的行业管制逐渐发展成为后来的版权制度框架。至此,我们依然无法论证印刷出版术一定会催生现代版权制度,但两者之间极其紧密的关系已显露无疑。此外,以复制技术为基础的版权离不开印刷技术的发展,也成为学界公认的一个基本的逻辑常识,作为版权中最核心的财产权复制权中的"复制"最早更多是指印刷复制。

二 模拟技术与版权制度的扩张

如果说印刷术的出现并不一定会带来现代版权制度的出现话,或者说印刷术仅仅是现代版权制度出现的必要条件而非充要条件的话,那么进入模拟技术时代,声光模拟技术的不断变革而催生出新作品和新使用,主要基于印刷出版技术特征而设计的版权制度随之

---

① S. M. Steward, *International Copyright and Neighboring Rights*, Butterworths, 1983, p. 204; See Gillian Davies, *Copyright and the Public Interest*, New York: VCH, 1994, p. 16。转引自周艳敏、宋慧献《古登堡之后——从印刷特权到现代版权》,《出版发行研究》2008年第9期。

② 周艳敏、宋慧献:《古登堡之后——从印刷特权到现代版权》,《出版发行研究》2008年第9期。

▶▶▶ 失序与平衡:媒体融合中的版权制度

进行了相应的扩张,这样的推论已为学界所公认。

(一) 摄影术与独创性标准的降低

1759年英国作家爱德华·扬格(Edward Young)发表了《试论独创性作品》(Conjectures on Original Composition)一文,该文对"独创性"的理解奠定了现代意义的"独创性"观念。扬氏对独创性提出了较高的要求,他认为,"独创性作家的笔头,像阿米达的魔杖,能够从荒漠中唤出灿烂的春天",在"那个春天里,独创性作品是最美丽的花朵"[1]。在他的眼里,独创性是指创造性、新颖性。然而1839年当法国人路易·达盖尔(Louis Daguerre)发明摄影术后,这给扬氏的独创性带来挑战,"借助物理装置,利用碘化银等感光材料与光线作用所形成的物体影像"[2],是否是独创性作品?有学者的观点,"19世纪40年代摄影术刚引入英国时,照片被认为是纯粹的机械过程的产物而不是作品,不能成为版权的保护对象",[3]但是,1862年颁行的《美术作品版权法》(Fine Art Copyright Act)将照片视为美术作品列为版权作品。

为什么作为纯粹机械过程产物的照片能受到版权保护?1900年英国上议院在Walter v. Lane案[4]中对此作了解释。虽然该案件

---

[1] [英]爱德华·扬格:《试论独创性作品》,袁可书译,人民文学出版社1998年版,第82—130页。

[2] 易健雄:《技术发展与版权扩张》,博士学位论文,西南政法大学,2008年,第89页。

[3] Lionel Bentiy & Brad. Sherman, *Intelletual property law*, Oxford University Press, 2001, p.82。转引自易健雄:《技术发展与版权扩张》,博士学位论文,西南政法大学,2008年,第88页。

[4] 1900年《泰晤士报》的记者用速记法将罗斯柏里(Rosebery)勋爵于1896—1898年间先后5次在不同公共场合所发表的演讲逐字逐句地记录下来后,分别写成报道刊登在《泰晤士报》上。后《泰晤士报》将这些报道的"版权"转让给了沃特(Walter)。1899年,莱恩(Lane)擅自将这些报道集结成书出版。沃特认为莱恩的做法侵犯了其版权,遂将莱恩请诉至法院。初审法院认为记者在记录罗斯柏里勋爵的演讲时花费了相当(转下页)

第二章 新旧媒体的融合与版权制度的变革

并非是关于照相侵权的案件，但霍斯柏里大法官在论证"即使不同的人基于各自独立的劳动与技巧，产生了完全相同的作品，也不影响各人就其作品享有版权"时用照相为例进行了说明："即使不同的人以完全相同的视角、在相同的光线状况之下，拍出完全相同的照片，也不影响各人对其所拍照片享有版权，版权不需要独创性作为正当化基础。"

虽然对此论调，罗伯逊法官提出了异议，并且日后的司法实践也表明，独创性被法定化已成为普遍现象，但自此，"独创性"的标准在降低：有的国家，如英国在一段时期，判断作品是否有版权，是看作者有没有付出必要的劳动或技巧，即"额头出汗"（sweat of the brow）或"辛勤收集"（industrious collection）原则；独创性不再要有前所未有，只要求"源于作者"，英国对独创性的经典解释为，"'独创的'一词并不意味着作品必须表达独创性或创造性思想。版权法不涉及思想的独创性，而与思想的表达相联系……但版权法并不要求表达必须是新奇的或新颖的，它要求作品不能是从他人作品复制而来，作品应该源于作者（originate

---

（接上页）的劳动、技巧和判断，应该对依其记录写成的报道享有版权——即使这些报道是对他人演讲逐字逐句的记录。基于这种判断，初审法院支持了原告的诉请。被告不服，上诉至英国上诉法院。上诉法院认为记者的报道不过是对他人演讲逐字逐句的记录，没有体现其独特的个性，毫无独创性可言，不是独创性作品，记者也不能称为版权法上的"作者"。故这些报道不能得到版权保护。基于这样的判断，上诉法院推翻了初审法院的判决。原告不服，上诉至英国上议院。大法官霍斯柏里（Halsbury）和法官大卫（Davey）、赫里福德·詹姆士（James Hereford）、布拉姆通（Brampton）、罗伯逊（Robertson）审理了该案。霍斯柏里提醒上诉法院注意：所谓"独创性作品"并不是法定用语，当时的版权法也不要求其保护对象必须要有独创性。记者就其报道付出了自己的劳动和技巧，就可以得到版权法的保护，但被告这种做法是对他人劳动成果的掠夺，应为版权法所禁止。即使不同的人基于各自独立的劳动与技巧，产生了完全相同的作品，也不影响各人就其作品享有版权。——易健雄：《技术发展与版权扩张》，博士学位论文，西南政法大学，2008年，第89页。

from the author)。"① 19世纪30、40年代美国霍姆斯大法官在处理 Bleistein v. Donaldson Lithographing Co. （1903）案时②将独创性标准界定为"独立完成"。如此低的独创性标准为版权对象的扩张提供了相当的空间。③

（二）录音技术与"复制权""表演权"范围的拓展

在录音技术诞生以前，复制一直与印刷出版联系在一起。1887年爱迪生发明的留声机和1895年爱德文·沃提（Edwinvotcy）发明的自动钢琴④以及录音技术的广泛运用，迅速将一个问题推至版权法的面前，即通过机械方式录制的音乐是否属于复制？1908年美国联邦最高法院在 White-Smith Music Publishing Co. v. Apollo Co. 一案中最先对此表明了态度：由戴（Day）法官撰写的法庭意见支持被告的观点，即认为钢琴卷这类音乐录音不是作品，制造钢琴卷的行为不构成"复制"。对此判决结果，霍姆斯大法官表示同意，但对法庭意见的判决理由有所保留，认为，任何以机械方式复制声音排列（collocation of sounds）所得的产物都应是复制品，但现行版权法规定过于狭隘，对复制的解释还不能做这样的延伸，修改法律的工作不应由法院来做，而应由国会去完成。该案判决后的第2个月，美国国会就其问题召开听证会。1909年《美国版权法》规定，以机械方式录音属于

---

① Mike Stewarcl, *Copyrisht and Culture*, University of London Press v. University Tutorial Press, 1916, p. 201.
② 该案是美国联邦最高法院裁决，也被认为是"视为作者"原则推行的第一个判例。
③ 易健雄：《技术发展与版权扩张》，博士学位论文，西南政法大学，2008年，第91页。
④ 钢琴卷又称为"音乐卷"（music roll），是一种把音乐用打孔的方式记录下来的纸卷，其功能类似于记录音乐的乐谱。人不能识别钢琴卷，但自动钢琴可用其自动再现音乐。——易健雄：《技术发展与版权扩张》，博士学位论文，西南政法大学，2008年，第94页。

复制行为，音乐作品版权人拥有"机械录音权"（mechanical recording right）。从此，复制的范围不局限于印刷而拓展至"机械录音"。①

录音技术的出现还给音乐作品原有的表演权提出了问题：播放录有他人音乐作品的唱片是否也算表演？20世纪30年代当留声机、唱片完全取得市场优势，淘汰自动钢琴、钢琴卷并广泛应用后，音乐产业的原有平衡迅速被打破，这几乎成为包括演唱者、屏幕情景表演在内主体的噩梦。② 国际劳动组织于1939年出版的报告表明，1932年到1936年间，音乐等艺术行业的表演者进入前所未有的失业高峰，美国、法国、日本与奥地利都有数以万计的表演者失业，比如：日本1936年，音乐工作者的失业比例为41%，维也纳音乐工作者的失业比例高达90%。③ 为此，音乐工作者、表演者及其相关的商业组织提出了表演权扩张的权利诉求。这些诉求得到承认。美国版权法对原来的表演权做了整理，规定任何以"营利"为目的公开表演行为都属于音乐作品版权人表演权的效力范围。这一规定为表演权的扩张预留了空间：只要能认定有营利目的，哪怕是播放唱片也有可能归入表演行为。④

（三）广播电视传播技术与邻接权的出现

自1886年赫兹发现了电磁波后，人类进入了无线通信时代。

---

① 易健雄：《技术发展与版权扩张》，博士学位论文，西南政法大学，2008年，第94页。
② 刘铁光：《传媒技术发展与著作权演变的内在机理分析——兼及著作权的未来》，《求索》2014年第1期。
③ [西班牙] 德利娅·利普希克：《著作权与邻接权》，中国对外翻译出版社2000年版；转引自刘铁光《传媒技术发展与著作权演变的内在机理分析——兼及著作权的未来》，《求索》2014年第1期。
④ 易健雄：《技术发展与版权扩张》，博士学位论文，西南政法大学，2008年，第105页。

▶▶▶ 失序与平衡:媒体融合中的版权制度

1920年英美商业广播电台分别开播后,无线广播事业渐成规模,广播成为民众喜爱的新兴媒体。① 1925年英国人贝尔德(Baird)研制成功了机械电视,1929年,英国广播公司允许贝尔德公司开始公共电视广播。1930年起,电视机开始进入商业市场,1936年英国广播公司开始播送电视节目,1939年美国国家广播公司开始播送电视节目。②

广播电视传播技术的兴起,广播、电视使用的逐步普及,一方面提供了广为民众喜欢的新兴媒体接触方式,同时也触动了三大群体表演者、录音录像制品制作者和广播电视组织者的利益。在表演者和录音录像制品制作者来看,表演作品和录音录像制作品不应该被广播台、电视台免费传播,广播台、电视台有如此多的受众,大家都去收听、观看广播电视节目,自己原有的市场收益自然会大大受损。在广播电视组织者看来,他们在视听节目的制作和传播方面投入了大量时间、精力、技能和资金,那么如何使这些节目不被随意复制传播,是否可通过增加新的权利方式来使得自身的利益不受到损害。

经过30年的利益协调和立法博弈,三大各自独立又相互依赖的利益团体的新权利要求终于得到承认。新权利被命名为邻接权,1961年被写进与《伯尔尼公约》相联系的《保护表演者、录音制品制作者和广播组织罗马公约》(简称《罗马公约》)之中。依照该公约规定,表演者享有对其表演的支配权;录制者享有对其录音制品的支配权;广播组织享有对其节目的支配权。至此,

---

① 易健雄:《技术发展与版权扩张》,博士学位论文,西南政法大学,2008年,第105页。
② 博言编著:《发明简史》,中央编译出版社2006年版,第143页。转引自钟建国《电视技术发展史话》,《厦门科技》1996年第2期。

在国际层面上，一个与作者权利平行的权利内容被确定下来：对作品的权利由著作权人享有；因作品的传播而产生的权利则由作品传播者享有。① "以邻接权保护表演、录音制品和广播电视节目，成为作者权系的大陆法系各国独有的处理方式"。②

三　计算机网络技术与版权制度的重大革新

1945 年美国人莫克莱（Mauchly）和埃克特（Eckert）发明了世界第一台计算机"爱尼阿克"，1969 年世界最早的电脑网"阿帕网"（ARPANET）诞生。计算机技术与互联网技术的结合，开启了信息传播技术的第五次革命，人类进入一个伟大的时代——计算机网络技术时代。

与历次新兴信息传播技术出现时的做法相同，扩张成为计算机网络技术时代版权制度的惯性选择。计算机诞生后 19 年，1964 年美国版权局便宣称可以接受计算机软件的版权登记。随后，在修改美国版权法议案中，计算机软件被建议当作作品来保护，虽然该建议遭到了人们的反对，③ 1976 年的《美国版权法》最终也没将其列为保护对象，但仅过了 4 年时间，1980 年美国以《CONTU

---

① 张今：《版权法中私人复制问题研究——从印刷机到互联网》，中国政法大学出版社 2009 年版；转引自冯晓青、胡梦云《技术变革与著作权法之间的关系——以法律史为基础的理论思考》，《武陵学刊》2011 年第 4 期。

② 冯晓青、胡梦云：《技术变革与著作权法之间的关系——以法律史为基础的理论思考》，《武陵学刊》2011 年第 4 期。

③ 当时反对的主要理由有：（1）许多系统软件并未与硬件分开，而是作为一个整体出售的；（2）每台电脑都有自己系统软件，彼此之间并不兼容，不会导致软件的随意使用；（3）60% 的应用软件都是由使用电脑的客户（当时主要是公司）自己开发，对这些应用软件的复制对这些电脑用户根本没有什么影响；（4）应用软件的销售往往是"一揽子交易"，而不是单个出售。——易健雄：《技术发展与版权扩张》，博士学位论文，西南政法大学，2008 年，第 115 页。

▶▶▶ 失序与平衡:媒体融合中的版权制度

1978 年报告》为基础,对 1976 年《美国版权法》的第 101 条与 117 条进行了修订,将计算机软件明列为版权的保护对象。[①] 之后,随着计算机网络技术的更新发展,版权扩张的步伐也不断在加快:1995 年针对数据库商业价值的不断增大,欧盟通过了《数据库法律保护指令》,对数据库施行版权和"特别权"双轨制保护;1998 年美国《数字千年版权法》颁布,赋予权利人广泛的控制权,如禁止任何人破解控制接触作品的技术措施,禁止任何人制造、进口、销售用于破解控制接触或使用作品的装置或设置,禁止删除、改变权利管理信息或提供、散布虚假权利管理信息等等;[②] 2006 年我国颁布的《信息网络传播权保护条例》不仅给在网络空间传播的作品赋予了新的权利——信息网络传播权,而且对这种权利保护专门制定了条例。

计算机网络技术时代版权制度在续走惯性扩张之路的同时,遭遇到了史无前例的需要大幅度革新的挑战。与印刷出版术、电子模拟技术有着本质不同,计算机网络技术中所有信息都被转换为"0"和"1"的形式,这一方面大大扩容了信息的容量,使得网络空间的信息可以处于海量状态,同时也极大地提高了信息传递的速度——可光速传递,另一方面也使得不同信息符号文字、图片、声音、影像之间兼容性大大增强,不同媒体之间的充分融合成为可能。计算机网络技术在传输环节的核心技术——分组交换技术使得信息传播可以互动交流,这彻底改变了传统信息传播技术时代的单向传播模式。计算机网络技术这些迥异的技术特性作用于版权制度所带来的影响也是划时代的。尼葛洛庞帝在其风

---

① The Act of December 12, 1980, pp. 96 – 517.
② 易健雄:《技术发展与版权扩张》,博士学位论文,西南政法大学,2008 年,第 136 页。

第二章 新旧媒体的融合与版权制度的变革

靡全球的专著《数字化生存》中指出:"著作权法(copyright law)已经完全过时。它是谷登堡时代的产物。由于目前著作权保护完全是个被动的过程,因此或许我们在修正著作权法之前,得先把它完全颠覆。"美国著名法学专家 Barlow John Perry 在其专著"The economy of ideas: everything you know about intellectual property is wrong"(《经济理念:你所知道的知识产权都是错误的》)一书中从道德、法律等方面指出在网络环境下我们原来所了解的知识产权都是错误的。美国学者马克·波斯特指出:"如果说以媒介制作者、销售者和消费者三足鼎立、泾渭分明为第一媒介时代的基本特征,那么,所谓第二媒介时代就是以互联网为代表、以介入融合为模式、以无作者权威为特征的双向互动的媒介时代,它在本质上区别于以单向播放模式为特征的第一媒介时代。在这个可以自由地穿越两种不同世界,即一边是监视器以外的牛顿式物理空间,一边是数字化网络空间的今天,观念的变革与文化的重组成为一种历史的必然。"[1]

此外,值得关注的是,计算机网络技术时代版权的正当性也被大加质疑。20 世纪 80 年代曾有人惊呼:"当我查不出是否有人以及在什么时间、什么地点制造复印品时,阻止他人复制我的作品的法律权利还有何用呢?"[2] Glynn S. Lunney 在"The Death of Copyright"《版权之死》一文中对网络环境下版权保护的前景非常悲观。他认为"分组交换无中心"是互联网最根本的技术特性,这意味着从理论上只要使用者的技术足够高,权利人根本无法通过技术手段来限制其使用网上的信息,版权法也无法对侵权

---

[1] 转引自朱鸿军《新媒体时代我国版权制度的优化研究——基于新制度经济学视角》,苏州大学出版社 2012 年版,第 6 页。

[2] [英] R. F. 沃尔等:《版权与现代技术》,王捷译,《国外法学》1984 年第 6 期。

▶▶▶ 失序与平衡:媒体融合中的版权制度

行为施行惩罚,既然版权法和权利人都无力维权,那版权保护还有什么存在的必要。①"在当今欧美文化传媒产业发展及其社会变迁的历史语境里,现代信息数字技术和网络技术正使得当今文化传媒产业的版权秩序处在可能崩溃的边缘"。②

计算机网络技术不仅使得实践层面的版权利用和保护发生重大变化,而且还使得版权的基础理论、基本概念、基干制度以及存在的正当性基础等都面临着重大的冲击和调整。当前来看,如何不断创新现有版权制度以应对计算机网络技术环境中的版权问题,不仅为学界所关心,而且也为官方和业界所关注。

第二节 计算机网络技术驱动的媒体融合与版权制度的创新

媒体融合并非近些年才出现的新事物,而是伴随人类媒体演变始终的主基调。肇始于20世纪90年代的这场传统媒体与新兴媒体的融合,根基于根本驱动力——计算机网络技术的特性,使其与人类大众传播时代的其他媒体融合相比有着自身的特征。从长远来看,传统媒体脱胎演变为新兴媒体、新媒体替代传统媒体是这场媒体融合的发展趋势,从过程来看,计算机网络技术不断更新的特质使得此次媒体融合处于长期动态状态,从当前来看,计算机网络技术的强大侵略性和传统媒体技术的相对稳定性使得

---

① 转引自朱鸿军《新媒体时代我国版权制度的优化研究——基于新制度经济学视角》,苏州大学出版社2012年版,第6页。

② 赵为学等:《数字传媒时代欧美版权秩序重构》,上海交通大学出版社2016年版,第2页。

第二章　新旧媒体的融合与版权制度的变革

新旧媒体融合的冲突变得愈演愈烈。基于此，作为规制这场媒体融合的版权制度应随之展开调整。

一　媒体融合：人类媒体演变的主基调

不同媒体之间互相融合，新媒体汲取旧媒体的养分，弥补其不足，不断迭代进步，成为人类媒体演进历史的主基调。口语的使用是第一次信息传播技术革命，借助口语这一通往上帝的巴别塔，人的大脑变得越来越发达，人与人之间的交流变得更清晰，人类开始真正进入了文明社会。然而如何解决口语的不准确和不易保存问题，在吸收口语声音符号、表达逻辑、用法习惯等元素的基础上，人类发明了文字。在语言文字的助推下，人类文明的进程加速推进。口语也好，文字也罢，人们交流依然限于人际传播和组织传播的范畴，怎样才能经济高效地实现大众传播，印刷出版术的发明迎来了以图书、报纸、期刊为主要媒体的纸媒大众传媒时代。借助纸媒，人类的语言文字信息不仅可以较好地保存而且能大范围地传播，纸媒和语言文字实现了第一次拥抱。纸媒虽然能让信息表达更准确，让信息传播更广远，但总是显得单一枯燥了些，在大众传播中，人们还希望交流更直观形象和更生动有趣。广播技术、电视技术等模拟技术发明后，这种愿望得以实现：广播使得人们可以更亲近地听到互相之间的声音交流；电视将口语、文字、图片、影像等各种信息载体融聚一起，进而在大众传播的相当长时间内成为大众最偏爱的媒体。

二 计算机网络技术：新旧媒体融合的根据驱动力

与印刷出版术、模拟技术相比，计算机网络技术这种迥异于前者的信息传播技术，使得由其为根本驱动力的媒体融合有着历史其他阶段媒体融合所不具备的诸多特征。

(一) 新媒体取代旧媒体的趋势

梳理人类媒体的更替史，一种旧的媒体是否会被一种新兴的媒体所取代，遵循着这样一种规律：从媒体使用功效的角度来看，以新媒体为参照物，旧媒体是否同时满足两个条件，一是旧媒体既有优势，新媒体也拥有，二是旧媒体存在的不足，新媒体能弥补，如果同时满足，在正常的社会条件下，旧媒体就会被新兴媒体所替代。正是在这一规律的作用下，人类有太多曾风靡一时的媒体纷纷退出历史舞台，如人类早期的媒介载体，龟甲、贝壳、泥版、兽皮、青铜器、竹简、树叶、帛、布匹等等，近代的唱片、磁带、录像带、软盘和光盘等等。

遵照上述新旧媒体更替的规律，当前这场以计算机网络技术为驱动的传统媒体与新兴媒体的融合中，后者终将前者融合掉。以报纸为例，与其它传统媒体相比，易保存、易携带、内容深刻是报纸的优势，但这些优势网络媒体皆有；不形象、对受众文化水平要求较高、容量有限、内容更新慢等是报纸的缺陷，而这些缺陷网络媒体都能弥补。同样以电视为例，形象生动、信息传播速度快、对受众文化水平要求低是电视被提的最多的优势，这些优势在网络媒体面前完全不值得一提；不易保存、携带不便、内容较为浅薄等，是人们对电视非议最多的地方，对于这些不足，网络媒体则都能弥补。另需补充的是，与图书、报刊、广播、电

第二章 新旧媒体的融合与版权制度的变革

视等传统媒体相比，网络媒体还新增了内容海量、传播互动等特有的媒体功能和诸如购物、电子支付、地理查询等非媒体功能，网络媒体趋向于成为现代人的必需品，这也无疑大大增加其替代传统媒体的砝码。

从媒体实践来看，新媒体取代旧媒体的趋势已越来越明显。最显著的领域是报纸，近些年中国报纸无论是阅读率，见图1，还是广告收入（见图2）都在断崖式下滑。

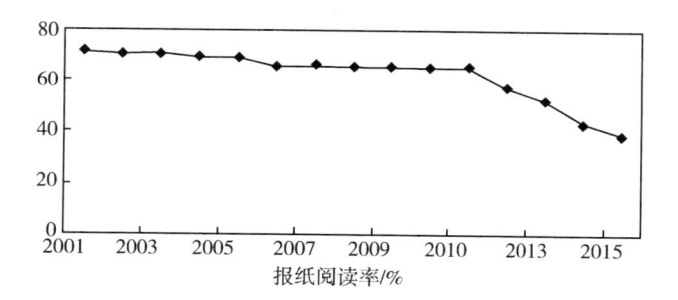

图1 2001年至2015年中国报纸阅读率走势图①

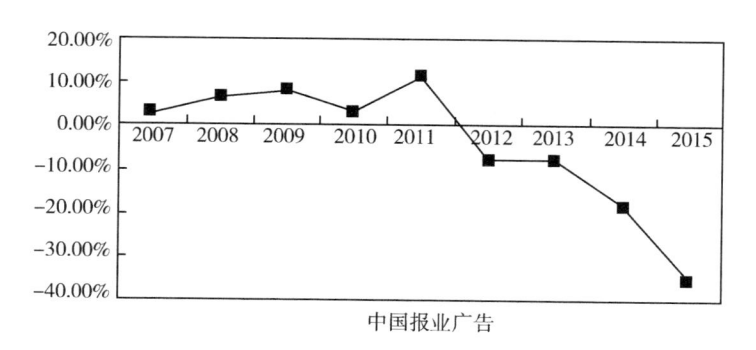

图2 2007年至2015年中国报业广告增幅走势图②

国外来看，报纸同样非常不景气。美国各类日报的每期总发

---

① 陈国权：《2016中国报业发展报告："断崖式"下滑》，崔保国主编：《中国传媒产业发展报告（2016）》，社会科学文献出版社2016年版，第38页。

② 同上。

▶▶▶ **失序与平衡：媒体融合中的版权制度**

行量于 1990 年见顶，达到 6232.4 万份，随后出现从未所见的下滑走势，持续下跌 25 年不回头，到 2014 年约为 4410 万份，较巅峰时期跌去了三分之一。[①] 英国发行稽核局发布的统计数据显示：英国九大全国发行的付费日报在 2016 年 6 月的总发行量为 630 万份，这个数字比十年前几乎少了一半，比 2010 年下降了近 40%；英国传媒专业刊物《出版公报》（Press Gaette）统计，2005 年到 2015 年十年间，英国共有 289 家地方性报纸关门；据英国广告行业协会统计，2015 年英国国内广告总投入为 201 亿英镑，增长 7.5%，但是全国性报纸的广告收入却下降了 11%，地区性报纸的广告收入则下降了 6.2%；2016 年上半年，向来被称为英国最赚钱报纸《每日邮报》上半年营业收入 2.42 亿英镑，比上年同期下降了 13%。[②] 日本报业协会统计，日本报纸的发行数量在 1997 年达到峰值，总计日发行 5377 万份，该发行规模持续保持到 2001 年左右，但根据最新的数据显示，2015 年，日本报纸的日发行量已跌至 4424 万份，[③] 见图 3。

计算机网络技术驱动的媒体融合之所以会出现新媒体替代旧媒体的特征，最根本的原因还在于计算机网络技术的数字特性。在数字技术中所有信息最终都以 0 和 1 的形式而存在，这意味着数字技术对印刷出版术、模拟技术有着很强的包容性，不管是报纸中的文字信息、图片信息，还是广播中的声音信息，还是电视中的视频信息，都可以转化为数字的形式进行产制和传递，并且

---

① 该数据综合自 Editor & Publisher、NAA、Pew Research Center 等机构相关调查信息。辜晓进、崔保国、唐亚明：《国外报业发展的启示：美国、日本、英国》，《中国报业四十年》，人民日报出版社 2018 年版，第 126 页。

② 辜晓进、崔保国、唐亚明：《国外报业发展的启示：美国、日本、英国》，《中国报业四十年》，人民日报出版社 2018 年版，第 128 页。

③ 同上。

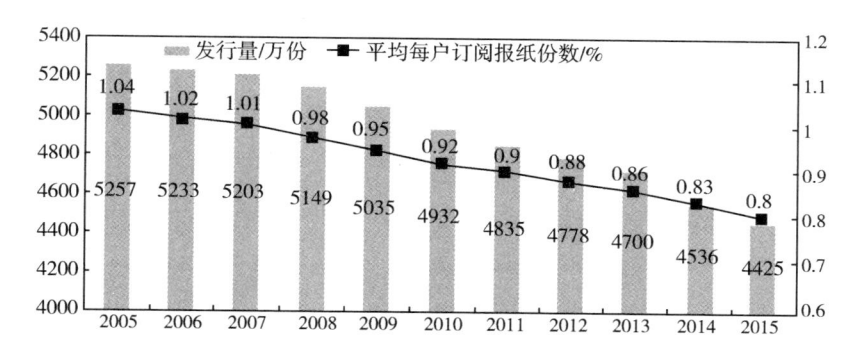

图3　2005年—2015年日本报纸发行量与平均每户订阅报纸份数

效率更高，成本更低，功效更多。先进淘汰落后，这是技术演进的一般逻辑，更何况相较于传统媒体技术而言，计算机网络技术要先进得多。

（二）新旧媒体融合的长期动态性

计算机网络技术自其诞生以来，与印刷出版术、模拟技术等传统媒体技术相比，更新迭代速度快是其标识很高的特征。传统媒体技术虽然也更新升级，但升级的幅度和周期都远不能和计算机网络技术相提并论。高配置电脑数年就会属于淘汰机型，2012年前还流行的博客现已是明日黄花，微博时兴不到五六年，如今也逐步成过气英雄。共享单车、微信支付、京东购物似乎是一夜之间传遍大街小巷。正因为计算机网络技术这种超强的更新迭代特性使得新旧媒体融合始终处于动态的进程之中。曾被视为新兴融媒产品的手机报、电子图书阅读器、户外电子阅报屏，很快便被弃用。在前一两年还被视为媒体融合标配产品的"中央厨房"正被大加挞伐。从当下计算机网络技术更新迭代的趋势来看，新旧媒体融合进入相对稳定状态还需假以时日。

▶▶▶ 失序与平衡:媒体融合中的版权制度

(3) 新旧媒体之间冲突的激烈性

融合必然伴随着冲突,融合总是在冲突中实现。计算机网络技术天性上的强大侵略性又会使得新旧媒体融合的冲突性大大增强。从信息传播技术水平来看,与传统媒体技术相比,计算机网络技术原本就处于绝对优势的地位,它自身不断更新迭代的特性又使得传统媒体技术设若依旧保持原有状态的话,那这样的优势将会进一步拉大。这于传统媒体来说所产生的压迫感和冲击力是巨大的,现实也不断证明传统媒体如果不加快主动与新兴媒体融合的步伐,不仅无法取得更大发展,甚至生存都危险,上文所提的报纸的现状就如此。然而技术天性上的不足,既有制度的束缚和路径依赖的惰性等因素又恰恰会大大阻碍传统媒体融媒的进程。如何保得生存并尽可能争取更大发展空间,传统媒体自然会本能地从维护行业利益的角度多方面抗争新媒体的侵蚀,这种抗争又必然会带来新媒体的反击。与历史上的媒体融合相比,计算机网络技术驱动的媒体融合所带来的新旧媒体之间冲突的程度要激烈得多。

三 计算机网络技术驱动的媒体融合中版权制度的创新维度

作用媒体融合的因素有很多,但信息传播技术是媒体融合初始也是根本性的动因。为此,信息传播技术的本身特性也会从根本上影响媒体融合的主导特征。至今正在进行的这场媒体融合以计算机网络技术为根本驱动力,为此该类技术的特性型塑了它的主导特征。版权作为规制这场融媒的制度,也应顺应媒体融合的主导特征进行调整。总体看,顺应这些特征,版权制度调整创新

第二章 新旧媒体的融合与版权制度的变革

的维度呈现四个方面。

（一）制度创新的新媒体取向

新媒体取代传统媒体的融媒特征决定了版权制度的调整从根本和长远上讲应采取符合新媒体特性的价值导向。现今虽然处于新旧媒体的交融期，从字面的理解来看，融合应是新旧媒体互相对等的交融发展，但实质上却是偏向很明显的融合，即传统媒体向新媒体靠拢、尽快转型升级为新媒体的融合。正基于此，现有的版权制度在自身身份性质定位上应确立为具有新媒体的特质，从长远看，新媒体环境中的应然版权制度应该成为融媒中版权制度调整的方向。

（二）制度创新的技术偏好

与传统信息传播技术相比，计算机网络技术发生了革命性变化，并且依然在不断更新迭代。现今媒体融合中诸多版权问题都是由计算机网络技术所引发，经验表明，技术产生的问题依托技术来解决，时常收效更好。因此，融媒版权制度的创新需有技术的偏好：掌握计算机网络技术的演变规律，了解计算机网络技术的正负效应，较多地假借计算机网络技术的力量解决面对的版权问题。

（三）制度创新的阶段性

自20世纪90年代以来，这场媒体融合已延续了二十多年，不仅未见有趋稳迹象而且还呈现出更为不稳定的态势。这给现有版权制度的调适增添了很大的难度，意味着制度调适的阶段性将成为这样特殊环境版权制度的新常态。然而，哪些是阶段内迫切需要解决的问题，哪些问题的解决会对长远或全局产生怎样的影响，哪些阶段性问题可以暂时搁置，等等，这对于制度的设计者来说都是重大考验。

（四）制度创新的平衡考量

实现各利益方的利益平衡，这是版权制度的初衷也是日后调整中竭力试图实现的目标。前文所述，与历史上的媒体融合相比，此次媒体融合中新旧媒体之间的冲突程度要高得多。虽然从长远看，新媒体取代旧媒体是此次媒体融合的发展趋势，作用其中的版权制度也更多应该契合新媒体的特性。但新旧媒体融合并非一蹴而就，传统媒体不可能瞬间转型升级为新媒体。在相当的时间内，传统媒体依然会作为一支重要的媒体力量与新媒体共存。新旧媒体的冲突也将长期存在。如何尽可能调和新旧媒体之间的冲突，驱使版权利益处于相对平衡状态，使得媒体融合更加顺畅，这将是版权制度调整时需着重考量的维度。

综合上述四点来看，此次以计算机网络技术为驱动的媒体融合中的版权制度创新非常具有挑战性。"制度创新的新媒体取向"预示着新媒体环境中所遭遇到版权问题都需纳入视野，而众所周知，基于传统媒体环境特质而搭建的现有版权制度在新媒体环境中遭遇到了严重的水土不服，亟待大幅创新；"制度创新的技术偏好"决定着现有版权制度应较多引入技术因素，而这恰恰是版权制度历史上被严重忽略的方面；"制度创新的阶段性"意味着媒体融合中的版权制度创新将永远在路上，而且处于高频调整状态；"制度创新的平衡考量"更是要求制度设计者需有高超的度的拿捏。总的来看，如何安排适合这场媒体融合的版权制度，这是一个有待攻克的难题。

第三节　版权制度创新:媒体融合发展的关键环节

内容是媒介最基本和最核心的构成要素，也是媒体的核心利益所在。如何才能使得媒体的这一核心利益得以很好保护，人类

第二章 新旧媒体的融合与版权制度的变革

发明了版权。版权应被视为媒体生存和发展的根基。从当前来看,各种证据表明,版权问题已成为制约媒体融合的一大瓶颈。[①] 版权不能得到合理地保护和顺畅利用,传统媒体与新媒体之间就会竖起一堵高高的墙,媒体融合就很难得以顺利实现。为此,进行版权制度创新,解决版权问题,已成为推进媒体融合发展的关键环节。

一 版权:媒体生存和发展的根基

传媒产品由载体和内容两大基本要素构成。内容是传媒产品的根本价值所在,人们购买一本书,不是为了它的纸张、装订、版式,而是它的内容。内容的产制传播者有两类主体,一是作者,一是传媒商。前者是内容的创作者,后者大部分时候是内容的传播者,有时也会成为内容的产制者。无论是内容的创作者,还是传播者,如何保护他们的劳动所得,从法律层面仅仅依靠既有保护一般物质产品的财产权是不够的。与一般物质产品所不同的是,内容的复制成本极低。对于复制者来说,复制的成本仅只有内容载体的成本,内容成本是零。物质产品同样也可复制,但复制产品要和原件一模一样,所花的成本时常也不会如此悬殊。为此,为防止内容随意被复制,使得内容劳动者的经济收益不受损害,同时也防止内容被随便篡改(如被抄袭),使得内容劳动者的精神权利不被侵犯,一种新型的产权——版权出现了。由此可见,版权应成为内容产品主要产制传播者——媒体生存和发展

---

① 朱鸿军:《版权问题:制约媒介融合发展的瓶颈》,《出版发行研究》2016 年第 10 期。

▶▶▶ 失序与平衡：媒体融合中的版权制度

的根基。版权得不到保护，媒体的经济投入就可能血本无归，精神利益也会被损害。在新媒体时代，版权对于媒体的重要性愈发体现，兰汉姆（Richard A. Lanham）《注意力经济》一书中提到："在信息时代，最有价值的商品不是物品（stuff），而是风格（style），因为新媒体上充斥着海量、泛滥的信息，正是风格在竞争着我们投向这些信息的注意力。在这样的世界中，知识产权（intellectual property）而非有形财产权（real property）将成为经济的核心"，[1] 在兰汉姆的观点看来，新媒体时代，版权（知识产权之一）应成为传媒业最重要也是最值得珍视的资产。[2]

正因如此，世界发达国家都非常重视媒体的版权。在美国，媒体产业直接被划归为核心类版权产业。美国将版权产业分成四类：第一类是核心类的版权产业，其特征是创造有版权的作品或受版权保护的物质产品，主要指对享有版权的作品的再创作、复制、生产和传播，如报刊业、书籍出版业、电台和电视台广播业、录音节目制作及影视磁带出版业、电影制作、戏剧创作演出、广告业，还有计算机软件开发和数据处理等信息产业；第二类，属于部分的版权产业，就是说有一部分物质产品是有版权的；第三类，发行类版权产业，是指对有版权的作品进行批发和零售，如书店、音像制品出租店等；第四类，与版权有关的产业，指在生产销售过程中，要用到或部分用到与版权有关的产品，如计算机、收音机、电视机、录像机、录音机、音响设备等产业。[3] 其

---

[1] Lanham, *The Economics of Attention*, Chicago: The University of Chicago Press, 2006, p. 206.
[2] 丁汉青：《传媒版权管理研究》，中国人民大学出版社 2017 年版，第 352—353 页。
[3] 邹广文、徐庆文：《全球化与中国文化产业发展》，中央编译出版社 2006 年版，第 248—249 页。转引自赵为学等《数字传媒时代欧美版权体系重构》，上海交通大学出版社 2016 年版，第 399 页。

第二章　新旧媒体的融合与版权制度的变革

中核心类版权产业构成整个版权业的主体，约为三分之一。①

在英国、新西兰、新加坡等国家则使用"创意产业"（Creative industry）的概念。版权产业是文化创意产业的核心，英国的创意产业几乎全属于版权产业。2001 年，英国文化、媒体和体育部（Department for Culture, Media & Sport）发布的创意产业文件将创意产业定义为："源于个人创意、技能及才华，能够利用知识产权创造财富、增加就业的产业。"② 2015 年英国《创意产业经济评估》将创意产业涵盖的范围进行划分，见表1。从其分类中可发现，媒体产业作为文化创意产业的主体部分而存在。

表1　　　　　　　　英国创意产业细分及其描述③

创意产业集群	描述
广告与市场营销	公共关系和传播活动、广告机构、媒体代表
建筑	建筑活动
工艺	首饰及相关产品的制造
设计：产品、平面和时尚设计	专门的设计活动
电影、电视、视频、广播和图像	影评、视频和电视节目的生产、后期制作、分销，影片放映、无线电广播、电视节目和广播活动，摄影活动
IT 软件和计算机服务	电脑游戏及其他软件的发布、计算机程序设计、计算机咨询
出版	图书、号码簿、邮件表、报纸、期刊等出版事项翻译及解释活动
博物馆、美术馆和图书馆	图书馆、档案馆、博物馆活动
音乐、演艺与视觉艺术	录音和音乐出版、文化教育、演艺及其支持活动、艺术创作、艺术设施运行

---

① 金冠军、郑涵：《当代传媒制度变迁》，上海三联书店2008年版，第156页。
② 丁汉青：《传媒版权管理研究》，中国人民大学出版社2017年版，第78页。
③ Department for Culture, Media & Sport, Creative industries Mapping Documents (2011 – 04 – 09), 2017 – 05 – 03, https://www.gov.uk/government/publications/creative-industries-mapping-document-2001.

▶▶▶ 失序与平衡：媒体融合中的版权制度

世界知识产权组织（简称 WIPO）同样将媒体产业视为核心版权产业，见表2。

表2　　　　　　世界知识产权组织对版权产业的分类①

核心版权产业	音乐、戏剧、电影和视频、广播和电视、软件和数据库、设计、建筑摄影、广告、视觉和平面设计、表演艺术、自然和文化遗产
其他相关版权产业（产品制造、批发和零售）	电视机、录音机、VCR、CD、盒式录音带等其他设备、电脑及设备、乐器、摄影和摄像设备、影印机、空白录音物、材料、纸张
不完全相关产业	一般批发和零售（批发和零售除了机动车和摩托车、个人和家用商品修理）
	一般运输（铁路、陆路、水路、航空、仓储和库存，国家邮政）
	电话通讯和互联网（电信、数据库活动、电子内容的网络销售）

世界发达国家的媒体企业都视版权为生命。大型媒体企业都有自己版权管理部门。如日本的 NHK 电视台专门设立了版权中心，该中心"主要负责制定节目版权管理规定和细则；从节目立项起就对制作过程中所涉版权问题进行全程把控；处理版权纠纷及诉讼，包括起草、审核法律文件；审核节目后期开发申请并协调相关事宜；录入节目版权信息和后续开发利用信息；提供市场调研一手信息；制定版权付费标准并审核批准支出；负责与著作权集体管理组织或独立权利人谈判、拟定合作合同及签约等事宜；负责与境外电视传媒机构沟通合作事宜；引进境外电视节目；全程监管节目销售和开发流程；督促节目制作部门反馈版权信息并定期通报相关情况"②。

---

① TERA Consultants, Building a digital economy: the importance of saving jobs in the EU'S creative industries, p.12.
② 崔舒平：《境外电视传媒机构的版权管理与开发经营》，《中国广播电视学刊》2017年第10期。

第二章　新旧媒体的融合与版权制度的变革

这些媒体企业还极其重视版权运营，版权运营已成为最重要营收来源。如全球第二大综合性娱乐传媒集团迪士尼公司便具有非常成熟的版权开发模式。该模式通常的流程是：院线发行→DVD发行→付费电视→免费电视→衍生品开发→主题乐园。其目的是对版权进行全方位开发，即所谓的"360度触达消费者"，通过对外授权可进一步提高影片的传播度和美誉度，为系列产品提供更优质的版权基因，进而以"滚雪球"模式继续进行对外授权业务，形成良性循环。①

英国的《每日镜报》居然通过卖旧闻来进行版权运营。有一个被传颂的经典案例。一位名叫Phyllis的女子，从小被收养，身边的人都告诉她，她的父母死于肺结核。但她相信，自己的妈妈一定还活着，并坚定地想要找到她。当长大成人并成家后，成为护士的她开始寻找自己出生信息，并找到了生母——一个曾经声名狼藉的酗酒者。这并不是结局，而是开始。在此后的9年多时间里，她一直照顾着自己的生母，陪她走完了最后的人生。直至最终，她都没有点破两人的关系。这一温情感人的故事被《每日镜报》刊登后，瞬间吸引了全英国的关注。报道出街，"卖新闻"的故事也开始了。首先是报道卖给了其他的报纸杂志刊登，然后乘热打铁，对这个故事扩展出书。书的销量喜人，精装版销售了3万册、简装本4.5万册。出完书，接着拍电影、电视。目前这个故事的改编版权已经卖给了电影公司，未来上映还将有收入。目前，版权运营已经是《每日镜报》的第三大盈利源。②

---

① 崔舒平：《境外电视传媒机构的版权管理与开发经营》，《中国广播电视学刊》2017年第10期。

② 杨振华：《"旧闻"如何增值变现？——以〈每日镜报〉版权运营实践为例》，《传媒评论》2016年第10期。

二 版权问题:制约媒体融合的瓶颈

从信息传播技术层面看,与新兴媒体相比,传统媒体是作为一种落后媒体而存在的。虽然从当前看,传统媒体还残存着品牌、高质量的内容运营经验、受众的使用习惯和政治资源等方面的红利,但从长远看这些红利都只是暂时的。信息传播技术先进的媒体淘汰信息传播技术落后的媒体,这是不以人的意志为转移的媒体演变客观规律。对于传统媒体而言,并不存在要不要与新兴媒体融合的疑惑,而是必须利用既有资源加快媒体融合的步伐。

相比较而言,新兴媒体融合的意愿要弱些。新兴媒体发展之初,虽然挟持着技术上的优势在媒体渠道方面不断开疆拓土,但问题来了,"高速路造了,却没有车跑","渠道有了,却没有内容"。大量高质量内容掌握在传统媒体手中,内容产制牌照的缺乏、公信力的有待提高、专业能力的不足等因素使新媒体在产制内容方面受限过多。为此,为解决内容之需,众多新媒体急切希望与传统媒体合作。现今,随着新媒体的一些非媒体业务如电子购物、互联金融、电子游戏、在线教育等的逐步壮大,这种通过媒体融合获取内容进而发展传媒业的意愿会变得稍弱些。但媒体业的高附加值性和强大的内外部效应使得众多新媒体依然会将媒体作为主业来发展。而从当前的状况看,要繁盛媒体业务,新媒体就必然有必要和依然掌握大量高品质内容的传统媒体进行融合合作。

由上可见,新旧媒体在融合的愿望上已不成问题,但大量的事实却证明,令各方都意想不到的是,版权,这一看似不起眼的权利,却正在演绎成为制约媒体融合的一大瓶颈。现实中原本希望通过媒体融合酝酿出造福大众的传媒产品,却时常会因为版权

第二章 新旧媒体的融合与版权制度的变革 ◀◀◀

问题而被搁置或受阻。

牛津大学博德利图书馆的馆长理查德·欧文顿（Richard Ovenden）说："千年以来一直有人在梦想一个世界级的图书馆，文艺复兴的时候，就有人在幻想我们可以把当时世界上所有已经印刷在纸上的知识全部储藏在一个房间或者一家机构里。"[1] 这样一个伟大梦想，谷歌正在实施。2004 年，谷歌推出了数字图书馆计划，即 Google Print 计划，试图将全球图书扫描电子化处理后都汇集在一个数据库中，通过这个数据库，大众可低廉随时随地查阅全球图书。Google 共同创始人兼技术总裁谢尔盖·布林（Sergey Brin）说到："Google 的使命是整合全球范围的信息，使人人皆可访问并从中受益。"[2] 这样一伟大计划的意义，有人这样形容它："这是一个里程碑式的事件，它可以推动教育、研究和人们的智性生活的革新。"[3] 对该计划实现之难度，有人将它与"探月工程"媲美。可以想象，要完成它，将需要多么强大的技术力量，花费多么巨额的资金，动用多么庞大的人力。然而，该计划在实施中，既不是技术，也不是资金和人力，而是小小的版权使其屡屡受挫。计划推行第二年，2005 年，美国作家协会和美国出版商协会以及少数作家和出版者分别以 Google 公司不尊重版权为由对其提起各种诉讼，迫使谷歌不得不于 2005 年 11 月将 Google Print 更名为 Google Book Search[4]。其后至今，各类起诉谷歌版权的案

---

[1] ［美］James Somers：《谷歌的图书扫描计划为何失败》，李静云编译，《大西洋月刊》2017 年 4 月 20 日。

[2] 张若冰、赵晓华：《试析 Google 数字图书馆计划与百度文库对图书馆的影响》，《法律文献信息与研究》2013 年第 1 期。

[3] ［美］James Somers：《谷歌的图书扫描计划为何失败》，李静云编译，《大西洋月刊》2017 年 4 月 20 日。

[4] 张若冰、赵晓华：《试析 Google 数字图书馆计划与百度文库对图书馆的影响》，《法律文献信息与研究》2013 年第 1 期。

▶▶▶ 失序与平衡：媒体融合中的版权制度

件一直是层出不穷。无休止的诉讼也让 Google 筋疲力尽，这项持续了 15 年之久的"探月工程"至今依然没能完成。

无独有偶，与谷歌一样，也是一家搜索引擎公司，开发一项虽没有全球图书馆那么宏伟但也很有意义的项目，也因版权的问题使其在推行过程阻力重重。2009 年 11 月中国百度公司推出主题为"知识需要共享"的百度文库。这是一个供网友在线分享文档的平台。百度文库的文档由百度用户上传，需要经过百度的审核才能发布，百度自身不编辑或修改用户上传的文档内容。网友可以在线阅读和下载这些文档。百度文库的文档包括教学资料、考试题库、专业资料、公文写作、法律文件等多个领域的资料。[1]这也是一个促进人类知识自由共享的非常受大众欢迎的项目。自 2009 年 11 月 12 日推出以来，截至 2015 年 4 月 9 日，百度文库文档数量已超过了 1.2 亿份。[2] 然而，该项目诞生刚一年就因版权问题遭到社会抨击。2010 年 11 月 13 日，针对百度文库的版权侵权，22 位作家集体发布了《我们的联合声明》。自后，有关百度文库的版权纠纷是纷至沓来。2011 年 3 月 15 日近 50 位知名作家和出版人联名发出《"3·15"中国作家讨百度书》，3 月 22 日中国文字著作权协会、磨铁图书、读客等联合成立了"出版界反百度侵权同盟"。[3] 2012 年 9 月 17 日，韩寒等诉百度文库侵犯小说《像少年啦飞驰》等作品的著作权，要求关闭百度文库，法院判决百度赔偿 14.5 万元，驳回要求关闭百度文库等其他诉求。2014 年 3 月 10 日中青文化传媒有限公司起诉百度文库侵权《考拉小巫

---

[1] 百度百科"百度文库"，https：//baike.baidu.com/item/%E7%99%BE%E5%BA%A6%E6%96%87%E5%BA%93/4928294?fr=aladdin［2018-01-23］。
[2] 同上。
[3] 张若冰、赵晓华：《试析 Google 数字图书馆计划与百度文库对图书馆的影响》，《法律文献信息与研究》2013 年第 1 期。

第二章　新旧媒体的融合与版权制度的变革 ◀◀◀

的英语学习日记》等书籍，法院认定百度文库不构成直接侵权，但网络服务提供者并非只有在接到权利人通知后，才负有制止侵权的义务，据此，百度公司赔偿原告 35 万元损失费。①

以上仅仅是两件影响力很大但因版权问题而使媒体融合受挫的典型案例。现实中的一般案例不胜枚举。国家版权局 2011 年至 2016 年每年公布侵权盗版十大案件，6 年 60 件案件，其中涉及传统媒体与新兴媒体之间的版权纠纷案有 18 件，占比近 3 成。②

三　版权制度创新：融媒版权问题的解决之道

推动传统媒体与新兴媒体的融合发展，契合媒体发展的自身逻辑，同时也能满足大众日益增长的对媒体更高的使用需求，有利于媒体领域社会总体效益的最大化。现今版权问题成为横亘其中的一大障碍，要对其加以排除或尽可能使其负面效应最小化就必须进行版权制度的创新。

需要版权法律制度的创新。融媒中的诸多版权问题都是因法律的不完善而造成。如在我国传统媒体能否直接对存量版权作品进行新媒体使用。依照《著作权法》的规定，作品的信息网络传播权归作者所有，依据"先授权后使用"的原则，传统媒体要对存量作品进行网络使用，就必须获得存量作品作者的信息网络传播权的授权。但是从现实角度来看，这在很多时候几乎是一项不可能完成的工作。媒体单位作品权利档案信息的完备程度、作者

---

① 周璞：《侵权案：百度文库被判赔偿中青文 35 万元》，中关村在线，http://soft.zol.com.cn/439/4393579.html。
② 朱鸿军：《版权问题：制约媒介融合发展的瓶颈》，《出版发行研究》2016 年第 10 期。

▶ ▶ ▶ **失序与平衡：媒体融合中的版权制度**

个人信息的更替、媒体单位本身的实力等等因素都将给这样工作的完成带来极大的挑战。然而设若这样的工作不能完成，这对于广大传统媒体来说，媒体融合在很大程度上就只能是一种口号。

需要版权社会组织更加发达些。科学的版权制度一定需要版权社会组织的强大。现代社会的治理是三大主体共同参与的结果，即政府、社会组织、个体或家庭。而在"小政府，大社会"治理理念的指引下，社会组织所应承当的责任越来越大，版权领域也如此。面对融媒环境中版权问题，现有的版权社会组织力量就很难对其加以应对。如如何评估同一作品在不同媒体环境中的版权价值，如何收集不同媒体环境中版权作品的市场使用数据，现有版权评估机构就显得力不从心。

需要权利人或相关人完善版权管理制度。如面对百度文库的中版权侵权问题，百度试图并组织技术力量着手开发"版权作品DNA比对识别"技术，争取从源头上杜绝侵权作品的上传。[1] 再如很长一段时期中国传统媒体人的版权意识不强，面对自身作品被侵权，不仅没有积极维权，甚至放纵和鼓励，为了转载获得扩大影响这类的蝇头小利，拱手将版权免费出让；在版权管理的建设方面也是处于空白一片。现今在与新兴媒体融合过程中，众多传统媒体的版权意识和版权管理水平正在逐步提高。

需要民众版权观念、使用习惯等版权非正式制度的创新。融媒环境中，民众的版权观念在不断分化。有的民众推崇"知识分享"的版权观念，一些作者创造作品的目的就是为了无偿地传播

---

[1] 张若冰、赵晓华：《试析 Google 数字图书馆计划与百度文库对图书馆的影响》，《法律文献信息与研究》2013 年第 1 期。

出去，既不图名也不图利；有的民众"版权扩张"的意识在不断增强，尤其是一些大型媒体商和知名的作者，或因为版权作品的投入太多，或因为版权的收益太大等因素，使得他们尽可能想将版权价值最大化。面对这种情形，便需要我们的版权制度设计应更加精细化，而不是原来的粗放式状态。

第三章 融媒中我国版权制度的框架体系

经过三百多年的摸索,世界大多数国家已经初步摸索到了一套应对各种新兴版权问题的版权制度体系。版权法律制度、版权社会管理制度、版权私力救济制度通常成为该体系的三大构成部分。版权法律制度侧重于版权的立法和司法机关来规制版权问题。版权社会管理制度强调依托著作权集体管理组织、行业协会和其他相关社会组织来维护版权秩序。版权私力救济制度主要是从著作权人和邻接权人如何依靠自身力量来保护和利用版权的角度来进行制度设计。根据国情我国还增设了版权行政管理制度,该制度主要依托国家版权行政机构及相关辅助机构依法进行版权管理。在我国,融媒中规制版权问题的主要是这四大版权制度。

第一节 融媒中的我国版权法律制度

版权法律制度依托版权立法和司法机关来解决版权问题,在西方发达国家,这是最重要的版权制度。与西方相比,我国民众的版

第三章 融媒中我国版权制度的框架体系

权理念和实践活动要早得多,但现代版权法律制度则迟很多。改革开放后,仅经过十多年的努力,我国版权法律制度就与国际有了较好的对接。融媒环境下,我国已形成了由国内法和国际法构成的版权法律框架,其中有一些专门应对融媒环境版权问题的法律法规。各地知识产权法院的建立则大大缓解了我国版权法律落地的难题。

一 我国版权法律制度的发展历程

版权,作为一种观念或者说一种实践,我国早在宋代就已产生。目前有三则最早记载我国类似现代版权实践的经典文献。

第一则文献。南宋绍熙(1190—1194)年间,眉山程氏刻本王偁撰写的《东都事略》初刻本卷一百三十目录后的方形牌记:"眉山程舍人宅刊行,已申上司,不许覆板。"[1] 这被称为"世界上最早的版权保护声明"[2]。

第二则文献。1238年刊布的《方舆胜览》登载了"两浙转运司谍文":两浙转运司录白。据祝太傅宅干人吴吉状:本宅见雕诸郡志,名曰《方舆胜览》及《四六宝苑》两书,并系本宅贡士私自编辑,数载辛勤。今来雕板,所费浩瀚,窃恐书市嗜利之徒,辄将上件书版翻开,或改换名目,或以《节略舆地纪胜》等书为名,翻开搀夺,致本宅徒劳心力,枉费钱本,委实切害。照得雕书,合经使台申明,乞行约束,庶绝翻版之患。乞给榜下衢、婺州雕书籍去处张挂晓示,如有此色,容本宅陈告,乞追人毁板,

---

[1] 《东都事略》一百三十卷,宋光宗绍熙年间(1190—1194),四川眉山王偁撰。王偁,字季平。父赏,绍兴中为实录修撰。偁承其家学,旁搜北宋九朝事迹,采辑成编。——周林、李明山主编:《中国版权史研究文献》,中国方正出版社1999年版,第3页。

[2] 阳瑞刚:《宋代版权保护详论》,《广东广播电视大学学报》2008年第6期。

▶▶▶ 失序与平衡：媒体融合中的版权制度

断治施行。奉台判，备榜须至指挥。右令出榜衢、婺州雕书籍去处张挂晓示，各令知悉。如有似此之人，仰经所属，陈告追究，毁版施行，故榜。嘉熙贰年十二月□日榜。衢、婺州雕书籍去处张挂。转运副使曾□台押。福建路转运司状，乞给榜约束所属，不得翻开上件书版，并同前式，更不再录白。①

第三则文献。1248 年，国子监颁发禁止翻版《丛桂毛诗集解》公据：行在国子监据迪功郎新赣州会昌县丞段维清状，维请先叔朝奉昌武以《诗经》而魁秋贡，以累举而擢第春官，学者咸宗之。卬山罗史君濲尝遣其子侄来学，先叔以毛氏诗口讲指画，笔以成编。本之东莱《诗纪》，参以晦庵《诗传》，以至近世诸儒。一话一言，苟足发明，率以录焉，名曰《丛桂毛诗集解》。独罗氏得其缮本，校雠最为精密。今其侄漕贡樾锓梓，以广其传。维清窃惟先叔刻志穷经，平生精力毕于此书，倘或其他书肆嗜利翻板，则必窜易首尾，增损音义。非惟有辜罗贡士锓梓之意，亦重为先叔明经之玷。今状披陈，乞备牒两浙、福建路运司备词约束，乞给据付罗贡士为照。未敢自专，伏候台旨，呈奉台判牒，仍给本监。除已备牒两浙路、福建路运司备词约束所属书肆，取责知委文状回申外，如有不遵约束违戾之人，仰执此经所

---

① 据浙本《新编四六必用方舆胜览》。该榜文首次刊布的确切时间为嘉熙二年（1238 年）。时隔 28 年，当《方舆胜览》再版时，福建当局又重颁禁止翻刻文告，禁止麻沙书坊翻版行为。该榜文原文抄录如下：据祝太傅宅干人吴吉状称：本宅先隐士私编《事文类聚》《方舆胜览》《四六妙语》，本官思院续编《朱子四书附录》进呈御览，并行于世，家有其书，乃是一生灯窗辛勤所就，非其它剽窃编类者比。当来累经两浙转运使司、浙东提举司给榜禁戢翻刊。近日书市有一等嗜利之徒，不能自出己见编辑，专一翻版，窃恐或改换名目，或节略文字，有误学士大夫披阅，实为利害。照得雕书合经使台申明状，乞给榜下麻沙书坊长平熊屯刊书籍等处张挂晓示，仍乞帖嘉禾县严责知委，如有此色，容本宅陈告，追人毁版，断治施行，庶杜翻刊之患，奉使判府节制待制修史中书侍郎台判给榜，须至晓示。右令榜麻沙书坊张挂晓示，各仰通知，毋至违犯，故榜。咸淳贰年陆月日使台押。两浙路转运司状，乞给榜约束所属，不得翻刊上件书版，并同前式，更不再录白。——周林、李明山主编：《中国版权史研究文献》，中国方正出版社 1999 年版，第 3 页。

第三章 融媒中我国版权制度的框架体系

属陈，乞追板劈毁，断罪施行，须至给据者。右，出给公据付罗贡士，樾收执照应。淳祐八年七月□日给。

上述三则文献可发现：宋代已对版权归属有了类现代版权的认识；其次，"宋代已经开始注意从财产权利和精神权利两个方面对版权进行综合保护"；再有，"发文机构由转运司等地方官府上升为主管图书的国子监，也说明版权问题愈演愈烈受到社会各界的重视"①。

但在现代版权法律制度方面，我国则起步很迟，最早的版权法《大清著作权律》直至 1910 年才诞生，比世界最早的版权法——《安娜法》晚了 201 年。并且这部最早的版权法不仅内容不够完备，又极为短命，1912 年清王朝即覆灭，后虽经民国当局"通告本律暂行刊用"②，但终因政权更迭，不可能发生有效的法律作用。③ 之后，1915 年《北洋政府著作权法》颁布，1916 年《著作权法注册程序及规费施行细则》出台；1928 年国民政府出台《著作权法》和《著作权法施行细则》，1944 年又公布了《修正著作权法》。但内忧外患、政权的不断更迭、社会的动荡使这些版权法律都形同虚设。

新中国成立后我国虽然曾为版权立法做过努力，但涉及版权问题的法规主要是使用作品支付报酬的规定，而且屡遭中断。④ 1990 年 9 月 7 日，七届全国人大常委会通过的《中华人民共和国

---

① 阳瑞刚：《宋代版权保护详论》，《广东广播电视大学学报》2008 年第 6 期。
② 《著作物呈请注册暂照前清著作权律分别核办通告文》[民国元年（1912 年）内务部通告]：查著作物注册给照，关系人民私权。本部查前清著作权律，尚无与民国国体抵触之条。自应暂行援照办理。为此刊登公报，有凡著作物拟呈请注册，及曾经呈报未据缴费领照者，应即遵照著作权律分别呈候核办可也。
③ 宋木文：《当代中国版权制度建设的历程》，李明山、常青等：《中国当代版权史》，知识产权出版社 2007 年版，序一第 1 页。
④ 同上。

· 115 ·

▶▶▶ 失序与平衡：媒体融合中的版权制度

著作权法》（以下简称《著作权法》）不仅是新中国第一部关于版权的法律，而且也是近代以来中国颁布的与国际版权基本原则相符合的比较完备的版权法律。[1] 在《著作权法》颁布两年后，我国即参加了《保护文学和艺术作品伯尔尼公约》（简称《伯尔尼公约》）、《世界版权公约》、《保护录音制品制作者防止未经许可复制其录音制品公约》（简称《录音制品公约》或《唱片公约》）三个主要版权公约。[2] 用原国家新闻出版署长、原国家版权局局长宋木文的评价，我国著作权法律"用十多年的时间走完了西方一些国家用几十年甚至百余年的时间走完的路程"。[3]

我国《著作权法》自颁布以来，已修订了两次。2001年4月完成修订的《著作权法》修改较为全面，由原56条增至60条，多数条款均有变动，其中涉及实际内容增删的有53处，从保护的客体、权利的内容、权利的限制、权利的许可使用和转让、法律责任等方面都有较大的改动，对外解决了与世贸组织TRIPS协议不相符合的问题，对内则提高了对我国著作权人的保护水平。[4] 2010年2月26日我国《著作权法》进行第二次修改，主要的修改内容为：一、将第四条修改为："著作权人行使著作权，不得违反宪法和法律，不得损害公共利益。国家对作品的出版、传播依法进行监督管理。"二、增加一条，作为第26条："以著作权出质的，由出质人和质权人向国务院著作权行政管理部门办理出质登记。"2012年3月《著作权法》第三次修改草案发布，2014年6月国务院法制办公室公布了《著作权法》修订草案送审稿。

---

[1] 宋木文：《当代中国版权制度建设的历程》，李昕山、常青等：《中国当代版权史》，知识产权出版社2007年版，序一第1页。
[2] 同上。
[3] 同上。
[4] 同上。

近些年较为重要的版权法律制度调整还有：2015 年 2 月《最高人民法院关于适用〈中华人民共和国民事诉讼法〉的解释》开始实施，改变了原有立案管辖权规则，便利了权利人维权诉讼的开展；2015 年 9 月国家版权局针对《著作权行政处罚实施办法（修订征求意见稿）》向社会公开征求意见；2015 年 11 月开始实施的《中华人民共和国刑法修正案（九）》强化了对网络行为和网络犯罪的监管，加强了对网络著作权的刑事司法保护。①

二 融媒中版权法律制度的框架

就当前来看，国内法和国际法构成了融媒环境中我国版权法律制度的主要框架，见表 1。版权法律、版权法规和版权部门规章组成了版权国内法。版权法律部分由与版权相关的民法和刑法组成。版权属于民事权利，民事法成为规制版权的最主要法律，在此领域，我国形成了以专门法《著作权法》为主体，《民法通则》相关规定以及最高人民法院相关司法解释为辅助的版权法律体系。为打击以营利为目的，违法所得数额较大或者有其他严重情形的版权侵权行为，我国刑法第 217 条和 218 条做了专门规定，最高人民法院和最高人民检察院对办理侵犯知识产权刑事案件具体应用法律中的若干问题做了解释。为使版权法律更具有操作性和弥补因制定程序烦琐而易产生的时滞性不足，我国出台了以《著作权法实施条例》为主的四大条例②。此外，缘由版权行政制度是中国所特有的版权制度，为使得版权行政管理依法进行，我

---

① 窦新颖：《IP 运作激发数字出版创新活力》，《中国知识产权报》2016 年 7 月 22 日。
② 四大条例：《中华人民共和国著作权法实施条例》《计算机软件保护条例》《著作权集体管理组织条例》和《信息网络传播权保护条例》。

失序与平衡：媒体融合中的版权制度

国颁布了《著作权行政处罚实施办法》和《互联网著作权行政保护办法》。版权法属于国际化程度较高的法律，国际上通行的版权法《保护文学和艺术作品伯尔尼公约》《世界版权公约》《保护录音制品制作者防止未经许可复制其录音制品公约》《与贸易有关的知识产权协议》《世界知识产权组织版权条约》《世界知识产权组织表演与录音制品条约》，我国皆已加入。

表1　　　　　　　我国现行的主要版权法律制度框架[①]

国内法	版权法律	民法	《中华人民共和国民法通则》第94条[②]、118条[③]（1987年1月1日施行） 《中华人民共和国著作权法》（2010年4月1日施行） 最高人民法院《关于审理著作权民事纠纷案件适用法律若干问题的解释》（2002年10月15日施行） 最高人民法院《关于审理涉及计算机网络著作权纠纷案件适用法律若干问题的解释》（2000年12月21日施行） 《最高人民法院关于审理利用信息网络侵害人身权益民事纠纷案件适用法律若干问题的规定》（2014年10月10日施行）
		刑法	《中华人民共和国刑法》第217条[④]、218条[⑤]（2015年11月1日施行） 最高人民法院、最高人民检察院《关于办理侵犯知识产权刑事案件具体应用法律若干问题的解释》（2004年12月22日施行）
	版权法规		《中华人民共和国著作权法实施条例》（2013年3月1日施行） 《计算机软件保护条例》（2013年3月1日施行） 《著作权集体管理组织条例》（2005年3月1日施行） 《信息网络传播权保护条例》（2006年7月1日施行）
	版权部门规章		《著作权行政处罚实施办法》（2009年5月15日施行） 《互联网著作权行政保护办法》（2005年5月30日施行）

---

① 朱鸿军：《新媒体时代我国版权保护制度的优化研究——基于新制度经济学视角》，苏州大学出版社2012年版，第19页。

② 《民法》第五章第94条：公民、法人享有著作权（版权），依法有署名、发表、出版、获得报酬等权利。

③ 《民法》第6章第118条：公民、法人的著作权（版权）、专利权、商标专用权、发现权、发明权和其他科技成果权受到剽窃、篡改、假冒等侵害的，有权要求停止侵害，消除影响，赔偿损失。

④ 《刑法》第217条：以营利为目的，有下列侵犯著作权情形之一，违法所得数额较大或者有其他严重情节的，处三年以下有期徒刑或者拘役，并处或者单处罚金；违法所得数额巨大或者有其他特别严重情节的，处三年以上七年以下有期徒刑，并处罚金：（一）未经著作权人许可，复制发行其文字作品、音乐、电影、电视、录像作品、计算机软件及其他作品的；（二）出版他人享有专有出版权的图书的；（三）未经录音录像制作者许可，复制发行其制作的录音录像的；（四）制作、出售假冒他人署名的美术作品的。

⑤ 《刑法》第218条：以营利为目的，销售明知是本法第二百一十七条规定的侵权复制品，违法所得数额巨大的，处三年以下有期徒刑或者拘役，并处或者单处罚金。

续表

国际法	《保护文学和艺术作品伯尔尼公约》（简称《伯尔尼公约》，英文缩写 BC，1886 年 9 月 9 日生效，由世界知识产权组织管理，中国 1992 年 10 月 15 日加入） 《世界版权公约》（英文缩写 UCC，在联合国教科文组织的主持下 1955 年 9 月 16 日生效，1974 年在巴黎修订，1974 年 7 月 10 日生效，中国 1992 年 10 月 30 日加入） 《保护录音制品制作者防止未经许可复制其录音制品公约》（简称《录音制品公约》或《唱片公约》，1971 年 10 月 29 日在世界知识产权组织主持下签订，1992 年 11 月 7 日中国加入） 《与贸易有关的知识产权协议》（英文缩写 TRIPS，1994 年 4 月 15 日生效，由世界贸易组织管理，2001 年 11 月 10 日我国加入世界贸易组织后受该协议约束） 《世界知识产权组织版权条约》（英文缩写 WCT，1996 年 12 月 20 日由世界知识产权组织主持签订，2007 年 6 月 9 日我国正式加入） 《世界知识产权组织表演与录音制品条约》（英文缩写 WPPT，2002 年 5 月 20 日正式生效，2007 年 6 月 9 日我国加入）

三 融媒高相关的版权法律法规

与融媒版权关联度更直接、更紧密的法律法规主要分为两大类：

一类为规制互联网版权的法律法规。其中有两部专门法，一是法规《信息网络传播权保护条例》，一是部门规章《互联网著作权行政保护办法》。另有散见于各法中的法条，如《著作权法》的相关法条：第 10 条第 12 项规定了版权人的信息网络传播权；第 37 条第 6 项规定，表演者享有许可他人通过信息网络向公众传播其表演，并获得报酬的权利；第 41 条规定，录音录像制作者对其制作的录音录像制品，享有许可他人通过信息网络向公众传播并获得报酬的权利；由第 47 条可知，未经表演者、录音录像制作者许可而通过信息网络向公众传播其作品、表演或录音录像制品的，应当承担停止侵害、消除影响、赔礼道歉、赔偿损失等民事责任。

2013 年新修订的《著作权实施条例》中将第 36 条"有著作权法第四十七条所列侵权行为，同时损害社会公共利益的，著作权行政管理部门可以处非法经营额 3 倍以下的罚款；非法经营额

失序与平衡:媒体融合中的版权制度

难以计算的,可以处 10 万元以下的罚款"修改为:"有著作权法第四十八条所列侵权行为,同时损害社会公共利益,非法经营额 5 万元以上的,著作权行政管理部门可处非法经营额 1 倍以上 5 倍以下的罚款;没有非法经营额或者非法经营额 5 万元以下的,著作权行政管理部门根据情节轻重,可处 25 万元以下的罚款"。该条的修改对媒介融合中的版权保护非常有利,一定程度上提高了侵权盗版的成本。

2014 年最高人民法院出台了《最高人民法院关于审理利用信息网络侵害人身权益民事纠纷案件适用法律若干问题的规定》,其中所提及的六大重点内容,有四点与信息网络传播权的侵权案件有关,分别为:确定了相关案件的管辖法院和诉讼程序;明确了网络服务提供者是否"知道"侵权的认定问题;明确了利用自媒体等转载网络信息行为的过错及程度认定问题;加大被侵权人的司法保护力度。

二是专门规制融媒中版权的文件。国家版权局 2015 年出台的《关于规范网络转载版权秩序的通知》(以下简称《通知》)针对诸多突出的网络转载中的版权问题给出了相应规定:

1. 强调"先授权后使用"原则适用于网络媒体转载。《通知》第 1 条规定:"互联网媒体转载他人作品,应该遵守著作权法律法规的相关规定,必须经过著作权人许可并支付报酬,并应当标明作者姓名、作品名称及作品来源。"

2. 指出适用于报刊转载的"法定许可"不适用于网络媒体转载。《通知》第 2 条规定:报刊单位之间相互转载已经刊登的作品,适用《著作权法》第三十三条第二款的规定,即作品刊登后,除著作权人声明不得转载、摘编的外,其他报刊可以转载或者作为文摘、资料刊登,但应当按照规定向著作权人支付报酬。

第三章　融媒中我国版权制度的框架体系

报刊单位与互联网媒体、互联网媒体之间相互转载已经发表的作品，不适用前款规定，应当经过著作权人许可并支付报酬。

3. 要求互联网媒体转载时尊重作者的精神权。《通知》第 3 条规定："互联网媒体转载他人作品，不得对作品内容进行实质性修改；对标题和内容做文字性修改和删节的，不得歪曲篡改标题和作品的原意。"

4. 明确了"时事新闻"在网络转载中的合法使用。《通知》第 4 条规定：《著作权法》第 5 条所称时事新闻，是指通过报纸、期刊、广播电台、电视台等媒体报道的单纯事实消息，该单纯事实消息不受著作权法保护。凡包含了著作权人独创性劳动的消息、通讯、特写、报道等作品均不属于单纯事实消息，互联网媒体进行转载时，必须经过著作权人许可并支付报酬。

5. 厘清了网络转载中是否须经报刊单位许可的情形。《通知》第 5 条："报刊单位可以就通过约稿、投稿等方式获得的作品与著作权人订立许可使用合同，明确约定许可使用的权利种类、许可使用的权利是专有使用权或者非专有使用权、许可使用的地域范围和期间、付酬标准和办法、违约责任以及双方认为需要约定的其他内容。双方约定权利由报刊单位行使的，互联网媒体转载该作品，应当经过报刊单位许可并支付报酬。"该条意味着，互联网媒体在转载报刊作品时，除报刊和作者已约定权利如信息网络传播权由前者行使和符合《著作权法》规定的合理使用情形和法定认可情形之外，需经过报刊单位的许可并支付报酬。

《通知》第 6 条："报刊单位可以与其职工通过合同就职工为完成报刊单位工作任务所创作作品的著作权归属进行约定。合同约定著作权由报刊单位享有的，报刊单位可以通过发布版权声明的方式，明确报刊单位刊登作品的权属关系，互联网媒体转载此类作品,应当经过报刊单位许可并支付报酬。"从该条可见,著作权归报刊单位的职务作品,同样除了合同约定、合理使用情形和法定许可情形之外,互联网媒体对其转载时须经报刊单位许可并有偿使用。

上述《通知》所提6条都是对应融媒中亟待解决的版权问题。该《通知》还对报刊单位与互联网媒体各自的版权管理和转载时的版权合作机制、授权交易机制以及版权行政管理部门在网络转载中的作为提出了建设性意见。

四 融媒中常见的版权纠纷机制

版权属于民事权利,民事纠纷的解决机制适用于媒介融合中版权纠纷的解决。常见民事纠纷解决方式有以下四种。[①]

(一) 和解

和解是民事当事人双方自行协商解决纠纷的一种方式。民事权利属于私权,根据意思自治的民事基本原理,在不妨害社会公序良俗的前提下,版权纠纷的当事人自然可以和解,这乃是民事权利意思自治的应有之义。

(二) 调解

根据现行《著作权法》第54条的规定,版权纠纷可以调解。但是,需要明确的是,《著作权法》中所说的调解不是指法院调解。这种调解没有强制效力,任何一方在反悔后均可向人民法院起诉。

(三) 仲裁

同样在《著作权法》第54条中规定,版权纠纷当事人可以

[①] 李明山、常青等:《中国当代版权史》,知识产权出版社2007年版,第407页。

根据达成的书面仲裁协议或者版权合同中的仲裁条款，向仲裁机构申请仲裁。

（四）诉讼

现行《著作权法》第54条第2款规定：当事人没有书面的仲裁协议，也没有在版权合同中订立仲裁条款的，可以直接向人法院起诉。《民事诉讼法》第9条规定：人民法院审理案件，应当根据自愿和合法的原则进行调解。因此，在我国人民法院审结案件就有两种方式，一是判决，二是调解。这里的法院调解具有强制力，不同于前面提到的调解。法院调解是中国特色的法院结案方式。

媒介融合中版权纠纷由于时常涉及新兴媒体技术，纠葛的利益方多，地域跨度大，案件事实复杂难辨，当事人之间时常很难通过和解与调解方式来解决，为此，越来越青睐于仲裁与诉讼。根据最高人民法院发布的《知识产权侵权大数据报告》显示，2015—2016两年全国著作权侵权案件在知产案件中占比为50.2%，约6000件，其中四分之三属于侵害作品的信息网络传播权、放映权的案件。[1] 面对知识产权领域日益突出的"案多人少"的矛盾，我国不断加大知识产权法院和专门审判机构的建设。1995年10月，最高人民法院成立知识产权审判庭。2014年11月起，北京、广州、上海的知识产权法院相继成立。2017年初，南京、苏州、成都和武汉知识产权专门审判机构先后设立。2016年7月，知识产权民事、行政和刑事案件审判"三合一"制度在全国法院推行。[2]

---

[1]《知识产权侵权大数据报告：为侵权人敲响一记警钟——从最高人民法院〈知识产权侵权大数据报告〉分析著作权侵权案件特点》，《中国新闻出版广电报》2017年9月14日。

[2]《中国知识产权司法保护纲要（2016—2020）》，《人民法院报》2017年4月25日第2版。

第二节　融媒中我国版权行政管理制度

版权行政管理制度是我国版权制度的一大特色。在西方发达国家看来，版权更多是私权，属于司法机关的管辖，行政手段不应过多介入。但在我国看来，版权的公权性也应考虑，它关涉到社会公共利益，在社会组织相对不发达的现有国情下，政府的行政介入非常必要。我国已形成了一整套较为完备的版权行政管理制度，这套制度在规制融媒环境中的版权问题时有着较多优势，从实践的运行来看，这些优势得到了较好的发挥。

一　我国版权行政管理制度主体框架

自1985年国家版权局成立以来，至今，我国31个省、自治区、直辖市全部设立了省级版权局。一些市（地）的版权行政管理机构逐渐建立并向基层延伸。例如，在广西的14个市（地）全部设立了版权行政管理机构，率先实现省（自治区、直辖市）、市两级版权管理机构的完整设置，并在全区78个县中的53个县设立版权局或版权管理办公室。目前，全国332个市（地、州、盟）中有71个设立了版权局。其他大多数市（地）的版权行政管理机构与新闻出版行政管理机构或文化、广电等行政管理机构合署办公。各省、自治区、直辖市版权局均配备专职的版权行政管理人员，市（地）一般配备有兼职版权工作人员，版权行政管理队伍初步形成。我国已形成了国家版权局、省、自治区、直辖市版权局以及中心城市版权局的层级管理体系，版权行政执法体

第三章　融媒中我国版权制度的框架体系

系较为健全。①

国家版权局的主要职责是：拟订国家版权战略纲要和著作权保护管理使用的政策措施并组织实施，承担国家享有著作权作品的管理和使用工作，对作品的著作权登记和法定许可使用进行管理；承担著作权涉外条约有关事宜，处理涉外及港澳台的著作权关系；组织查处著作权领域重大及涉外违法违规行为；组织推进软件正版化工作。② 地方各级版权行政管理部门主要职责是查处发生在本地区的侵犯版权案件，并依法进行行政处罚。除国家版权行政部门之外，涉外的版权，国家对外贸易主管部门也会参与，其中海关部门负责货物进出口环节的知识产权保护；涉内的版权，工商、广电、公安、文化等各部门分别依据行政法规和各自的行业管理规定，在管辖范围内参与版权保护的综合执法。③

我国版权行政管理制度除了成体系的各级版权行政机构和各种辅助机构外，还有大量的部门规章和政策文件。部门规章，如《实施国际著作权条约的规定》（1992）、《著作权行政处罚实施办法》（2003）、《互联网著作权行政保护办法》（2005）、《使用文字作品支付报酬办法》（2014）等；大量的文件，如《关于严禁通过互联网非法转播奥运赛事及相关活动的通知》《关于规范电子版作品登记证书的通知》《关于加强网络文学作品版权管理的通知》《关于禁止未经授权通过网络传播中央电视台 2018 年春节联欢晚会相关节目的通知》等。这些部门规章和文件为我国版权行政主体依法推进工作提供了制度保障。

---

① 朱鸿军：《新媒体时代我国版权保护制度的优化研究——基于新制度经济学视角》，苏州大学出版社 2012 年版，第 76 页。
② 国家版权局官方网站，http://www.ncac.gov.cn/chinacopyright/channels/475.html。
③ 秦国艳：《中美版权行政保护制度之比较》，《法制博览》2015 年 8 月（上）。

二 融媒中版权行政管理制度的优势

与版权司法制度相比,版权行政管理制度规制侵权行为时有着主动、及时、成本低、高效的优势。融媒环境下,这些优势更应该有用武之地。

(一) 主动

媒体融合中存有大量的版权侵权行为,但由于网络开放性和隐蔽性,版权人很难获得这些侵权行为。依照"不告不理"的民事诉讼原则,这种侵权行为一般不会被司法惩处,这无疑会大大助长侵权人的气焰。有了版权行政管理制度的介入,国家相关版权管理部门会定期、不定期地主动对危害较大、社会影响较强的版权侵权行为进行专项整治。

(二) 及时

融媒领域版权问题时常较新,而且由于融媒还将较长时间处于进行状态,也就意味着,其中的版权问题还将处于不断更新之中。面对这种情形,由于法律追求相对稳定的特性,现有版权法律会后滞,处理融媒中诸多新兴版权问题会无法可依。版权行政管理部门则可以针对这些新兴的版权问题,依据上位法和相关法的相关规定,临时出台一些部门规章或文件,以解无法可依的"燃眉之急"。如网络媒体转载报刊文章是否需要经过报刊单位的允许。《著作权法》和相关版权法是没有现成答案的。但该问题在现实中大量存在并已严重制约到报刊融媒的发展。此时,上文所提及的国家版权局2015年出台的《关于规范网络转载版权秩序的通知》便及时给出了回应。

第三章　融媒中我国版权制度的框架体系

（三）低成本

传统环境中，制止侵权费、证据查找费、诉讼活动费、法院受理费等费用，以及当事人的时间成本和败诉的风险，已使权利人的维权成本处于高位状态。① 与之相比，媒介融合环境中网络侵权的便利性、网络传播的匿名性和网络侵权证据的可删除性以及被侵权作品数量的庞大和标的额的微小等，都会进一步推高维权的成本。著名的 2010 年《新京报》诉浙江在线案，原告前后花了两年多时间起诉被告侵权 7706 件作品，浙江高院的终审判决是，维持一审判决，要求原告将 7706 件侵权作品分成 7706 个案件分别进行起诉。面对这样的判决，原告无奈之下主动提出撤诉。但是媒介融合中的维权若得到版权行政救济，版权行政管理机构则可以借助专业人才、专业技术设备和特殊强制手段以及案件合并的优势大大降低相关的维权成本。

（四）高效

依照"谁起诉谁取证"的民事诉讼原则，媒介融合中取证的责任应由原告承担。但对于普通的版权人来说，不仅常常缺乏充足的资金和时间，而且也缺乏专业的知识和证据保全的手段（版权人可以向人民法院申请证据保全，但申请程序非常繁琐），取证自然困难。但若求助于版权行政救济，版权行政管理部门也可以利用自身的专业优势和动用社会资源的便利大大提高取证的效率。

三　融媒中版权行政管理制度的成效

实践表明，版权行政管理制度在我国融媒版权治理中取得了

---

① 朱鸿军：《新媒体时代我国版权保护制度的优化研究——基于新制度经济学视角》，苏州大学出版社 2012 年版，第 82 页。

▶▶▶ **失序与平衡:媒体融合中的版权制度**

良好的成效,集中体现在两个方面:第一,如上文所述,制定的各种部门规章和文件为融媒环境中的版权问题的解决提供了依据,弥补了《著作权法》等法律法规时常会出现滞后的不足。如《关于规范网络转载版权秩序的通知》为"先授权后使用"原则是否适用于网络媒体转载、报刊转载的"法定许可"是否适用于网络媒体转载、网络转载中何种情形下须经报刊单位许可等媒体融合中频繁出现的版权问题提供了解决的政策依据,这些问题现有的《著作权法》等法律法规是没能给出答案的。

第二,通过专项整治活动遏制了媒体融合中较为严重的版权侵权行为。自 2005 年以来由国家版权局牵头、相关部门协同的网络侵权盗版专项行动连续开展了 11 次,专门以查处大案要案为工作重点。据原国家版权局副局长阎晓宏介绍,10 年以来共查办案件 4681 起,依法关闭侵权盗版网站 2676 个,没收服务器及相关设备 1178 台,罚款 1135 万元,移送司法机关追究刑事责任案件 388 件。① 2010 年该活动更名为"剑网行动",国家版权局与公安部、工信部共同成立了"全国打击网络侵权盗版专项治理工作领导小组办公室",重点围绕热播影视剧、新近出版的图书、网游动漫、音乐作品、软件等,严厉打击未经许可非法上载、传播他人作品等媒体融合中较为猖獗的侵权盗版犯罪活动。剑网活动开展五年多以来,成效明显,互联网空间的侵权盗版尤其是网络视频的侵权盗版得到了初步遏制。② 国家版权局 2011 年至 2016 年每年公布的全国打击侵权盗版十大案件共计 60 件,其中有 18 件都属于媒体融合中版权侵权盗版案件,见表 2。这些案件中的侵权

---

① 程姝雯:《剑网行动开启 打击版权侵权》,《南方都市报》2015 年 6 月 11 日。
② 同上。

第三章 融媒中我国版权制度的框架体系

行为不仅涉案金额多，情节较为恶劣，而且有着相当的负向社会影响力。这些侵权行为的打击和公开，对震慑媒体融合中的版权侵权盗版行为起到了良好的示范效应。

表2　2011年至2016年国家版权局公布的每年全国打击侵权盗版十大案件

年份	全国打击侵权盗版十大案件
2011年	**1. 江苏小说520网侵犯文字作品著作权案**；2. 北京林真实、徐爱娇侵犯著作权案；3. 湖北黄祖耀等4人及深圳哦哟公司侵犯著作权案；**4. 安徽合肥艺凌网络科技有限公司侵犯著作权案**；5. 北京求知考试书店利用互联网销售盗版图书案；6. 湖南王学海等人侵犯著作权案；7. 江苏刘晓南等制售侵权盗版光盘案；8. 黑龙江"3.15"征途私服网络游戏侵权案；9. 新疆乌鲁木齐"11.12"民语盗版光盘案；10. 河南上蔡县第一高中发行盗版教辅案。
2012年	1. 北京"3.11"制售盗版图书案；2. 天津"5.04"贩卖盗版及淫秽光盘案；3. 黑龙江哈尔滨"4.14"制售非法音像制品案；4. 江苏常州"11.11"侵犯著作权案；**5. 安徽宿州"9.27"网上销售盗版出版物案**；6. 安徽阜阳"4.25"制售盗版光盘案；**7. 山东济南"12.13"网游私服侵犯著作权案**；8. 河南获嘉县"1.13"侵犯著作权案；9. 贵州贵阳"5.16"销售非法光盘案；10. 四川成都"10.12"批销盗版音像制品案。
2013年	**1. 快播公司、百度公司侵犯影视作品著作权案；2. 江苏扬州"动漫屋"网站侵犯动漫作品著作权案；3. 浙江杭州"爆米花"网站侵犯影视作品著作权案**；4. 湖南长沙好乐迪音乐娱乐广场侵犯音乐作品著作权案；5. 山东青岛正大有限公司侵犯软件著作权案；6. 安徽滕某某等侵犯网络游戏著作权案；7. 上海特大销售盗版教材案；8. 江苏南京"6.04"特大批销侵权盗版光盘案；9. 山东章丘非法印刷发行图书系列案；10. 天津"9.05"非法印刷发行图书案。
2014年	**1. 上海"射手"网侵犯著作权案；2. 江苏"爱漫画"网侵犯著作权案**；3. 安徽合肥安海电子科技公司销售盗版软件案；4. 湖南广大消防安全培训职业学校发行盗版教材教辅案；5. 安徽"DY161"电影网侵犯著作权案；**6. 江苏"放放电影"网侵犯著作权案**；7. 湖北"10.12"侵犯网络游戏著作权案；8. 黑龙江刘某等侵犯网络游戏著作权案；9. 山东"6.25"销售盗版报刊案；10. 云南"3.28"销售盗版《新华字典》案。
2015年	**1. 北京金图创联国际科技有限公司侵犯信息网络传播权案；2. 广东"DJ020"网侵犯音乐作品著作权案；3. 北京天盈九州网络技术有限公司侵犯文字作品著作权案；4. "人人影视"网侵犯影视作品著作权案**；5. 安徽蒋某等销售盗版图书案；6. 河北张某某等印制盗版图书案；7. 山东"8.05"制售盗版光盘案；**8. 江苏"速酷电影"网侵犯影视作品著作权案**；9. 浙江郑某等复制并通过网络销售盗版图书和软件案；**10. 四川"风云丝路"网侵犯著作权案**。
2016年	**1. "风雨文学"网侵犯文字作品著作权案**；2. "echo回声"APP侵犯音乐作品信息网络传播权案；**3. "九九漫画"等网站侵犯漫画作品信息网络传播权案**；4. 吴某某侵犯网络游戏著作权案；5. 汇梦影视茶吧侵犯影视作品著作权案；6. 青岛约吧有限公司侵犯影视作品著作权案；7. 霍某某销售盗版图书案；8. 巩某某销售盗版光盘案；9. 邹某等制售盗版图书案；10. 竹林新华包装材料厂盗印教辅案。

注：表中标黑的案例属于传统媒体与新兴媒体之间的版权侵权案件。

129

▶▶▶ 失序与平衡:媒体融合中的版权制度

第三节 融媒中我国版权社会服务制度

通常认为,版权是一种私权,按照法理逻辑,私权应优先采取私力救济的方式进行,只有在不能有效达成某一既定目标的条件下,方可诉之于公权力,比如司法、政府。[①] 然而,司法、政府并非是天然的最佳选择,它们也可能存在公力救济的失效。版权司法救济更多只是被动作用于当事人所指涉的相对私人领域,版权政府救济或称版权行政救济虽然规制到公共领域,但一方面所规制的公共领域会受限,如我国《著作权法》规定只有社会危害较大的版权侵权行为才被归列到版权行政救济的范围内,另一方面政府的特定身份会使救济存在着天性缺陷,如专业信息获知不足,柔性不够、缺乏亲和力,较武断、一刀切等。是否有弥补私力救济、公力救济无法或部分无法延及到公共领域版权问题的制度?由版权集体管理制度和版权行业管理制度构建的版权社会服务制度便是这样的制度。与西方发达国家相比,我国版权社会服务制度虽起步较晚、相对落后,但发展很快。在融媒环境中,版权社会服务制度有其特殊作用,实践也给予了印证。

一 我国版权社会服务制度的构成

版权的公共领域是版权社会服务的领域,是介于权利人领域

[①] 陈桂生:《政府规制与社会协商的版权合作治理模式研究》,《商业时代》2010年第2期。

与法院、政府等公权领域之间的非官方领域。版权集体管理组织和版权各行业协会是我国版权公共领域秩序的主要维护者，围绕这两大组织的制度构成了我国版权社会服务的主体制度。

(一) 我国版权集体管理制度

2005年《著作权集体管理组织条例》正式施行，指出著作权集体管理组织是指为权利人的利益依法设立，根据权利人授权、对权利人的著作权或者与著作权有关的权利进行集体管理的社会团体，其主要职能是：（一）与使用者订立著作权或者与著作权有关的权利许可使用合同；（二）向使用者收取使用费；（三）向权利人转付使用费；（四）进行涉及著作权或者与著作权有关的权利的诉讼、仲裁等。该条例分别于2011年和2013年做过修订。截至2012年底，我国共有5家著作权集体管理组织，分别是：中国音乐著作权协会、中国音像著作权集体管理协会、中国文字著作权协会、中国摄影著作权协会、中国电影著作权协会。目前，网络、软件、电影等诸多版权作品领域，相应的著作权集体管理组织正在酝酿或筹建之中。

(二) 我国版权行业协会管理制度

1. 中国版权协会。中国版权协会是原国家新闻出版广电总局（国家版权局）主管的全国性版权专业社会团体，是我国版权领域唯一具有广泛代表性的社会团体。它的组织架构见图1。

中国版权协会的主要职能是：（1）致力于协助国家立法、司法和行政管理部门推动版权法的实施；（2）承担政府职能转变后分离出来的社会服务工作，协助权利人维权，提供法律咨询和相关服务，包括协助与版权相关的产业建立起版权保护机制；（3）推动版权集体管理，承接版权鉴定，为版权代理、版权贸易等提供服务；（4）调查举报侵权盗版，维护权利人的合法权

▶▶▶ 失序与平衡:媒体融合中的版权制度

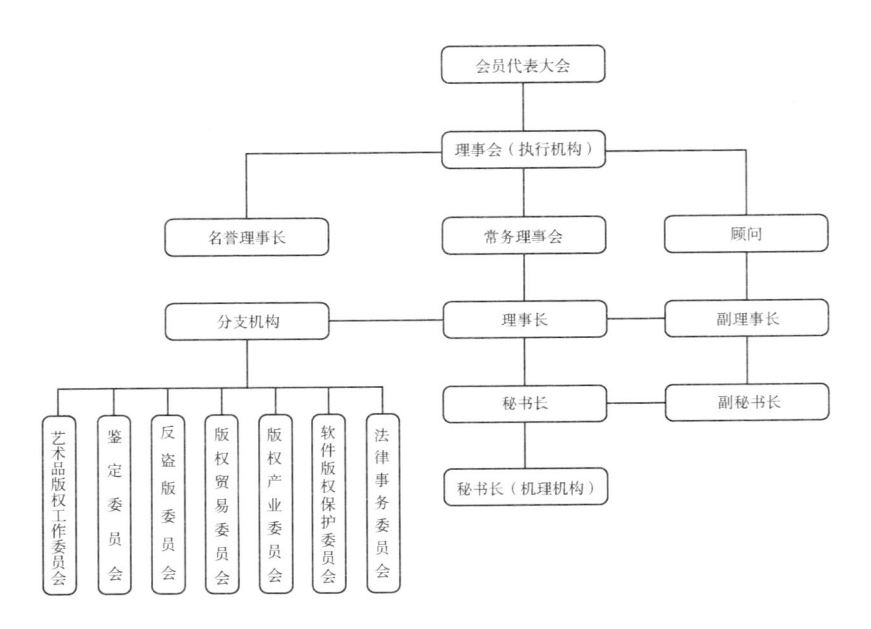

图 1 中国版权协会的组织架构

益;(5) 宣传普及版权知识,组织版权专业培训;(6) 开展国内外有关版权的学术与信息交流等。①

2. 中国版权保护中心。中国版权保护中心是国家设立的最大综合性的著作权社会管理和社会服务机构,是原国家新闻出版广电总局(国家版权局)直属事业单位,行使原来由国家版权局承担的职能,成立于 1998 年。成立时中华版权代理总公司(保留法人资格)、中国软件登记中心和中国著作权使用报酬收转中心划归中心管理,内设大致 16 个部门,见下图。

中国版权保护中心的主要职能有:1. 版权登记,包括计算机软件著作权登记、作品著作权和合同登记以及著作权质权登记;2. 版权鉴定,内设中国版权保护中心版权鉴定委员会,具有最高

---

① 中国版权协会的官方网站,2018 年 2 月 28 日,http://www.csccn.org.cn/a/xiehuijianjie/。

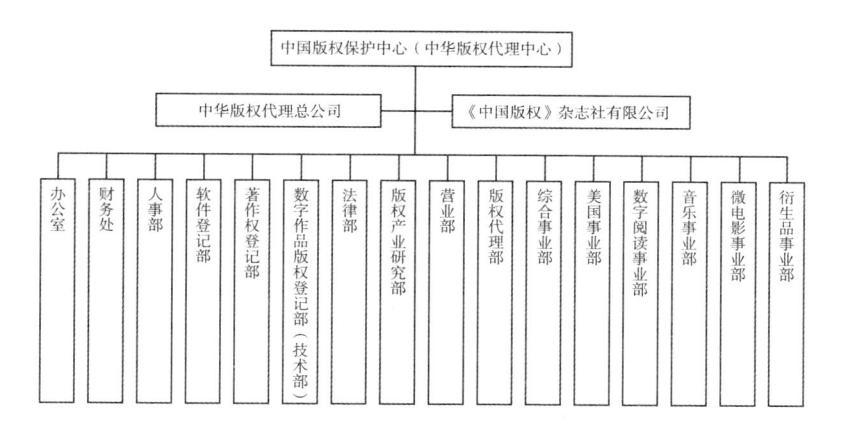

第三章　融媒中我国版权制度的框架体系

```
                    中国版权保护中心（中华版权代理中心）
                    ┌──────────────┴──────────────┐
              中华版权代理总公司              《中国版权》杂志社有限公司
   ┌──┬──┬──┬──┬──┬──┬──┬──┬──┬──┬──┬──┐
  办 财 人 软 著 数 法 版 营 版 综 美 数 音 微 衍
  公 务 事 件 作 字 律 权 业 权 合 术 字 乐 电 生
  室 处 部 登 权 作 部 产 部 代 事 事 阅 事 影 品
        记 登 品        业        理 业 业 读 业 事 事
        部 记 版        研        部 部 部 事 部 业 业
           部 权        究                  业    部 部
              登        部                  部
              记
              部
              （
              技
              术
              部
              ）
```

图2　中国版权保护中心的组织架构

人民法院、北京市高级人民法院认可的鉴定资质，为司法机关和行政管理机关在执法工作中遇到的版权异同性问题提供鉴定意见；3. 版权法律服务，为出版、影视、软件、互联网等各类企业事业单位等提供版权法律咨询、维权、纠纷调处、法律培训等服务；4. 版权资讯服务，包括区域版权产业研究资讯服务、版权资产管理咨询服务、基于版权的文化金融服务；5. 面向产业的版权综合服务，包括影视版权产业服务、影视衍生品版权综合服务、定制化版权综合服务等。①

3. 其他行业类版权协会

除中国版权协会、中国版权保护中心这两大综合性较强的版权协会之外，随着版权分支行业的发展，一些行业类版权协会也陆续出现，早期如1986年成立的中国作家协会作家权益保护委员会②，

---

① 中国版权保护中心的官网介绍，2018年2月28日，http://www.copyright.com.cn/index.php?optionid=992。

② 该协会成立后，调解处理了不少纠纷，大多数（占一半以上）是出版社、杂志社、报社、广播电台、电视台等作品使用者侵犯了作者的权益。——周林、李明山：《中国版权史研究的几条线索》，《中国版权史研究文献》，中国方正出版社1999年版，第201页。

> > > **失序与平衡:媒体融合中的版权制度**

近期如 2011 年 4 月 29 日,中国广播电视协会电视版权委员会成立,会上通过了《中国广播电视协会电视版权委员会章程》,2017 年 6 月 12 日中国报业协会版权工作委员会筹备组成立,"中国报业版权服务中心"正式挂牌。

三 融媒中版权社会服务制度的作用

社会救济,与私力救济、公权救济一道组成了现代社会治理的三大制度。与其他诸多领域相比,版权领域的社会救济制度即版权社会服务制度作用尤为重要,其主要原因在于:一方面不悖逆公共利益是著作权法制度的最终目的,著作权是一种赋予作者专用权的法律制度,但前提是不违背公共利益。公共利益是著作权的上位规制,这种宪法性的更高规则为建构著作权法中的公共利益至上提供了合法支撑。[1] 为此,现代大多数国家都将该目的作为著作权法的立法目标。[2] 如何保障公共利益不受侵害,借助完善的版权社会服务制度便是重要途径。另一方面,版权所触及的公共空间约束难度大,与其他产品不同,版权作品一旦在

---

[1] 梅术文:《著作权保护中的消费者运动与制度创新》,知识产权出版社 2015 年版,第 36 页。

[2] 美国宪法中的"进步条款"认为,赋予作者权利是国会的目的,但它不是为了养肥出版商,甚至它的首要目的也不是为了犒赏创作者。它具有十分明显的公共性。美国联邦最高法院判决亦指出,美国宪法授予国会以立法保护版权的目的在于促进科学和实用艺术的进步,而非保护私权本身。2000 年英国知识产权委员会发布的《知识产权与发展政策的整合》中同样明确提出:"不管对知识产权采取什么样的措施,我们更倾向于把知识产权当做一种公共政策的工具,它将经济特权授予个人或单位完全是为了产生更大的公共利益,这样的特权只是达到目的的手段,而不是目的本身。"在我国,公共利益目标同样具有终结价值。我国《著作权法》第 1 条规定,著作权法的立法目的在于保护文学、艺术和科学作品作者的著作权以及与著作权有关的权益,鼓励有益于社会主义精神文明、物质文明建设的作品的创作和传播,促进社会主义文化和科学事业的发展与繁荣。——梅术文:《著作权保护中的消费者运动与制度创新》,知识产权出版社 2015 年版,第 37 页。

社会流通，权利人就较难以约束，此时，若借助指针公共空间治理的版权社会服务制度则更有效力。在融媒中，特殊的版权状况推显版权社会服务制度的重要性，其所发挥的作用至少有两方面。

（一）降低版权交易费用

按照经济学家贝尔纳·斯蒂格勒（Bernard Stiegler）的观点，交易费用是为完成市场交易搜索信息的费用。[①] 人类发明各种经济制度并对其不断优化的目的之一也在于降低交易费用。媒介融合中，大量作品版权身份不明和版权归属不清晰、海量权利人和海量使用者之间对接不畅、不同媒体环境版权价格不统一等都会大大抬高融媒环境中的版权交易费用。著作权集体管理组织是联系著作权人、邻接权利人和使用者的桥梁，它为版权提供了登记、查询、交易、保护的平台，有利于大大降低著作权人管理著作权的成本，降低著作权交易的费用。[②] 版权行业协会也有部分著作权集体管理组织的功能并有着其他版权秩序维护的作用，这都有助于降低融媒环境中的版权交易费用。

（二）提高版权维权效率

媒介融合中，存有大量微型标的额的侵权盗版行为，若其不被受害人起诉，司法救济就无法对其发生作用，若其不能形成一定社会影响，行政救济也不适用于它，若简单依靠受害者的私力救济，则会成本很高。但若由集体管理组织或行业协会牵头来进行集体维权，则可以大大降低维权的成本，提高维权的效率。

[①] 转引自徐文燕《交易费用理论综合分析》，《黑龙江财专学报》1998 年第 6 期。
[②] 李扬：《知识产权的合理性、危机及其未来模式》，法律出版社 2003 年版，第 272 页。

三 融媒中版权社会服务制度的成效

融媒环境中,我国版权社会服务制度虽然与西方发达国家相比还有不小的差距,但已经取得一定的成效,集中表现为:一方面著作权集体管理组织开始积极为融媒环境中版权受害者维权,典型案例为入选 2010 年度全国知识产权保护 20 个重大事件的"中国作家向谷歌维权案"。2010 年,应中国作家要求,在中国作协等部门支持下,中国文字著作权协会与正在实施"谷歌数字图书馆"计划的美国谷歌公司举行 3 轮谈判和多次磋商,促使谷歌提交其非法扫描收录的 21 万种中国图书清单,并向中国作家公开道歉。[①] 正如中国文字著作权协会常务副总干事张洪波所说,此事涉及权利人众多,任何一位作者或出版社若单独与谷歌进行谈判都势单力薄,且要耗费巨大的时间和财力成本,但若有效地组织起来以团体的力量主张权利,中国的有关权利人便能与谷歌平等相对。[②] 另一方面,相关行业协会开始重视融媒环境版权保护工作。2011 年 4 月 29 日中国广播电视协会成立电视版权委员会,会上通过《中国广播电视协会电视版权委员会章程》。2017 年 6 月 9 日中国报业协会成立版权工作委员会筹备组,挂牌了"中国报业版权服务中心"。这些行业协会成立版权委员会的最重要驱动力都源于应对各自行业融媒领域遭遇到的突出版权问题。

---

① 王清:《一枝一叶间 雀鸣争执何——中国版权制度十年发展综述》,《编辑之友》2012 年第 1 期。
② 吕炳斌:《网络时代版权制度的变革与创新》,中国民主法制出版社 2012 年版,第 95 页。

第三章　融媒中我国版权制度的框架体系

第四节　融媒中我国版权私力救济制度

私力救济通常指当事人（单方或双方）不借助第三方的力量，在缺乏公力权威的情形下，合法地制止非法行为、解决纠纷的活动。① 著作权属于私权，私力救济是著作权权利人时常优先选择的著作权自我保护措施。本研究所提的著作权私力救济具体是指著作权权利人保护著作权时采取的除法律保护、行政保护和社会保护之外的一切合法措施。它主要包括著作权意识的自我强化、著作权权利管理、与使用人签订合约、采取技术保护措施、互相协商和有效利用著作权等五方面。之所以将著作权有效利用作为列为著作权私力救济的范畴，缘于本研究认为，对于著作权权利人而言，"著作权的最好利用就是对著作权的最好保护"。历史上我国民众的著作权私力救济传统并不好。在媒体融合的著作权保护中，私力救济能发挥公权救济和社会救济所不同发挥的作用，尤其在我国。目前来看，我国媒体融合环境中，不同著作权权利人群体对著作权私力救济的重视程度有很大差异。

一　私力救济与公力救济、社会救济

当个人权利或权益遭受损害时，出于自我保护的本能反应，往往会通过多种手段和方式积极寻求救济，而救济的渠道不外乎

---

① See Douglas Ivor Brendan, et al., Self-Help: Extrajudicial Rights, *Privileges and Remedies in Contemporary American Society*, 37 Vand. L. Rev. 845, 1984, p. 847.

私力救济、公力救济或社会救济三种。私下协商、和解是典型的私力救济形式，不具有严格的程序和法律规范，但是具有直接性、经济性、效率性、便利性等特征。但需要强调的是，私力救济本身不是一种权利，而是救济者的一种行为，因为私力救济包含法律鼓励和禁止的两种救济方式。

而公力救济、社会救济是与私力救济完全不同的救济方式。公力救济，是指通过国家权力机关，借助公权力对被侵害的权利实施救济，主要包括司法救济和行政救济。"公力救济的出现是人类文明和社会进步的体现，在现代社会，公力救济已成为保障权利、实现正义的主要途径。"[1] 社会救济是介于公力救济与私力救济之间的一种救济方式，依靠社会力量对被侵害权利进行救济，主要包括调解、仲裁和一些民间组织解决纠纷（如消费者协会等）。但是社会救济中的调解不包括法院调解，因其有公权力的介入，这里的调解应做狭义的理解，即只包含民间意义上的私下调解。

二 边缘化：我国版权私力救济的历史现状

"私力救济与人类社会几乎同步而生，维持社会关系，保障基本秩序和个人安全这些最基本的生存价值，即便在政府和国家产生之后，公力救济逐步取代私力救济成为主要的纠纷解决方式，私力救济也并未离场。"[2] 在长期"中庸"思想"以和为贵"的影响下，中国古人形成了"厌讼"文化，"恶人先告状""讼

---

[1] 汪力、付小容：《浅析游离于法律边缘的私力救济》，《内蒙古社会科学》（汉文版）2005 年第 3 期。
[2] 李玉珊、林毅斌：《当代中国私力救济的法理正当性探究》，《武警学院学报》2019 年第 5 期。

棍"等传统俗语即是这种文化的世俗体现。"对簿公堂"成为百姓处理纠纷的下选,唯有万不得已才会选择诉讼。①。

如果依照"厌讼"传统文化的推理,在作品利益的保护中,中国古人应该更多诉诸私力救济的手段。然而,翻阅历史却发现,虽然中国古代文人之间抄袭现象有时还比较严重,宋太祖赵匡胤曾经说道:"我闻学士草制,皆检前人旧本稍改易之,此谚所谓依样画葫芦耳,何宣力之有!"(《续资治通鉴》卷六)但却很少出现作者采取诸如现代著作权私力救济方式来保护作品利益的行为,李渔曾在 1688 年出版的《闲情偶寄》中写到要别人尊重他发明印制的"芥子园笺简":"笺帖之体裁,则令奚奴自制自售,以代笔耕……焉能夺吾生计?"②但其余相关文献则罕见。

与之对比,宋代出现了刻书人禁止盗刻的牌记,"眉山程舍人宅刊行,已申上司,不许覆板"。该牌记提醒盗印者,乞请官府张榜不许他人私自刻印,官府也曾配合颁发禁止翻版的声明。这种以发声明方式来反对盗刻的方式,可谓中国古代最早具有类似现代著作权私力救济特征的行为。然而,从整个中国古代的历史长河来看,这种私力救济行为极其罕见。目前所挖掘的佐证这种行为的材料主要是宋代的三则文献,分别是"南宋绍熙眉山程氏刻本王称《东都事略》的方形牌记""1238 年刊布的《方舆胜览》登载了'两浙转运司牒文'"和"1248 年国子监颁发禁止翻版《丛桂毛诗集解》公据"。之后,元、明直至 1908 年清颁布《大清著作条律》之前,相关史料几乎没有。

若仅从"厌诉"文化的普遍来看,中国古代出现现代著作权

---

① 李玉珊、林毅斌:《当代中国私力救济的法理正当性探究》,《武警学院学报》2019 年第 5 期。

② 李渔:《闲情偶寄》第 11 卷,中央书店 1936 年版,第 282—283 页。

▶▶▶ **失序与平衡:媒体融合中的版权制度**

私力救济行为的罕见现象,这是不正常的;但若再从更多层面深究便可发现,中国古代并不具备让这种私力行为流行的土壤,主要原因在于:

第一,中国古代文人不具有现代权利意识。著作权作为一种保护个人权利属于现代民主制度范畴的现代权利,直至1709年才在英国诞生,此时距1640年查理一世召开新议会、标志英国资产阶级革命的事件已有近半个多世纪,该权利仅仅是英国资产阶级民主制度保护私人财产权在知识作品领域的延伸。中国古代长期处于封建社会,不可能让著作权这种资产阶级民主社会才有的现代权利得以存在,作者也随之不会具有这样的现代权利意识和对其加以保护的私力救济行为。

第二,作为作者的中国古代知识分子缺乏这种私力救济的动力。保护自身的物质和精神利益不受损,这是私力救济的主要原因。然而,正如著名学者钱存训先生在《纸和印刷》一书中所说:"中国社会长期受儒家学说所支配,其所关心的主要是借助道德和伦理教育维持正常的人与人之间的关系和社会,而不是追求物质上的改善和社会上的重大变革。"接受儒学教育的传统知识分子创作更多是满足自身的精神需求,而较少考虑物质利益。此外,在精神利益维护方面,虽然会有知识分子因作品被抄袭或篡改而气愤,但不足以成为让其私力救济的动力,之所以如此,一大因素非常重要,即他们缺乏物质基础。"中国古代读书人,除少数官居高位或家财殷实外,大多数较为贫寒,社会地位也未必很高。曹雪芹生前穷困潦倒,赊酒度日,家人连喝粥都困难",很难想象他们能有什么能力去私力救济。[①]

---

① 杨屹东:《中国古代版权意识与现代版权制度辨析》,《图书馆学研究》2006年第1期。

第三章　融媒中我国版权制度的框架体系

第三，"窃书不为偷"文化的作祟。中国古代，无论是统治者，还是普通百姓，对于抄袭都不是很在意。法律上没有加以明令禁止，道德上也没有形成对其的批判，对于"盗印"或"盗刻"，朝廷虽然会颁布一些禁令，但主要是为了禁止思想传播，维护皇朝统治秩序，而非保护著作权人的私人财产权益。① 而书商刻坊为维护自己的出版专营权而申报上司的行为，时常又被主流社会视为是逐利之徒所为而不耻。②

在中国近代，虽然清末和民国时期已有著作权法和相关版权法，权利人开始也有了一些版权意识，并有一些私力救济行为，但连年的内外战乱和频繁的政权更替，不可能让特别需要安定政治社会环境的版权法执行下去，也不可能让权利人的这种私力救济行为成为行业乃至社会的风尚。

新中国成立后，社会主义公有制的逐步推进，大公无私、平均主义的思想，知识产权属于被批判的资产阶级法权的偏见，以及知识分子属于被改造对象的定位，都使得通过物质鼓励来激励作者创作版权制度并不被管理层认可。20 世纪 50 年代末，文化部出版局的领导反对"稿酬偏高"的理由：容易使著译者的生活水平与劳动人民的生活水平距离太远，使许多有写作或翻译能力的知识分子发生轻视体力劳动、轻视文字以外的各种劳动，脱离实际，轻视工农的倾向；过分片面强调了物质鼓励作用的结果，使一部分作者滋长追求物质享受，斤斤计较的习气；妨碍创作活动，一本书主义，长期不再执笔，或者一味追求物质报酬，损害

---

① 安守廉：《知识产权还是思想控制：对中国古代法文化透视》，梁治平：《法律的文化解释》，生活·读书·新知三联书店 1998 年版，第 336—338 页。
② 周林、李明山：《中国版权史研究的几条线索》，《中国版权史研究文献》，中国方正出版社 1999 年版。

▶▶▶ **失序与平衡:媒体融合中的版权制度**

岗位工作,乃至粗制滥造。① 对于权利人来说更不可能展开正常的版权活动,"我们当时确实没有知识产权的最起码的概念(人们普遍认为写出一部文学作品或学术专著,同工人们运用生产线大量生产一支牙膏或一把牙刷是一样的),更没有在社会主义制度下可以而且应该让一部分人先富起来的概念。正相反,我们——包括负一定行政责任的我本人在内——都深深抱着平均主义思想,把社会主义看成是建设十分廉价的贫穷社会。在20世纪50年代末60年代初,我们脑子里装满了'穷则变,变则通,通则富,富则修'的奇怪逻辑"。②"文革"后,"左倾"思潮的泛滥和占据主导地位,我国版权制度停滞与扭曲,属于被打倒对象的知识分子哪敢言版权。

改革开放之后,阶级斗争为纲结束,经济建设成为党和政府的工作中心,在随后十多年的时间里,为保障文学、艺术和科学作品作者的正当权益,鼓励优秀作品的创作和出版,我国版权制度重新步入正轨,不断建章立制:1977年稿酬制度重新恢复与修订;1980年3月3日,成为世界知识产权组织的新成员国;1984年颁布了《图书、期刊版权保护试行条例》《美术出版物稿酬试行办法》和《图书约稿合同》样式;1985年《付给戏剧作者上演报酬的实行办法》公布;1987年《录音录像出版物版权保护暂行条例》施行;1987年《民法通则》设立了"知识产权保护"专节③;1987年4月25日《人民日报》报道,国务院法制局负责

---

① 陈原:《关于稿酬、题解与反思》,《陈原出版文集》,中国书籍出版社1995年版,第22—23页;转引自周林、李明山《中国版权史研究的几条线索》,《中国版权史研究文献》,中国方正出版社1999年版,第49页。
② 陈原:《关于稿酬、题解与反思》,《陈原出版文集》,中国书籍出版社1995年版,第20页。
③ 第9条规定:公民、法人享有著作权(版权),依法享有署名、发表、出版、获得报酬等权利。"侵权的民事责任"一节规定:公民、法人的著作权(版权)受到剽窃、篡改、假冒等侵害的,有权要求停止侵害,消除影响,赔偿损失。

第三章 融媒中我国版权制度的框架体系

人向中外记者宣布,中国版权法草案将由国务院正式提交全国人大常委会讨论(该草案是国家版权局1985年成立后第二次向全国征求意见);1990年9月7日新中国成立40多年来的第一部著作权法诞生;1991年《著作权法实施条例》公布,同年10月1日《计算机软件保护条例》施行;1992年7月15日世界知识产权组织总干事鲍格胥博士致函我国,告知《伯尼尔公约》将于1992年10月15日生效,同年10月9日联合国教科文组织总部宣布《世界版权公约》将于1992年10月30日在中国生效;1993年4月30日《日内瓦公约》对我国正式生效,我国成为该公约的第45个成员国。

在国家社会大气候发生重大转变、邓小平同志的知识分子是工人阶级一部分著名论断被不断贯彻落实和版权得到史无前例重视、国家前所未有进行版权建章立制等因素的影响下,我国知识分子的创作热情被极大激发的同时,著作权维权意识也被唤醒:1984年冯友兰在中国人民政治协商会议第六届全国委员会第二次会议上上书建言制定版权法;1985年我国著名学者、文物鉴赏家王世襄向有关部门反映文物出版社侵犯版权,同年张泽宇就电影《金陵之夜》的署名纠纷问题起诉北京电影制片厂,该年还发生了《我的前半生》两作者溥仪和李文达之间的作者身份纠纷案;1986年著名小说家蒋子龙向中国作家协会反映某出版社未经同意编辑出版自己的作品,等等。

与作者著作权维权热情高涨形成鲜明对比的是,出版社、报社、杂志社、广播台、电视台等媒体单位在版权方面的作为则弱得多。首先,缺乏版权经营意识。"1984年国家给我们投资,拍了第一部长篇电视剧《四世同堂》,我做责编。这部剧做完后拿

▶▶ **失序与平衡:媒体融合中的版权制度**

给电视台无偿播出,我们单位和电视台都是事业单位,拍电视是完成任务,没有赚钱的概念",①"电视都属于文宣系统,内部之间很少收费,我们的很多节目基本都免费授予地方电视台播出。"②其次,缺乏尊重他人版权的自觉。"电视台从来不认为将他人作品使用在自己的节目中是一个会引起争端的做法,更没有关注过委托作品和嘉宾口头作品著作权归属,以及节目播出之外的开发和利益回报对电视台来说意味着什么"③。再有,在与作者关系处理方面高高在上。著名的哲学家冯友兰上书全国政协二届六次会议的书面稿这样描述到:"稿子是作者写的,可是一送进出版社,作者就没有控制权了。出版社什么时期审稿,他不知道;什么时候达到印刷厂,他不知道;印刷厂什么时候出书,他不知道;书出了多少部,他也不知道。第一版卖完了,市面奇缺,出版社是不是再印,再印多少,他都不知道。出版社给多少稿费,用什么标准规定给作者稿费,他不知道。他的书出来了,他的文章在报上发表了,别的刊物转载,有的时候通知他,有时不通知。有的另送一点稿费,有的不送,他都无权过问。稿子一出去,就好像断了线的风筝,满天乱飞,作者都不能控制了。"④ 最后,在诸多版权纠纷中扮演着施害者的角色。"在此期间著作权的使用者,依然沿袭传统的观念,不尊重作者,不按规定使用作品或支付报酬,不按规定署名,这其中主要的使用单位是国家的出版社、杂志社、报社、广播电台、电视台等","侵权纠纷也主要发生在这些单位和

---

① 武云溥、郑晓龙:《中国电视剧30年往事》,《新京报》2008年4月24日。
② 丁汉青:《传媒版权管理研究》,中国人民大学出版社2017年版,第152页。
③ 方圆:《从风险规避到财富增长——访央视版权管理部主任郑直》,《中国新闻出版报》2014年2月27日。
④ 冯友兰:《全国政协六届二次会议的书面发言》,《三松堂全集》第13卷,河南人民出版社1994年版,第985页。

相关人员之间"①。在蒋子龙作品被侵权案中，侵权出版社编辑居然给蒋子龙写了这样的信，他开口便挖苦："声震中外的大作家"，"现在恐怕不止一个万元户了"，居然还要"告状"，还嫌稿费少。这不是与"灵魂工程师"的名称不太符了吗？信末还气势汹汹地威胁："没有大作家的支持，我们出版社也不打算散伙！！！"②

虽然若以过去为参照，改革开放后的十多年时间里，版权意识觉醒的作者数量暴增，版权私力救济行为也明显增多，但这并不意味着版权私力救济就已经处于中心位置，若以整个作者群体为参照，版权意识觉醒的作者人数依然严重偏低，版权私力救济的行为也并非成为惯习。根深蒂固的传统知识观、版权制度本身的待完善、版权知识普及的时间要求、出版资源稀缺而带来作者的弱势地位等，都会使得在这段中国版权发展的黄金岁月里，即使在版权表现比较好的作者群体里，私力救济依然处于边缘位置。至于这段时期，权利人中的出版社、报刊社、广电台等媒体单位，事业单位的性质、行业地位的垄断、媒体资源的稀缺、知识作品的公共性等都很难会让他们对要求具有私权得以保护的外在社会环境、媒体市场化程度较高、媒体经营较为现代等特质的版权真正加以重视，建立较为完善的版权私力救济制度。

三 融媒：版权私力救济趋"中心化"的诱因

1994年4月20日，中国全功能接入国际互联网，中国互联

---

① 周林、李明山：《中国版权史研究的几条线索》，《中国版权史研究文献》，中国方正出版社1999年版，第205页。
② 吴海民：《走向伯尔尼——中国版权备忘录》，2005年10月30日，http://www.law-999.com/nl207c170.aspx；转引自周林、李明山《中国版权史研究的几条线索》，《中国版权史研究文献》，中国方正出版社1999年版，第165页。

▶▶▶ 失序与平衡:媒体融合中的版权制度

网时代从此开启。互联网时代的来临既预示着一种具有强大侵略性全新媒体物种网络媒体的横空出世,同时也很快拉开了一个传统媒体与这种新物种媒体互相融合的时代。意料之外的是,媒体融合居然成为我国版权权利人尤其是传媒单位渐趋将版权私力救济推向"中心位置"的诱因和动力。

(一)活跃的私力救济群体:作品被非法使用的作者

融媒这一重大的媒体变革,最先激发版权意识提升的权利人群体是:已在传统媒体和新兴媒体中的一种媒体上发表却被另一种媒体非法使用的作品的作者们。他们所遭遇的情形有:图书著作在不知情的状况下进入了数字图书馆或在线知识分享平台;发表的学术论文未经许可便被收录到了知识数据库中;制作的电视电影作品被恶搞,在网上四处传播;写的网上作品被期刊私自使用,等等。在这些作者中,当然有为数不少的,或出于扩大知名度的原因,或出于知识分享的愿望,或来自对已发表媒体的不满等各种目的,会不在意甚至鼓励或放纵这种非法使用。但也有数量较多的作者,特别是一些知名学者或职业作家们,无法容忍这种非法使用,认为是对自己智力创造的不尊重,损害了自身的声誉或经济利益。也正是这些作者们成为反击媒体融合中版权侵权的最早也是最活跃的斗士。中国最早的两起网络版权纠纷案"陈卫华诉电脑商情报社案"和"王蒙等六作家诉世界互联网案",都是由这些作者斗士发起。两案所不同的是,前者是作者发表在网上的文章被传统媒体期刊非法使用,后者恰恰相反,是作者发表在传统媒体图书上的作品被网络媒体非法上传。

自这两起版权纠纷案之后,随着融媒的不断深入,以及因融媒处于不断变动而带来的版权问题的复杂性和对这些问题治理的

第三章　融媒中我国版权制度的框架体系

后滞性，已发表作品被非法使用的现象大面积出现。在融媒推进的 10 多年时间里，不断有这类被侵权使用作品的作者斗士前赴后继地展开各种版权维权活动。

2002 年 4 月 1 日，北京大学陈兴良教授诉中国数字图书馆有限责任公司侵犯其信息网络传播权案（我国第一起与数字图书馆有关的著作权侵权案）。

2004 年 10 月 23 日，中国社会科学院知识产权中心研究员周林与特聘教授徐家力代表郑成思等 7 名知识产权专家（另四位分别是李德顺、唐广良、张玉瑞、李明德）状告北京书生数字科技有限公司侵犯其著作权。

2007 年 12 月 6 日，李鸣生、张抗抗、张平、卢跃刚、王宏甲、邱华栋和徐坤 7 位知名作家联手状告北京书生网。

2009 年 7 月 16 日，湖南师范大学新闻与传播学院副教授魏剑美起诉北京龙源网通电子商务有限公司非法使用其 58 篇文章。

2009 年 11 月 6 日，女作家棉棉状告谷歌，成为国内著作权人第一次与谷歌公司对簿公堂的案例。

2011 年 3 月 15 日，韩寒、郭敬明、贾平凹、方舟子、李银河、冯唐、蒋方舟等 50 位作家发布《中国作家声讨百度书》，指责百度文库"偷走了我们的作品，偷走了我们的权利，偷走了我们的财物，把百度文库变成了一个贼赃市场"。

2012 年 9 月 17 日，"韩寒状告百度文库侵权"一案，北京市海淀区人民法院一审宣判百度文库败诉，赔偿韩寒经济损失累计约 8 万元。

2012 年 10 月 11 日，李承鹏、慕容雪村等 8 位作家起诉

▶▶ **失序与平衡：媒体融合中的版权制度**

苹果公司涉嫌侵犯自己作品的著作权。

…………

上述这些案例都不是普通的起诉案件，它们时常会触发整个行业对融媒领域某类版权问题的集体思考和解决。郑成思等知识产权专家集体状告书生侵权案发生后，2004年10月底，中国版权协会、北京书生公司、《中国版权》杂志共同掀起了一场版权授权新模式活动。北京出版社出版的钟洪奇的《最后一根稻草》成为我国第一部采用授权要约的图书，该书翻开后刊登了一页"权利人版权声明"："任何个人或机构均可在满足以下条件的情况下使用该书：授权范围：数字形式的复制权、发行权和信息网络传播权。授权费用：收入的5%。支付方式：在收入产生6个月内支付给中华版权代理总公司收转。使用方式：保持作品完整性，必须注明作者和来源。保留其他权利。并附有中华版权代理总公司联系方式。"[①] 书生公司董事长王东临对该声明高度赞赏，认为彻底解决传统版权交易模式下的高成本问题，找到了一种全新版权授权方式，可以免除版权交易中一对一洽谈的交易成本。[②] 自其后，不仅图书行业，而且期刊、报纸、电视等行业的传媒单位也纷纷效仿，融媒领域的版权授权方式由此发生了重大转变。

此外，这些作品的一些作者，尤其是一些知名作者，不满足抗议、起诉等个案维权的方式展开版权私力救济，还试图借助向政府建言献策的方式将融媒领域的版权问题政治化，希望通过呼

---

① 刘宝亮：《授权要约加速数字版权交易》，2004-10-22，http://www.ceh.com.cn/guonei-detail.asp?id=20639；转引自李明山、常青等《中国当代版权史》，知识产权出版社2007年版，第43页。

② 李明山、常青等：《中国当代版权史》，知识产权出版社2007年版，第6页。

第三章 融媒中我国版权制度的框架体系

吁让国家建章立制为这些问题的解决提供制度上的出口。如深受版权侵权之苦的知名作家张抗抗连续两年2010年和2011年在"两会"上提出了相关的版权提案。2010年她提交了《关于加强网络著作权保护的提案》和《关于加强著作权集体管理组织建设的提案》,建议:成立由政府主管部门、行业代表、法律界人士组成的创意产业侵权行为认定委员会,强化对网络侵权的界定,逐步建立起一套完整、清晰、严格的网络侵权认定标准;修订《著作权法》中有关网络侵权的处罚条款;司法机关降低网络侵权的立案门槛,加大惩罚力度,提高侵权人的盗版成本。2011年她又提出了《关于尽快修订〈著作权法〉的提案》和《坚决遏制对网络文学作品侵权的建议》,分别提出:加强延伸集体管理的权利、信息网络传播权的法规细化、《著作权法》应明确规定付酬标准;建立全国范围的版权资源公示网站或者全国各个地区信息联网的版权公示网站等措施;对权利人的"明示"、网络信息服务提供商的"明知",进行相对客观的界定;进一步明确"避风港原则"有关条款的界定并进行补充;明确规定网络作品侵权的赔偿标准,让源头控制成为遏制网站侵权的根本手段等建议。[①]

这些融媒领域已发表作品受到版权侵害的作者,尤其是知名的作者和职业作者,因作品版权关涉到个人的安身立命之本,所以版权私力救济的动力很足,并且这些作者维权所产生的社会影响时常较大:(1)激励作用大。他们的版权维权大多数状况下都取得了成功,这不仅激励着作者自身,而且还鼓舞着整个作者群体;(2)外部效应大。他们的维权时常不仅成为行业的焦点,而

[①] 王清:《一枝一叶间 雀鸣争执何——中国版权制度十年发展综述》,《编辑之友》2012年第1期。

▶▶▶ 失序与平衡:媒体融合中的版权制度

且也会成为普通大众关注的新闻。可以这样说,现今融媒中权利人的版权私力越趋中心位置,与他们的努力密不可分。

(二)从"漠视""觉醒"到"重视":融媒中媒体私力救济的演变

与作者群体相比,作为主要以邻接权人身份(有时也有著作权人身份,如电视台出资拍摄的电视剧,电视台即为著作权人)出现的媒体在版权私力救济方面的作为则要弱得多。自20世纪90年代中期互联网兴起至今,媒体组织在版权私力救济方面经历从媒体融合初级阶段的"漠视期"到融媒推进过程中的"觉醒期"再到深度融媒阶段的"重视期"的过程。

1. 媒体融合初的"漠视"期

在媒体融合方面,传统媒体起步很早。1993年12月6日《杭州日报》通过网站传输报纸内容,是中国报纸最早的数字化尝试。1995年1月2日中国第一份上网的中文电子刊物《神州学人》正式发刊,1995年10月20日《中国贸易报》开始上网,中国报刊进入融媒时代。与之对比,从1993年算起,直到5年之后1998年,搜狐和网易才正式推出新闻频道,标志着商业网站进入与传统媒体融合的时代,成为真正意义的网络媒体,此前商业网站内容没有涉足新闻。然而,在融媒的初级阶段,无论是传统媒体,还是商业网络媒体,在版权私力救济方面都处于"淡漠"状态。

传统媒体的淡漠主要体现在缺乏版权意识,存在"大家都是一家人,何必分你我"的浓厚情结。[①] 对版权侵权行为不仅不维护,而且鼓励纵容,认为是在扩大影响:"一篇稿件在几个通道上传播,阅读量达到上百万";"1999年互联网热潮兴起时,传统

---

① 丁汉青:《传媒版权管理》,中国人民大学出版社2017年版,第150页。

第三章 融媒中我国版权制度的框架体系

媒体人对知识产权的保护意识较弱，并不排斥互联网。普遍认为被网络转载是扩大自身的影响力和知名度，甚至一些传统媒体在与广告主谈判时会以网络转载量来证明自身的影响力"；"2003 年底报纸创刊后，仅在北京地区发行纸质版，传播范围和传播效果有限；与此同时，门户网站进入发展的黄金期，2004 年（报社）便开始与新浪、搜狐、网易三大门户网站合作，它们为我报的网络传播带来非常好的传播效果，但当时的新闻内容都是免费的"。[①]

商业网络媒体的版权漠视更甚。可以这样说，以网易、搜狐、新浪为代表的门户网站，以优酷、土豆、酷6为代表的视频网站，以百度为代表的搜索引擎，以腾讯为代表的即时聊天网站，以阿里巴巴为代表的电商等在发展初期无一不是普遍侵权盗版。之所以如此，主要原因有四：一是巨量内容的渴求。网络媒体拥有超大内容容量的渠道，但却在吸纳海量内容方面掣肘太多：网络媒体擅长于技术，但内容生产经验不足；政策壁垒也使其因缺乏资质而不能涉足某些高附加值的内容产制；网络媒体所需内容的量实在太大，大量购买正版内容对于刚起步的商业媒体来说委实是"难以承受之重"。[②] 二是被侵权对象——传统媒体的纵容。如前文所述，面对侵权盗版，传统媒体时常不仅不会维权，甚至认为这种侵权盗版是帮助扩大自身影响力。三是监管缺位。在立法层面，对于融媒领域中的诸多版权问题，法律没能给出答案；基于被侵权人的不作为，司法保护不能有效发挥作用；缘于传统媒体行业对融媒领域侵权盗版的集体沉默或提倡，作为顺应行业规律的版权行政保护也无法发挥效力。四是"道德血

[①] 丁汉青：《传媒版权管理》，中国人民大学出版社 2017 年版，第 163 页。
[②] 同上书，第 156 页。

液"的不足。与国内其他行业的众多民营企业发家一样，一些商业网络媒体在原始资本积累阶段都流淌着为了逐利不惜代价的"肮脏血液"。

2. 融媒过程中的"觉醒"期

进入 21 世纪第一个十年，融媒仅经过自 20 世纪 90 年代中期以来五六年的发展，便呈现出了一个明显格局，那就是传统媒体和网络媒体两者在融媒发展方面拉开了明显的差距，前者显著落后于后者。上市是企业壮大的一大标志。2000 年新浪、网易、搜狐分别于 4 月 13 日、6 月 30 日、7 月 12 日在美国纳斯达克上市，2004 年 6 月 16 日腾讯成为第一家香港上市的大陆互联网企业，2007 年 11 月 6 日阿里巴巴也在香港上市。与之对比，和这些网络媒体在融媒发展同时起步的传统媒体所办新媒体，人民网、新华网、光明网、中新网、大洋网等，仅人民网于 2012 年 4 月 27 日、新华网于 2016 年 10 月 28 日才上市，其他有的甚至还属于仍需要母单位喂奶的襁褓婴儿。

（1）传统媒体的缓慢"觉醒"。目前这种融媒格局给传统媒体带来的影响不简单是传统媒体和网络媒体两者在融媒领域一个发展迟缓，一个发展迅猛，而是网络媒体不仅抢夺传统媒体的融媒市场，而且还以加速度的方式蚕食传统媒体传统业务，并且从发展态势来看，大有吞并之势。这种格局自然会引发传统媒体的警惕：媒体市场容量相对恒定，网络媒体的市场份额越大，自身的市场份额自然会越小，如何避免两者市场份额剪刀差走势的拓大，与网络媒体相比，自身的优势在哪，短板在哪，如何扬长避短，等等。传统媒体的优势在哪？内容毫无疑问是核心优势。然而设若内容的版权得不到保护，版权价值不进行开发运用，那内容的优势就会被埋没，甚至会成为劣势——若版权保护不到位，

第三章 融媒中我国版权制度的框架体系

内容生产再多再好都是为他人作嫁衣，越生产越亏本。

此外，在这种融媒格局中，激发一类传统媒体版权意识觉醒的一重要因素是，他们逐渐发现借助网络免费转载来扩大影响的方式并不能带来实实在在的收益。这类传统媒体如报纸主要采取"二次售卖"的经营模式，即通过产制和传播优质内容获取广泛的受众影响，然后将受众影响力卖给广告商进而获取经济收益。依照这类传统媒体原有的设想，借助网络媒体扩大了影响，那么相应的收益也会增加，如发行量会扩大，广告会增多。然而，事实证明，若缺少版权保护这一前提条件，原先一厢情愿的"广泛传播——影响力——经济收益"的逻辑链条便断裂了。[①] 内容通过网络媒体转载了，的确是影响力增加了，但增加的更多是作品本身的影响力，传统媒体的影响力虽有所增加，但不是能带来实际价值的影响力增加：通过网络转载的内容，不会因为有更多的受众看到，就会让传统媒体有更多的用户，也不会因为更多的受众看到，就会吸引更多广告投放在传统媒体上。之所以如此在于，这种影响扩大的中介因素即网络媒体将其有效的价值进行了截留。网络转载中，网络媒体是受众接触内容的落点媒体，既然在网上都能看到传统媒体上的内容何必又要去使用传统媒体；既然受众都停留在网络上，广告商又何必到传统媒体上投放广告。因此，总体看，通过网络转载不仅不能带来实际收益，还事实上增加了竞争对手网络媒体的实力，进而给自己带来了更大威胁，那传统媒体当然会不仅不再提倡免费网络转载，而且还会反对。

传统媒体这种版权意识的觉醒体现在两方面：一是开始维

[①] 丁汉青：《传媒版权管理》，中国人民大学出版社2017年版，第163页。

▶▶▶ 失序与平衡：媒体融合中的版权制度

权。2006年新京报社对门户网站TOM网发起侵权诉讼，并最终以TOM网主动提出和解赔偿告终，打赢了第一个版权官司，这个官司对整个行业版权意识的觉醒起到了很好的示范作用。[①] 2008年，该报社又与浙江在线进行了长达三年之久的侵权诉讼。二是版权运营。2004年中央电视台率先在全国广电单位中设立版权管理部门，2005年人民网首次与新京报社开展版权合作。

值得提醒的是，该阶段融媒中传统媒体版权的觉醒，并非大面积、全行业的。这种觉醒只是相对于融媒之初"淡漠"状态下的进步。总体看，21世纪第一个十年，有版权觉醒意识的还只是少数传统媒体，传统媒体主动展开版权私力救济的行为也只是零星状态。

（2）网络媒体的加速"觉醒"。与传统媒体相比，在版权方面，网络媒体觉醒的速度明显要快得多，主要原因在于，上文所述，经过五六年快速原始资本积累期，新浪、网易、搜狐、腾讯、阿里等老牌网络媒体都已迅速成为国际上市公司。众所周知，上市公司是相对规范的企业，他们时常会自觉抵制各种违法活动。侵权盗版属于违法行为，对于这些已在国际上市的网络媒体来说，一次侵权盗版诉讼就可能会造成股价的下跌，监管机构的惩罚，商业荣誉的受损，等等。因此，考虑到自身的切身利益，网络媒体会自觉地尊重版权。

对于后起的网络媒体而言，尽力成为上市公司，也是他们尽力的奋斗目标，这必然要求他们主动远离侵权盗版。以视频网站为例。优酷、酷6等视频网站在上市前后为避免国际版权诉讼，

---

① 丁汉青：《传媒版权管理》，中国人民大学出版社2017年版，第155页。

第三章 融媒中我国版权制度的框架体系

均主动治理自己的盗版顽疾。2008年6月11日优酷宣布推出"合作计划1.0"战略，与上百家媒体建立联盟。2008年11月11日，优酷宣布"合作计划2.0"战略，与300余家媒体合作伙伴、1500余家电视剧制作单位签约，签下当时80%市场流动版权。2010年4月优酷宣布"合作计划3.0"战略，宣称2010年4月1日优酷从韩国SBS电视台拿到每年1500小时的经典剧（200部6000余集）及未来三年全部新剧的版权。除此之外，优酷还与索尼唱片等数十家唱片公司签约、与国内主要动漫商签署版权购买协议等。[①] 酷6网在美国纳斯达克上市后，也开始清理、删除网站无版权的国际影视剧，并禁止用户上传影视内容，之后，还联合搜狐视频出资千万美元，设立"国际影视版权联合采购基金"，购买国外影视剧版权。[②]

当然，网络媒体在版权方面加速度觉醒的原因还在于：一方面，21世纪的第一个十年也是我国版权法律法规频繁完善的十年。2001年10月27日我国《著作权法》做了第一次修订，2003年《著作权行政处罚实施办法》颁布，2005年制定了《互联网著作权行政保护办法》，2006年出台了《信息网络传播权保护条例》，等等。版权法律法规的完善改变了网络媒体对侵权盗版后果的预期，促使其重视版权。[③] 另一方面，国家版权行政治理力度也促使网络媒体增强版权意识。2008年国务院印发的《国家知识产权战略纲要》强调"针对反复侵权、群体性侵权及大规模假冒、盗版等行为，有计划、有重点地开展知识产权保护专项行

---

① 丁汉青：《传媒版权管理》，中国人民大学出版社2017年版，第161—162页。
② 李红艳、张浩：《美剧被禁 刺激视频网站自制网剧》，2010-11-25，http://www.cctv.com/stxmt/20101125/108603.shtml。
③ 丁汉青：《传媒版权管理》，中国人民大学出版社2017年版，第156—157页。

▶▶ 失序与平衡:媒体融合中的版权制度

动。加大行政执法机关向刑事司法机关移送知识产权刑事案件和刑事司法机关受理知识产权刑事案件的力度"[1]。《纲要》的出台为国家版权行政机关严厉打击侵权盗版行为提供了明确的顶层设计。自 2005 年起,由国家版权局、公安部、工信部(原信息产业部)等多部门连续开展打击网络侵权盗版专项治理"剑网行动"。这些都使得网络媒体意识到国家对网络侵权盗版的容忍度在降低,网络不再是版权保护的法外之地。[2] 再有,在这十年,受害人的版权维权意识也在不断增强,这也有助于抑制网络媒体的侵权行为。

3. 媒体深入融合阶段的"重视"期

跨入 21 世纪的第二个十年,我国媒体融合进入深度融合的发展阶段。从国家层面看,2014 年 8 月 18 日中央出台《关于推动传统媒体与新兴媒体融合发展的指导意见》,标志着媒体融合已上升为国家意志行为,成为国家战略布局的组成部分,这也预示着媒体融合由原来自发生长进入国家有序引导的阶段。从媒体融合的两大主体看,传统媒体在与新兴媒体融合时正由原来的被动应对转向越来越主动介入,另一方面,新兴媒体在与传统媒体融合时正逐步由原来的"野蛮"变得越来越"文明"。融媒的这种重大变化使得处于这种环境的两大版权利益方传统媒体和新兴媒体都不约而同地进入了版权私力救济的重视期,只是两者重视的方式因各自在融媒格局中所处的不同位置而体现出了差异性。

(1) 为生存而抗争:传统媒体的版权作为

进入 21 世纪的第二个十年,传统媒体和网络媒体之间的实力差距越来越悬殊。相关数据显示,2015 年全球排名前 15 的互联

---

[1] 《国务院关于印发国家知识产权战略纲要的通知》,2008 - 06 - 10,http://www.gov.cn/zwgk/2008 - 06/10/content_ 1012269. htm。

[2] 丁汉青:《传媒版权管理》,中国人民大学出版社 2017 年版,第 157 页。

第三章　融媒中我国版权制度的框架体系

网上市公司中我国占到了四席，分别是阿里巴巴、腾讯、百度和京东，见图1。与之对比，传统媒体在发展新媒体方面依然处在尝试、探路和摸索阶段。所谓作为传统媒体的标配融媒产品的"一网，两微一端"，实际市场表现却并不理想。以现在流行的传统媒体纷纷推出新闻客户端为例，2016年全国传统媒体新闻客户端的数量231个，但九成用户每天打开的新闻客户端数量为1。虽然新华社、《人民日报》、央视新闻的客户端用户均接近或超过亿级规模，澎湃、浙江新闻也已达到了数千万，但百万级以上的新闻客户端数量仍属绝对少数，用户千级以下的客户端达到了167家，占总数的73%。① 若以盈利来衡量，即使市场化程度最高、声势最大、最被各方看好的澎湃新闻自2014年上线以来，至今4年过去了，仍然没能盈利。

全球互联网上市公司排名（按市值排名）

1995年12月				2015年5月			
	Company	Home Country	Market Cap. (SMM)		Company	Home Country	Market Cap. (SMM)
1	Netscape	USA	$5415	1	Apple	USA	$763567
2	Apple	USA	3918	2	Google	USA	373437
3	Axol Sprtnger	Germany	2317	3	Alibaba	China	232755
4	Rent Path	USA	1555	4	Facebook	USA	226009
5	Web.com	USA	982	5	Amazon.com	USA	199139
6	PSINet	USA	742	6	Tencent	China	190110
7	Netcom On-Line	USA	399	7	eBay	USA	72549
8	IAC/Interactive	USA	326	8	Baidu	China	71581
9	Copart	USA	325	9	Priceline.com	USA	62645
10	Wavo Corporation	USA	203	10	Satesforce.com	USA	49173
11	iStar Internet	Canada	174	11	JD.com	China	47711
12	Firelox Communications	USA	158	12	Yahoo!	USA	40808
13	Storage Computer Corp	USA	95	13	Netflix	USA	37700
14	Live Microsystems	USA	86	14	Linkedin	USA	24718
15	iLive	USA	57	15	Twitter	USA	23965
Total Market Cap of Top 15			$16752	Total Market Cap of Top 15			$2415867

图1　1995年、2015年全球互联网前15大上市公司排名②

---

① 《中国传统媒体新闻客户端发展报告》，慧联TMT，2017年6月21日。
② Mary Meeker, 2015 Internet Trends, Retriever from http：//wenku.baidu.com/view/de055eeaef06eff9aef8941ea76e58fafbb045f1.html？fr = search-3.

▶▶▶ 失序与平衡：媒体融合中的版权制度

更令传统媒体极其不安的是，不仅在发展新媒体业务方面还处于误打误撞的阶段，没能让该业务成为新的利润增长点，而且传统业务在新兴媒体的冲击下，除了图书之外，期刊、报纸、广电都出现了下滑态势：与 2015 年相比，2016 年全国图书品种增长 5.07%，总印数增长 4.32%，总印张增长 4.58%，定价总金额增长 7.10%；全国期刊种数增长 0.70%，平均期印数下降 4.94%，总印数下降 6.29%，总印张下降 9.43%，定价总金额下降 4.34%；全国报纸种数下降 0.63%，平均期印数下降 7.03%，总印数下降 9.31%，总印张下降 18.50%，定价总金额下降 6.00%。[1] 2016 年，广播整体面临着收听人数、收听时长继续下降的颓势，[2] 2017 年全国广播电视广告收入 1518 亿元，同比下降 1.84%，首次出现了负增长。[3] 其中，报纸所遭受的冲击几乎是毁灭性，自 2012 年首次出现广告收入"断崖式下滑"后，在接下来的五年多时间里，其主要业务收入广告和发行也连年出现断崖式下滑。中国报纸这个行业究竟还能坚持多久，不再是危言耸听的发问。

可以这样说，新兴媒体来势汹汹的冲击，已开始严重影响到了传统媒体的生存和发展。传统媒体的突围之路在哪？目前来看，拥有大量的高质量优质内容是可资利用的优势，而且国家对新兴媒体内容产制方面的政策壁垒还能使这样的优势具有一定的可持续性。然而，设若版权私力救济制度不完善，版权保护不到位，内容被新兴媒体无偿使用了，版权运营不现代化，内容的版权价值不能最大化，这一优势就无法变现。这种情形下，重视版权，成为传统媒体的一种行业自觉行为。

---

[1] 《2016 年全国新闻出版业基本情况》，《中国新闻出版广电报》2017 年 7 月 25 日。
[2] 《2016 年中国广电行业发展报告》，慧聪 TMT，2017 年 6 月 21 日。
[3] 《新闻记者》微信公号，2018 年 1 月 28 日。

第三章 融媒中我国版权制度的框架体系

①发表反侵权声明。2011年5月11日，财新网发布《财新传媒反侵权行动声明》，表示对一切侵害公司的违法行为，将视情节与具体情况发布反侵权公告①，截至2017年11月，财新累计发布37次反侵权声明。《新京报》作为早在21世纪第一个十年期间就开始维权的少数几家媒体，迈入21世纪第二个十年后，继续冲在了版权维权的第一线，至今已连续发布反侵权公告几十期。2014年重庆日报报业集团34家报刊网就大量被侵权情况发布版权声明。2016年，上海广播电视台及上海文化广播影视集团有限公司发出关于纪录片《人间世》的版权声明，敦促有关网络媒体立即停止未经授权的对《人间世》节目的传播。

②起诉。《新京报》作为早在21世纪第一个十年期间就开始维权的少数几家媒体之一，迈入21世纪第二个十年后，继续冲在了版权维权的第一线。2011年起诉IPAD非法使用"中文报刊"，2015年起诉一点资讯侵权，2016年又起诉大众网擅自违法使用《新京报》原创稿件千余篇。《广州日报》、《燕赵都市报冀中版》、湖北日报传媒集团分别于2014年、2015年起诉今日头条。2014年央视状告土豆网擅播《舌尖上的中国》。2015年《北京青年报》起诉新浪网未经许可转载9篇文章。2017年，广东台珠江经济广播诉蜻蜓FM侵权。2018年中国国际广播电台起诉新浪侵犯著作权，索赔近百万元。

③结盟。2017年4月26日，人民日报社、新华社等10家主要中央新闻单位和新媒体网站联合成立了"中国新闻媒体版权保护联盟"。2017年12月9日，海南日报报业集团、上海报业集团、大众报业集团、重庆日报报业集团、山西日报报业集团等20余家省级

---

① 杜骏飞：《侵权暴露媒体生态圈困境》，财新网，2014年1月21日。

失序与平衡:媒体融合中的版权制度

报业集团联合发起成立了"全国省级党报集团版权保护联盟",该联盟将集体加入"中国新闻媒体版权保护联盟"。

(2) 从"被告"走向"原告":新媒体的版权作为

经过十五六年的积累发展,搜狐、网易、新浪、百度、阿里、腾讯等已成长为世界级的规范大型网络媒体,在侵犯他人著作权方面,自律性变得越来越强。优酷、乐视、爱奇艺、今日头条、一点资讯、蜻蜓 FM 等后起的网络媒体,虽然时不时仍有各种版权侵权行为,但"盗版可耻,正版是正道"的版权意识观念初已形成。最能体现出 21 世纪第二个十年新媒体在版权私力救济方面奋发有为的现象是,越来越多的网络媒体版权意识很强,开始主动积极展开版权维权,由原来的"被告"转变为了"原告"。2011 年 6 月乐视网诉 ST 精伦案。2015 年 3 月 20 日,新浪起诉凤凰网侵犯了中超联赛视频的独占传播、播放权。2017 年 4 月 26 日,腾讯和搜狐以涉嫌侵犯其所属作品的信息网络传播权为由起诉今日头条。2017 年今日头条以侵犯信息网络传播权为由起诉腾讯。此外,他们还结成联盟共同抵制侵权盗版,2013 年 11 月 13 日,优酷土豆、搜狐视频、腾讯视频、乐视网、中国电影著作权协会(MPA)、万达影业、光线传媒等联合发布"中国网络视频反盗版联合行动宣言",表示将联合对抗百度、快播等日益严重的网络视频盗版和盗链行为,并称已向法院起诉百度、快播,向百度索赔由此带来的损失 3 亿元。[1]

媒体融合深入阶段,无论是传统媒体,还是新媒体,除了版权保护意识渐趋重视,这一版权私力救济最基础条件得以强化

---

[1] 落英:《搜狐腾讯等联手战百度 视频业三亿索赔案诞生》,《人民邮电报》2013 年 11 月 18 日。

第三章 融媒中我国版权制度的框架体系

外，还在更多采用更具典型意义的私力救济措施，如采用一定手段将著作权信息以数字模式进行综合管理，开始频繁与使用人签订版权书面或电子合约，版权技术保护措施高频使用并更现代。不仅如此，较多的传统媒体和新媒体还在大力提升现代版权运营水平，将版权价值最大化，展开更有附加值的版权保护。

第四章 失序：融媒中我国版权制度的不适

与西方国家一样，我国现有版权制度主要是基于图书、报刊、广电等传统媒体的特性而设计。新兴媒体与传统媒体有着本质上的差异，所带来的结果是作用于其中的版权制度出现很大的不适。与单一的传统媒体和新兴媒体环境相比，传统媒体与新兴媒体融合属于新旧媒体碰撞交融的交叉地带，矛盾更多、情况更复杂，必然会出现众多现有版权制度没有碰到、无法规制的各种各样版权问题。大量的证据也表明我国现有版权制度在应对融媒环境中的版权时显得力不从心，融媒中的版权处于大面积失序状态。

第一节 融媒中版权基础问题的待界定

版权的客体是什么，即哪些作品有版权；版权的本体有哪些，即版权的权利范围有哪些；版权的主体是谁，即版权的权利归谁所有。这是搭建整个版权制度所需回答的三大最基础问题。在媒介融合的环境中，这三大基础问题都有待重新回答。[1]

---

[1] 朱鸿军：《版权问题：制约媒体融合发展的瓶颈》，《出版发行研究》2016年第10期。

第四章　失序:融媒中我国版权制度的不适 ◀◀◀

一　一些作品版权客体的不明确

融媒环境出现了大量的新形态作品,如数据新闻、机器写作作品、微博、微信、表情包、短视频、众筹出版作品、网店的版面设计等等。这些大量的新作品是否有版权,目前依靠现有的《著作权法》不能直接找到答案。此外,融媒环境中不同作品在不同媒介环境互相交流,这些作品在原来媒介环境使用中可版权身份是确定的,但被新使用后,与其关联的原来为各方所认可的利益关系被打破,其原来确定的版权身份便会被质疑。

(一)　新作品的可版权性

我国《著作权法》列出了具有版权身份的 9 类作品[①],《著作权法实施条例》中又对 13 种具体版权作品的含义[②]进行了解释。但以此为参照,很难判定融媒中新作品的可版权性,如微信朋

[①] 9 类作品分别是:1. 文字作品;2. 口述作品;3. 音乐、戏剧、曲艺、舞蹈、杂技艺术作品;4. 美术、建筑作品;5. 摄影作品;6. 电影作品和以类似摄制电影的方法创作的作品;7. 工程设计图、产品设计图、地图、示意等图形作品和模型作品;8. 计算机软件;9. 法规、行政法规规定的其他作品。

[②] 13 种具体版权作品含义分别是:1. 文字作品,是指小说、诗词、散文、论文等以文字形式表现的作品;2. 口述作品,是指即兴的演说、授课、法庭辩论等以口头语言形式表现的作品;3. 音乐作品,是指歌曲、交响乐等能够演唱或者演奏的带词或者不带词的作品;4. 戏剧作品,是指话剧、歌剧、地方戏等供舞台演出的作品;5. 曲艺作品,是指相声、快书、大鼓、评书等以说唱为主要形式表演的作品;6. 舞蹈作品,是指通过连续的动作、姿势、表情等表现思想情感的作品;7. 杂技艺术作品,是指杂技、魔术、马戏等通过形体动作和技巧表现的作品;8. 美术作品,是指绘画、书法、雕塑等以线条、色彩或者其他方式构成的有审美意义的平面或者立体的造型艺术作品;9. 建筑作品,是指以建筑物或者构筑物形式表现的有审美意义的作品;10. 摄影作品,是指借助器械在感光材料或者其他介质上记录客观物体形象的艺术作品;11. 电影作品和以类似摄制电影的方法创作的作品,是指摄制在一定介质上,由一系列有伴音或者无伴音的画面组成,并且借助适当装置放映或者以其他方式传播的作品;12. 图形作品,是指为施工、生产绘制的工程设计图、产品设计图,以及反映地理现象、说明事物原理或者结构的地图、示意图等作品;13. 模型作品,是指为展示、试验或者观测等用途,根据物体的形状和结构,按照一定比例制成的立体作品。

▶▶▶ **失序与平衡：媒体融合中的版权制度**

圈发的感言、生活琐事是否属于所罗列的文字作品，拥有版权？利用机器软件将传统媒体的新闻进行重新编排产制出的新作品是否有版权？融媒环境中流传甚广的短视频、表情包是否有版权？此时，只能求助《著作权法实施条例》对版权作品的定性解释，即所谓的作品是指文学、艺术和科学领域内具有独创性并能以某种有形形式复制的智力成果。据此解释，版权作品有两大构成要件：一是独创性，一是以某种有形形式复制。依照这两大要件来判断，融媒中的新型作品大部分符合第二个构成要件，但是否符合"独创性"（包含作者本人创作和创作的内容有创造性两层意思）则又很难衡量。版权作品创造性的标准在哪？我国版权相关法律法规都没有明确交代，只是在司法实践中将标准默认为"最低限度"，即只有达到"最低限度创造性"的作品才有版权。但究竟什么是"最低限度"，是否有具体可量化的标准？若不可量化，那应由谁来评判？评判的依据又是什么？等等，对此，没有统一答复。司法判决或行政管理中更多凭经验来判定。"创造性"标准的模糊性，给融媒中一些新作品的可版权性的界定加大了难度，也带来了争议。

（二）旧作品新使用的可版权性

媒体融合之初，就有因计算机网络技术而催生出的旧作品新使用而引发的版权侵权纠纷，较著名的有"陈卫华诉成都电脑商情报案""上海榕树下计算机有限公司诉中国社会科学出版社案""瑞得集团诉宜宾市翠屏区东方信息服务有限公司案""大学生杂志社诉北京京讯公众技术信息有限公司案""王蒙、张抗抗、张承志、张洁、毕淑敏、刘震云分别起诉世纪互联通信技术有限公司案"等案件。这些案件的被告多数以《著作权法》并未明确规定"未经许可网络使用线下作品属于侵权"作为抗辩理由之一。

受理法院均从《著作权法》保护作者对其作品享有的专有使用权之立法宗旨出发，认为计算机网络技术仅改变作品的传播形式而未改变作品本身，未经许可的网络使用构成版权侵权行为。

随着媒体融合的深入推进，不断有一些旧作品在融媒环境中使用时版权身份受到质疑。以时事新闻和时事性文章为例。

1. "时事新闻"的可版权性与概念界定

"时事新闻"是否有版权？根据我国《著作权法》第五条规定可明确得知，它没有版权。之所以这样规定，主要目的在于，时事新闻关涉到绝大多数民众的利益，与保护时事新闻权利人的利益相比，前者的利益更重要。传统环境中，各版权利益方对此也没有异议。但融媒环境中，在大部分网络媒体没有新闻采编权、无偿转载使用时事新闻的情形下，时事新闻的最主要产制者传统媒体，出于自身利益考虑，首先对这样的规定提出了质疑。在他们看来，采制时事新闻需要投入大量的财力物力，如据南方报业集团近年来的收支统计，该集团每年在采编运营方面的经济投入超过两亿元人民币（其中有相当部分被投入采编时事新闻）。如果这些时事新闻不受版权保护，直接被网络媒体免费使用，会给众多以"新闻"作为立足之本、发展之基的传统新闻媒体带来巨大损失，是一种极不公平的商业竞争。如今，也已有越来越多的学界人士认为，时事新闻无版权，在传统媒体环境下有法理依据和事实的贴近性，但融媒环境中，如果"时事新闻"没有版权，对传统媒体来说，损害实在太大。

此外，在时事新闻已法定没有版权的既定格局下，融媒中传统媒体和网络媒体出于各自的利益又时常对时事新闻的范围做出自己的界定，前者通常喜欢缩小范围，这样便可以多获得非时事新闻使用费，后者则刚好相反，可以减少非时事新闻使用的费用

▶▶▶ 失序与平衡:媒体融合中的版权制度

支出。然而,究竟什么是"时事新闻"?哪类是新闻属于"时事新闻"?相关规定存在边界不清的不足。《著作权法实施条例》第5条第1项解释,时事新闻是指通过报纸、期刊、广播电台、电视台等媒体报道的"单纯事实消息"。就这一规定,其存在两个不足:第一,缺乏对"单纯事实消息"的具体解释,虽然从该规定中,基本可以推知,法律制定者想告知,此处所讲的"单纯事实消息"是指那些仅简单对事件进行客观描述、没有主观分析的报道,最典型的此类新闻作品是消息报道。但这样的理解毕竟是推断,而法律要求的是明确可操作。第二,缺乏对时事的解释,究竟什么是"时事"?虽然解释有很多,但设若在法律的规定中没有明确界定,那对于守法者和执法者来说都不利于他们对该点法律的理解和遵章执行。

2. "时事性文章"合理使用的合理性和"时事性文章"的概念界定

依照《著作权法》第22条第4款的规定[①],除作者声明不许刊登、播放外,报纸、期刊、广播电台、电视台等媒体可以刊登或者播放其他报纸、期刊、广播电台、电视台等媒体已经发表的关于政治、经济、宗教问题的时事性文章。虽然没有明确规定该条是否适用于网络的时事性文章转载,但是依照该规定"等媒体"的表述,可以推定应该适用。而且依照2016年颁布的《信息网络传播权保护条例》第5条第7款规定,"向公众提供在信息网络上已经发表的关于政治、经济问题的时事性文章",也佐证该适用的确定性。也就是说,网络中的时事性文章除作者声明

[①] 《著作权法》第22条第4款规定:报纸、期刊、广播电台、电视台等媒体刊登或者播放其他报纸、期刊、广播电台、电视台等媒体已经发表的关于政治、经济、宗教问题的时事性文章,但作者声明不许刊登、播放的除外。

外可以不经许可、不支付费用便可转载，它的使用属于合理使用范围。

这样的制度规定是否合理？与时事新闻相比，时事性文章投入的成本更高，对传统媒体的营收影响更强。如果这类新闻都被网络媒体无偿使用了，那对于作为原创新闻主体的传统媒体来说打击更大。更重要的是，该制度还存在着一重大的缺陷，那就是对"时事性文章"概念界定模糊。什么是"时事性"，什么是"政治、经济、宗教"？可解释的空间很大，非常不具有操作性。

目前有关"时事性文章"的解释是五花八门。有认为时事性文章是"党政机关的工作人员代表党政机关的法人意志为某一特定事件而创作和发表的关于政治、经济、宗教问题的官方职务作品"。[①] 也有法院认为："时事性文章是以国内外政治、经济、宗教领域最新发生的大事为题的文章，包括对事实的报道、评论。时事新闻是时事性文章的一部分。"[②] 还有观点："目前我国著作权法中规定的属于合理使用范围的时事性文章的范围小于过去的社论、评论员文章的范围，只包含社论、评论员文章中关于政治、经济、宗教问题的这部分文章。"[③] 在 2015 年"经济参考报社"与"北京世华时代信息技术有限公司"侵害著作权纠纷一案中，二审法院对时事性文章的理解是，指通过报纸、期刊、广播电台、电视台等媒体报道的单纯客观事实。2007 年北京三

[①] 天则：《时事性文章合理使用之我见——文章合为时而著 歌诗合为事而作》，《科技与出版》2007 年第 10 期。

[②] 蒋强：《著作权侵权案件中时事新闻的认定——新闻报道著作权侵权纠纷案评析》，《科技与法律》2011 年第 3 期。

[③] 全国人大常委会法制工作委员会民法室编：《〈中华人民共和国著作权法〉修改立法资料选》，法律出版社 2002 年版，第 6 页。

▶▶▶ 失序与平衡：媒体融合中的版权制度

面向版权代理有限公司起诉安徽合肥邦略科技发展有限公司侵权使用《国产手机乱象》一文纠纷案中，合肥中院从"时效性"这个角度判断时事性文章，认为该文评述的是我国经济领域中，较受关注的国产手机企业所面临的严峻市场环境及经营窘境的现实经济时事问题，具有明显的时效性，因此属于时事性文章。

正因为"时事性文章"界定不清，由此给众多网络使用者侵权报纸、期刊、广播电台、电视等传统媒体新闻作品留下了很大的法律空子，这也成为融媒空间中网络新闻作品版权非法转载泛滥的主因。为降低因该概念界定不清而带来的负面效应，2015年国家版权局出台了《关于规范网络转载版权秩序的通知》。通知第4条规定，"凡包含了著作权人独创性劳动的消息、通讯、特写、报道等作品均不属于单纯事实消息，互联网媒体进行转载时，必须经过著作权人许可并支付报酬"。但是只要"时事性文章"的概念依然没界定清楚，该通知的效力都是非常有限的，网络使用者依然都可以以此为挡箭牌，声称所用新闻是时事性文章而逃避该通知的约束。

经济参考报社与北京世华时代信息技术有限公司版权纠纷一审判决书[①]

北京市大兴区人民法院

民事判决书

（2015）大民（知）初字第7617号

---

① 《经济参考报社与北京世华时代信息技术有限公司侵害作品信息网络传播权纠纷一审民事判决书》，北京法院审判信息网，2017年12月11日。

第四章 失序:融媒中我国版权制度的不适

原告经济参考报社,住所地北京市西城区宣武门西大街57号。

法定代表人杜跃进,总编辑。

委托代理人刘家辉,北京市德润律师事务所律师。

著作权侵权案件中时事新闻的认定——新闻报道著作权侵权纠纷案评析

委托代理人王夕雯,女,1990年6月4日出生,汉族,经济参考报社职员,住该单位宿舍。

被告北京世华时代信息技术有限公司,住所地北京经济技术开发区地盛西路1号1幢B区2层B1-201室。

法定代表人刘荣,董事长。

委托代理人丁炜,男,1981年4月10日出生,汉族,北京世华时代信息技术有限公司职员,住该公司宿舍。

委托代理人丁慧,女,1984年5月17日出生,汉族,北京世华时代信息技术有限公司职员,住该公司宿舍。

原告经济参考报社诉被告北京世华时代信息技术有限公司(以下简称世华时代公司)侵犯作品信息网络传播权纠纷一案,本院受理后依法组成合议庭,公开开庭进行了审理。原告经济参考报社的委托代理人刘家辉、王夕雯,被告世华时代公司的委托代理人丁炜、丁慧到庭参加了诉讼。本案现已审理终结。

原告经济参考报社诉称:原告经济参考报社的记者孙韶华、侯云龙、韦夏怡于2009年10月9日共同创作并在《经济参考报》上发表了《高清电视:想说爱你不容易》一文,同日,被告世华时代公司未经许可在其网站财讯网(网址为www.caixun.com)上转载了该文章。根据原告与该文章记者的约定，文章著作权属于原告所有，被告行为侵犯了原告的信息网络传播权，经由原告律师发函要求付费使用，被告不予理会。故请求判令被告：1. 支付原告著作权侵权赔偿费用750元；2. 承担原告为本案支出的合理费用律师费874元，公证费65元，其他开支106元；3. 承担本案的诉讼费用。

被告世华时代公司辩称：本案原告的公证书公证时间为2012年8月8日，原告称向被告发过律师函，但被告从未收到过，原告亦没有证据证明已发过律师函，原告起诉时已超过2年诉讼时效；原告公证书公证程序存在重大瑕疵，不能作为认定侵权的证据；被告财讯网是为股民设立的免费资讯平台，并非盈利机构，被告于2014年5月14日关闭该网站并删除涉案文章；涉案文章为时事性文章，被告使用系合理使用，无需支付报酬；即使被告行为构成侵权，原告主张的赔偿金额过高，公证费、律师费及其他合理开支过高。故不同意原告的全部诉讼请求。

经审理查明：2009年10月9日，《经济参考报》刊登《高清电视：想说爱你不容易》一文，作者署名为记者孙韶华、侯云龙、韦夏怡。

2012年8月8日至8月10日、8月13日、8月15日、8月21日至8月24日，原告经济参考报社的委托代理人李丹丹在公证人员的监督下登录财讯网（网址为www.caixun.com），打开并保存多个相关网页，公证过程进行了屏幕录像。北京市东方公证处为此次公证出具了（2012）京东方内民证字第7311号公证书。上述公证过程显示，2009年10月9日，财讯网登载有1篇题目为《机顶盒价高抑制高

第四章 失序:融媒中我国版权制度的不适

清电视需求》的文章,该文章未注明作者。该文章内容与《经济参考报》同日登载的《高清电视:想说爱你不容易》一文相比,除少数内容有增删外,主要内容基本一致。

原告经济参考报社提交了由其进行统计的《经济参考报与财讯网著作权纠纷作品对比清单》,该清单显示,《经济参考报》及财讯网登载的上述文章字数为1804字及1372字。被告世华时代公司对此不予认可,但未就此提交证据,称没有核对字数,不清楚字数,经本院释明,被告世华时代公司亦明确表示不就文章字数申请鉴定。

2009年9月16日,原告经济参考报社(甲方)与孙韶华(乙方)签订《聘用合同书》,合同约定:甲方聘用乙方从事采访中心部门采编岗位的工作,合同期限自2009年9月16日至2012年9月15日;乙方为完成甲方工作任务或以甲方工作人员名义所创作的作品为职务作品,职务作品由乙方享有署名权,甲方享有著作权的其他权利,职务作品由甲方统一管理,甲方按照有关规定给予乙方奖励。原告经济参考报社(甲方)与孙韶华(乙方)于2012年9月16日签订《聘用合同续签书》,续签了上述《聘用合同书》,续签合同期限从2012年9月16日至2013年12月31日。

2009年9月16日,原告经济参考报社(甲方)与侯云龙(乙方)签订《聘用合同书》,合同约定:甲方聘用乙方从事采访中心部门采编岗位的工作,合同期限自2009年9月16日至2012年9月15日;乙方为完成甲方工作任务或以甲方工作人员名义所创作的作品为职务作品,职务作品由乙方享有署名权,甲方享有著作权的其他权利,职务

失序与平衡:媒体融合中的版权制度

作品由甲方统一管理,甲方按照有关规定给予乙方奖励。原告经济参考报社(甲方)与侯云龙(乙方)于2012年9月16日签订《聘用合同续签书》,续签了上述《聘用合同书》,续签合同期限从2012年9月16日至2013年12月31日。

2009年9月16日,原告经济参考报社(甲方)与韦夏怡(乙方)签订《聘用合同书》,合同约定:甲方聘用乙方从事采访中心部门采编岗位的工作,合同期限自2009年9月16日至2012年9月15日;乙方为完成甲方工作任务或以甲方工作人员名义所创作的作品为职务作品,职务作品由乙方享有署名权,甲方享有著作权的其他权利,职务作品由甲方统一管理,甲方按照有关规定给予乙方奖励。原告经济参考报社(甲方)与韦夏怡(乙方)于2012年9月16日签订《聘用合同续签书》,续签了上述《聘用合同书》,续签合同期限从2012年9月16日至2013年12月31日。

另查一,本案原告的起诉时间为2015年5月15日。原告为包括本案在内的103起案件共同支出律师费90000元、复印费9900元、交通费679元、其他费用63元。

另查二,财讯网(网址为www.caixun.com)为被告世华时代公司所有。被告世华时代公司称已于2014年5月14日关闭财讯网并删除涉案文章,原告对此予以认可。

上述事实有原告提交的《经济参考报》、《聘用合同书》、(2012)京东方内民证字第7311号公证书及光盘、委托代理合同、律师费发票、交通费发票、复印费发票、其他费用票据及当事人陈述等证据在案佐证。

第四章 失序:融媒中我国版权制度的不适

本院认为:根据涉案文章在《经济参考报》上刊载时的署名,在无相反证据情况下,可以认定孙韶华、侯云龙、韦夏怡是涉案文章的作者。结合原告经济参考报社提交的《聘用合同书》,可以认定涉案文章系上述作者在原告经济参考报社工作期间完成的职务作品,文章除署名权外的其他著作权归原告经济参考报社所有。

被告世华时代公司未经原告经济参考报社许可,在其所有的网站财讯网上登载原告享有权利的文章,使相关公众可以在其个人选定的时间和地点获得该作品,侵犯了原告作品的信息网络传播权,应当承担赔偿损失的法律责任;对于涉案文章字数,在原告提交字数统计清单的情况下,被告对此不予认可但未提交相反证据,故对于原告统计的字数本院予以采信;对于被告所称涉案文章为时事性文章的抗辩,本院认为,时事性文章是指通过报纸、期刊、广播电台、电视台等媒体报道的单纯客观事实,而涉案文章则表达了作者对相关事实、问题的选择和思考,在结构和言辞上体现了作者的独特构思和表达,而并非对某一客观事实的简单陈述,故不属于时事性文章,被告抗辩不能获得支持;被告所称的原告公证程序存在重大瑕疵的抗辩意见,没有事实依据,本院不予采信。

对于本案的诉讼时效问题,根据查明的事实,被告世华时代公司于2014年5月14日关闭财讯网并删除涉案文章,即被告世华时代公司侵权行为自登载之日持续至2014年5月14日,而本案原告起诉时间为2015年5月15日,距被告停止侵权时间并未超过2年时间,故被告所称的本案已过诉讼时效的抗辩意见不能获得支持。但本案计算侵权赔偿数额的时间应当自原告起诉之日向前推算2年,且应当减去被告停止侵权之日至原告起诉之日的期间。

在具体经济损失数额方面,鉴于原告经济参考报社未就其实际损失或被告世华时代公司的违法所得提供确实证据予以证明,本院将参考涉案作品独创性程度、字数、被告世华时代公司的主观过错、侵权情节、侵权持续时间、影响范围并参考作品稿酬标准等因素酌情予以确定。对于原告经济参考报社要求的为维权支付的合理费用,本院将根据合理性程度,酌情判处。

综上,依照《中华人民共和国民法通则》第一百三十五条、第一百四十条,《中华人民共和国著作权法》第十条第一款第(十二)项、第十六条第二款第(二)项、第四十八条第(一)项、第四十九条之规定,判决如下:

一、被告北京世华时代信息技术有限公司于本判决生效之日起十日内赔偿原告经济参考报社经济损失及合理开支九百元;

二、驳回原告经济参考报社的其他诉讼请求。

如被告北京世华时代信息技术有限公司未按本判决所指定的期间履行给付金钱义务,则应依据《中华人民共和国民事诉讼法》第二百五十三条之规定,加倍支付迟延履行期间的债务利息。

案件受理费五十元,由被告北京世华时代信息技术有限公司负担(于本判决生效后七日内交纳)。

如不服本判决,可于判决书送达之日起十五日内,向本院递交上诉状,并按对方当事人的人数提交副本,交纳上诉案件受理费,上诉于北京知识产权法院。如在上诉

第四章　失序：融媒中我国版权制度的不适

期满后七日内不交纳上诉案件受理费的，按自动撤回上诉处理。

审　判　长　党　　刚
人民陪审员　肖冬霞
人民陪审员　白志社
二〇一六年一月八日
书　记　员　郭　　宁

二　一些作品版权本体的不清晰[①]

传统环境中，我国版权本体的外延呈现为"4+13"种权利，即4种精神权，13种财产权。融媒环境中，缘于不同媒介载体相互交融互通，这些权利之间的边界也开始变得不清晰，以三网融合中的广播权和信息网络传播权为例。

依照我国《著作权法》第10条规定，广播权是以无线方式公开广播或者传播作品，以有线传播或者转播的方式向公众传播广播的作品，以及通过扩音器或者其他传送符号、声音、图像的类似工具向公众传播广播的作品的权利。信息网络传播权，即以有线或者无线方式向公众提供作品，使公众可以在其个人选定的时间和地点获得作品的权利。

三网独立时两权利的边界是清楚的。广播权可解释为作者拥有利用电台、电视台等媒介传播作品、受众必须按媒介安排的时间或地点被动接收作品的权利。信息网络传播权被理解为作者拥

[①] 朱鸿军：《三网融合中版权法律制度的不适应及完善》，《新闻记者》2015年第12期。

▶▶▶ **失序与平衡：媒体融合中的版权制度**

有利用互联网等媒介传播作品、受众可以自行选定时间和地点接受和欣赏作品这种传播行为的权利。①

互联网、广播电视网和电信网并为一张网后，在该网中作品的传播通道既可以说是互联网，也可以说是广播电视网。受众利用该网在手机、电视、电脑三个平台上可以自行选择时间和地点主动接受作品，如用手机在公交车上看节目，在家用电视回放、电视点播自由选择希望看的作品；也会按媒介安排时间或地点被动接收作品，如想第一时间观看最新电视剧，就必须在电视台规定的时间收看。由此，原来法律所形容的评判广播权、电视权的那些显而易见的不同传播行为特征，三网融合环境下，则变得越来越模糊。也就是说在三网融合为一张网中我们很难界定传播行为是属于广播传播范畴还是互联网传播活动，随之，将两权清晰加以区分的难度也就自然会变大。

三 一些作品版权主体的不明了

实践中，媒介融合形势下，使用人会发现大量版权作品没法进行网络使用，原因在于，这些作品，或没有权利人信息，或权利人无法联系上，即是所谓的"孤儿作品"。传统媒体便存有数量庞大的这类作品，之所以有这类作品，或因历史缘故没有记录或记录不全权利人的信息，或因档案管理不善，权利人的信息已遗失，或因时间太长，权利人的信息已过时。网络空间中，或因作者故意或无意不标示权利人信息，或因传播者主观或客观将权

---

① 孙骁：《论"三网融合"与著作权法律制度的完善》，硕士学位论文，中国政法大学，2010年，第12页。

利人信息丢失，也存有海量的这类作品。一般情况下，明确版权作品的权利归属人这是使用作品的前提，但若仅因"孤儿作品"权利人的确认问题就不能对其正常使用，显然是社会资源的极大浪费，是不合适的，这便就需要法律为这类作品的正常使用提供制度上的出口，目前来看我国版权法律制度还没有这样的出口。

第二节 融媒中版权基本原则的再调整

我国版权法律，从立法技术层面看，一直存在着原则性规定较多的不足，这给案件的审判增加了很多难度。正如最高人民法院民三庭负责人说，我国的《著作权法》虽然已经过两次修改，但总体上仍然过于原则，"由于相关界限不够清晰，相关市场主体在市场经营活动中难以准确界定其行为规则，权利人和作品使用人之间的权利义务关系不够明确，产生许多纠纷，同时也为人民法院在司法实践中具体适用带来了一定程度的困难"[1]。现今，应对融媒中的版权问题，我国版权法律制度一些基本原则的相关规定遭到质疑，所存在的不适应性愈发凸显。

一 "先授权后使用原则"存在缺陷

先取得权利人的授权，使用人后可以使用作品，这是版权使用的一般通行规则。然而，融媒中，该原则所存在的缺陷开始凸

---

[1] 《著作权案件半数涉网络 纠纷增多 审理难度大》，http://www.legaldaily.com.cn/index_ article/content/2011-07/22/content_ 2806659.htm? node = 5955。

显。如在微信空间中，该原则便与微信用户惯常信息使用行为严重冲突。事实上，很少有使用者是在征得权利人许可才转发微信，权利人通常也默许这样使用行为，并不认为它侵犯了自身的版权，并且时常会希望它出现。若该原则在其缺陷没有其他制度加以弥补的情况下被严格执行，那将既会严重阻碍信息的自由传播，也会违背权利人的事实意愿。

二 "合理使用原则"的部分不适用[①]

合理使用原则是指在法律所规定的某些情形下使用人可以不经过权利人许可、也不用向其付费的版权使用制度。[②] 我国《著作权法》第22条规定了合理使用的12种情形[③]。这些情形有的在融媒环境中是否适用会有争议。如第1种情形"为个人学习、研究或欣赏，使用他人已经发表的作品"的适用性问题。

[①] 该部分内容参考了作者已发表论文《网络时代报纸版权保护面临的法律障碍》[《中国出版》2014年9月（上）]中的主体内容。

[②] 朱鸿军：《冲突与调适：微信空间版权正当性的反思》，《国际新闻界》2016年第12期。

[③] 12种合理使用的情形：1. 为个人学习、研究或欣赏，使用他人已经发表的作品；2. 为介绍、评论某一作品或者说明某一问题，在作品中适当引用他人已经发表的作品；3. 为报道时事新闻，在报纸、期刊、广播电台、电视台等媒体中不可避免地再现或引用已经发表的作品；4. 报纸、期刊、广播电台、电视台刊登或者播放其他报纸、期刊、广播电台、电视台等媒体已经发表的关于政治、经济、宗教问题的时事性文章，但作者声明不许刊登、播放的除外；5. 报纸、期刊、广播电台、电视台刊登或者播放在公众集会上发表的讲话，但作者声明不许刊登、播放的除外；6. 为学校课堂教学或者科学研究，翻译或者少量复制已经发表的作品，供教学或者科研人员使用，但不得出版发行；7. 国家机关为执行公务使用已经发表的作品；8. 图书馆、档案馆、纪念馆、博物馆、美术馆等为陈列或者保存版本的需要，复制本馆收藏的作品；9. 免费表演已经发表的作品；10. 对设置或者陈列在室外公共场所的艺术作品进行临摹、绘画、摄影、录像；11. 将中国公民、法人或者其他组织已经发表的以汉语言文字创作的作品翻译成少数民族语言文字作品在国内出版发行；12. 将已经发表的作品改成盲文出版。以上规定适用于对出版者、表演者、录音录像制作者、广播电台、电视台的权利的限制。

该情形是否适用于融媒环境？若适用，融媒环境中"为个人学习、研究或欣赏"这一目的性的界定变得更为复杂。如某个人开了一微信公号，以"为个人学习、研究或欣赏"的名义将大量已发表的文章上传上去，由于所选作品较有吸引力，经过一段时间的积累，拥有了大量粉丝，成了有影响力的公号，并引来了一些广告的投放，那么此时他使用作品的"为个人学习、研究或欣赏"的目的还能成立吗？此外，若这种情形适用于融媒环境，那对权利人就会产生实质性的利益损害。传统环境中，个体以"个人学习、研究或欣赏"为目的使用已发表的作品，往往属于自我阅读、人际传播或小范围的组织传播。这些类型的传播对权利人的利益损害几乎可以忽略不计。但在融媒环境中，个体若将已发表的作品上传至微博、微信等社交媒体，这种使用很容易成为"一传十，十传百，百传万"的病毒式传播，会造成对权利人利益的实质性损害，如阅读用户数的大量减少，广告投放的降低等。

此外，媒介融合中，有众多的网络技术公司正在投入巨资研发各种高端的版权保护技术，如 TCL 正与华纳等众多国内外影视公司商讨版权技术保护措施，开发内容数字版权加密和保护技术。许多内容商为防止侵权也在大量采用技术措施。这种普通公众很难破解的版权技术保护措施片面地保护了版权人的利益，却会损害到公众本应享有的由"合理使用"制度而带来的公共利益。[①]

三 "法定许可制度"落地难

法定许可制度是指法律所规定的某些情形下使用人可以不经

---

① 朱鸿军：《三网融合中版权法律制度的不适应及其完善》，《新闻记者》2015 年第 12 期。

▶▶▶ 失序与平衡:媒体融合中的版权制度

权利人许可、但须向其付费的版权使用制度。① 我国版权法律制度规定了法定许可制度的 6 种情形②。法定许可制度设计的初衷是简化海量的授权手续、促进版权作品的传播和版权事业的健康发展。而海量版权的授权问题正是融媒环境下版权保护和利用的一大瓶颈。从理论上看,该制度应能为该问题的解决发挥正向作用。然而,当前我国法定许可制度在融媒中落地时会遇到两大难题:一是我国著作权法律法规所规定的 6 种情形没有提及适用于网络空间;二是即使该制度延及至网络空间,但还面临着如何落实的难题,如何让使用人找到权利人,如何在费用的支付方面达成共识,尤其是大量碎片化版权作品价值如何核

---

① 朱鸿军:《冲突与调适:微信空间版权正当性的反思》,《国际新闻界》2016 年第 12 期。

② 我国法律规定的 6 种法定许可情形:(1)《著作权法》第 23 条第一款:为实施九年制义务教育和国家教育规划而编写出版教科书,除作者事先声明不许使用的外,可以不经著作权人许可,在教科书中汇编已经发表的作品片段或者短小的文字作品、音乐作品或者单幅的美术作品、摄影作品,但应当按照规定支付报酬,指明作者姓名、作品名称,并且不得侵犯著作权人依照本法享有的其他权利。(2)《著作权法》第 33 条第二款:作品刊登后,除著作权人声明不得转载、摘编的外,其他报刊可以转载或者作为文摘、资料刊登,但应当按照规定向著作权人支付报酬。(3)《著作权法》第 40 条第三款:录音制作者使用他人已经合法录制为录音制品的音乐作品制作录音制品,可以不经著作权人许可,但应当按照规定支付报酬;著作权人声明不许使用的不得使用。(4)《著作权法》第 43 条第二款:广播电台、电视台播放他人已发表的作品,可以不经著作权人许可,但应当支付报酬。第 44 条:广播电台、电视台播放已经出版的录音制品,可以不经著作权人许可,但应当支付报酬。当事人另有约定的除外。(5)《信息网络传播权条例》第 8 条:为通过信息网络实施九年制义务教育或者国家教育规划,可以不经著作权人许可,使用其已经发表作品的片断或者短小的文字作品、音乐作品或者单幅的美术作品、摄影作品制作课件,由制作课件或者依法取得课件的远程教育机构通过信息网络向注册学生提供,但应当向著作权人支付报酬。(6)《信息网络传播权条例》第 9 条:为扶助贫困,通过信息网络向农村地区的公众免费提供中国公民、法人或者其他组织已经发表的种植养殖、防病治病、防灾减灾等与扶助贫困有关的作品和适应基本文化需求的作品,网络服务提供者应当在提供前公告拟提供的作品及其作者、拟支付报酬的标准。自公告之日起 30 日内,著作权人不同意提供的,网络服务提供者不得提供其作品;自公告之日起满 30 日,著作权人没有异议的,网络服务提供者可以提供其作品,并按照公告的标准向著作权人支付报酬。网络服务提供者提供著作权人的作品后,著作权人不同意提供的,网络服务提供者应当立即删除著作权人的作品,并按照公告的标准向著作权人支付提供作品期间的报酬。

算，这些问题的解决，现有成文法很难直接找到答案，实践中又鲜有成功经验。①

此外，从实践来看，该制度还会被过度滥用。一些版权作品的使用者，或借助公益目的的模糊性生拉硬扯声称符合法定许可的情形；或抱着很难被知情的侥幸心理故意不告知著作权人进而逃避作品报偿的支付，如按照《使用文字作品支付报酬办法》第14条第2款②的规定，如果网络媒体转载了传统媒体已发表作品，若没有合同约定，那付酬标准应该参照该办法的第13条③执行，即"2个月内，按每千字100元的付酬标准向著作权人支付报酬，不足五百字的按千字作半计算，超过五百字不足千字的按千字计算"，"或者由中国文字著作权协会代为收转"，但实际状况是很少有作者收到这样的稿酬。

四 "避风港原则"受到质疑

所谓"避风港原则"是指网络服务商如果链接、存储的相关内容涉嫌侵权，若能证明并无恶意，并且及时删除侵权链接或者

---

① 朱鸿军：《冲突与调适：微信空间版权正当性的反思》，《国际新闻界》2016年第12期。

② 《使用文字作品支付报酬办法》第14条：在数字或者网络环境下使用文字作品，除合同另有约定外，使用者可以参照本办法规定的付酬标准和付酬方式付酬。

③ 《使用文字作品支付报酬办法》第13条：报刊依照《中华人民共和国著作权法》的相关规定转载、摘编其他报刊已发表的作品，应当自报刊出版之日起2个月内，按每千字100元的付酬标准向著作权人支付报酬，不足五百字的按千字作半计算，超过五百字不足千字的按千字计算。报刊出版者未按前款规定向著作权人支付报酬的，应当将报酬连同邮资以及转载、摘编作品的有关情况送交中国文字著作权协会代为收转。中国文字著作权协会收到相关报酬后，应当按相关规定及时向著作权人转付，并编制报酬收转记录。报刊出版者按前款规定将相关报酬转交给中国文字著作权协会后，对著作权人不再承担支付报酬的义务。

▶▶▶ 失序与平衡：媒体融合中的版权制度

内容的情形下，可以不承担赔偿责任。① 在我国，"避风港原则"主要体现在《信息网络传播权保护条例》的第 14 条②和 23 条③中。根据这两条款，判断网络服务提供者的作品使用行为是否适用于该原则主要看其是否"明知或应知"。然而在融媒环境中，高新技术运用较多且翻新很快，在对其掌握了解程度方面，网络服务提供者与权利人包括审判执法者之间往往处于严重不对称状态，前者很容易借助掌控一线技术信息的优势为自己侵权行为的不"明知"或不"应知"寻找借口。④

此外，"避风港原则"还附加网络服务商另一项责任，即"通知删除"责任。我国的《信息网络传播权保护条例》第 14 条⑤似乎为版权人实现权利救济提供了一条通道，但在实践中，很多时候此路不通。当版权人提交书面通知后，除非是重大涉嫌侵权行为，或是已造成较大社会影响，如形成了新闻事件，否则常态

---

① 朱鸿军：《三网融合中版权法律制度的不适应及其完善》，《新闻记者》2015 年第 12 期。
② 《信息网络传播权保护条例》第 14 条规定："对提供信息存储空间或者提供搜索、链接服务的网络服务提供者，权利人认为其服务所涉及的作品、表演、录音录像制品，侵犯自己的信息网络传播权或者被删除、改变了自己的权利管理电子信息的，可以向该网络服务提供者提交书面通知，要求网络服务提供者删除该作品、表演、录音录像制品，或者断开与该作品、表演、录音录像制品的链接。通知书应当包含下列内容：（一）权利人的姓名（名称）、联系方式和地址；（二）要求删除或者断开链接的侵权作品、表演、录音录像制品的名称和网络地址；（三）构成侵权的初步证明材料。权利人应当对通知书的真实性负责。
③ 《信息网络传播权保护条例》第 23 条规定："网络服务提供者为服务对象提供搜索或者链接服务，在接到权利人的通知书后，根据本条例规定断开与侵权的作品、表演、录音录像制品的链接的，不承担赔偿责任；但是，明知或者应知所链接的作品、表演、录音录像制品侵权的，应当承担共同侵权责任。"
④ 朱鸿军：《三网融合中版权法律制度的不适应及其完善》，《新闻记者》2015 年第 12 期。
⑤ 《信息网络传播权保护条例》第 14 条：当权利人认为其服务所涉及的作品、表演、录音录像制品，侵犯自己的信息网络传播权或者被删除、改变了自己的权利管理电子信息的，可以向该网络服务提供者提交书面通知，要求网络服务提供者删除该作品、表演、录音录像制品，或者断开与该作品、表演、录音录像制品的链接。

第四章 失序:融媒中我国版权制度的不适

下,网络服务商时常可以通过或电话占线,或邮寄地址不详,或拖延不答复等种种手段来搪塞敷衍,拒绝履责。网络服务商的这种不作为,法律上讲,版权人可以对其进行诉讼。然而网络服务商的强势、诉讼成本的过高和获胜收益的过低等诸多因素常使得这种诉讼权利时常被权利人所放弃。与传统网络环境相比,融媒环境下,网络服务商的数量大大增加且身份也越来越多元,如三网融合中,既有传统的网络服务商,也有新加入的广播电视网络服务商和电信网络服务商,甚至还有电视机生产厂商介入。新增的网络服务商一方面会对旧有的游戏规则不熟悉而不设专门的受理"通知删除"业务的部门,另一方面对于受害者权利人来说很容易因不同身份网络服务商之间业务的交叉重叠,难以找到具体的责任人,进而无法发出"通知删除"的书面请求。此种情形下,所谓要求网络服务商履行"通知删除"责任的规定就会形同虚设。[①]

第三节 融媒中版权合理保护难度加大

与传统环境相比,融媒环境中的版权侵权情形要复杂得多。版权理论和经验表明,一套版权制度怎样才能使版权得以合理保护,主要需控制两类人的行为成本:第一,侵权人的侵权成本,形成对侵权人有威慑力的侵权成本,第二,权利人的维权成本,形成不打击权利人积极性的维权成本。然而,融媒空间,现有版权制度并不能很好地控制这两类成本。

---

① 朱鸿军:《三网融合中版权法律制度的不适应及其完善》,《新闻记者》2015年第12期。

▶▶▶ 失序与平衡：媒体融合中的版权制度

一 复杂：融媒中的版权侵权情形[①]

与传统环境相比，融媒中的版权侵权情形要复杂得多，它既有传统环境中常见侵权行为，而且又新增了融媒过程所出现的诸多新兴的侵权。作者、传统媒体、网络媒体、普通用户是融媒版权所涉及的四大利益主体，实践中，他们都有可能出现成为侵权主体，做出不同的侵权行为，并且由于这些四大利益主体各自又由不同身份的主体构成，为此，又会裂变各种形式多样的侵权行为。

（1）作者的侵权

传统环境中常见的作者两大侵权行为，抄袭和违反媒体单位的合同约定（"一稿多投"）。在融媒环境中这两行为不仅存留，而且经过演变后愈发严重：（1）洗稿泛滥。一些作者对他人作品，时常是热门作品，如爆款文章，进行更换标题、调换段落次序、改动细节内容（如地名、人名、事件名等）、更变句子表达等手段的"洗换"处理后再在自媒体或社交媒体公号上发表；（2）"一稿多投"普遍。我国《著作权法》虽没有明文规定"一稿多投"属于违法行为[②]，但若作者和媒体商约定禁止该行为的发生则除外。融媒环境中，出现了大量已将作品"专有出版权"许可给媒体商但依然进行"一稿多投"的作者，如一些作者

[①] 朱鸿军：《融媒时代学术期刊版权的侵权情形、法律争议与新秩序》，《传媒》2017年第17期。

[②] 《著作权法》第33条规定：著作权人向报社、期刊社投稿的，自稿件发出之日起十五日内未收到报社通知决定刊登的，或者自稿件发出之日起三十日内未收到期刊社通知决定刊登的，可以将同一作品向其他报社、期刊社投稿。双方另有约定的除外。

184

将包括信息网络传播权在内的独占许可权[①]已转让给报刊的文章私自上传至自己微信公号或转投给其他微信公号。

（2）传统媒体的侵权

第一种情形：传统媒体未获取作者信息网络传播权的授权便非法将作品供自己或转授他人网络使用。依照我国《著作权法》规定，作品的信息网络传播权归作者所有，已对作品进行发表使用的传统媒体并不自然拥有该权利。然而，现实中，一些传统媒体并不这样认为，他们会想当然地认为在自己媒体上公开传播的作品便可以对其随便进行网络使用，常见的使用形式有两种：

一是未经作者许可便将作品转授给商业网络服务体使用。典型案例为2010年发生的湖南师范大学新闻传播学院副教授魏剑美起诉龙源期刊网案。该案中期刊私自将原告作品的信息网络传播权授让给了被告，龙源期刊网也以已获得期刊社的信息网络传播权的授权为抗辩的理由，但最终法院判决被告败诉。

魏剑美起诉龙源期刊网一案的法院判决书

北京市朝阳区人民法院

民事判决书

（2009）朝民初字第25242号

原告：魏剑美。

委托代理人：陈靖华，湖南闻胜律师事务所律师。

被告：北京龙源网通电子商务有限公司。

[①] 独占许可，是指许可方许可被许可方在约定范围内使用作品，同时在约定许可期内自己也无权行使相关权利，更不得另行许可其他人使用该作品的许可方式。独占许可协议即独占许可合同，是国际许可合同的一种，即在一定的地域和期限内，受让方对受让的技术享有独占的使用权，供方和任何第三方在规定的期限内都不得在该地域期限内使用该种技术制造和销售产品。

▶▶▶ **失序与平衡:媒体融合中的版权制度**

法定代表人：汤潮，该公司总裁。

委托代理人：梁飞。

委托代理人：夏晓岑。

原告魏剑美与被告北京龙源网通电子商务有限公司（简称龙源电子公司）侵犯信息网络传播权纠纷一案，本院于2009年7月16日受理后，依法组成合议庭，于同年9月9日公开开庭进行了审理。原告魏剑美的委托代理人陈靖华，被告龙源电子公司的委托代理人梁飞、夏晓岑到庭参加了诉讼。本案现已审理终结。

原告魏剑美诉称：我是湖南师范大学副教授，是杂文作家和小说家。我先后在《杂文报》等多家报刊主持杂文专栏并发表了大量作品。我的作品曾被《读者》《青年文摘》《作家文摘》《新华文摘》等转载。我写作的杂文，辛辣幽默，别具风格，在全国具有一定影响，多次入选年度最佳杂文和中小学教材。龙源电子公司系"龙源期刊网"（网址为cn.qikan.com）的经营者。龙源电子公司在"龙源期刊网"首页开设了《名家名作》栏目，将我列为名家，配以我的照片与介绍，将我的作品《发财咋就这样容易呢》及我的其他作品编辑在一起，形成了《魏剑美的作品专卖店》，按每篇文章点击一次收费0.1元的方式提供给用户阅读与复制。此外，我还发现龙源电子公司还将上述内容提供给其他图书馆使用。作品《发财咋就这样容易呢》的作者是我，我是该文的著作权人，龙源电子公司未经许可编辑我的作品并提供给用户阅读且收取费用的行为，侵犯了我享有的汇编权、信息网络传播权和获得报酬的权利。为此我诉至法院，请求法院判令龙源电子公司立即停止侵权行为，赔偿经济损失3000

第四章 失序:融媒中我国版权制度的不适

元,为制止侵权所支付的律师费 1000 元,公证费、交通食宿费、复印费合计 300 元。

被告龙源电子公司辩称:第一,我公司使用魏剑美的文章都有登载文章的期刊社给予的授权。第二,按照我公司和期刊社的约定,我公司向期刊社支付稿酬,再由期刊社将相应的稿酬转付给魏剑美。第三,魏剑美起诉的赔偿数额过高,没有相应依据,不应得到法院的支持。综上我公司不同意魏剑美对我公司的诉讼请求,请求法院驳回魏剑美的全部诉讼请求。

经审理查明:《发财咋就这样容易呢》系杂文,全文约 2100 字,由魏剑美创作完成并公开发表。

网址为 cn.qikan.com 的"龙源期刊网"系龙源电子公司所有和经营。2009 年 6 月 9 日,登录"龙源期刊网",在首页点击"名家名作"链接进入该栏目。在该栏目搜索框中输入"魏剑美"进行搜索,得到"魏剑美的作品专卖店"的链接,点击该链接可以进入名为"魏剑美的作品专卖店"网页。"魏剑美的作品专卖店"网页有魏剑美 58 部作品的集合,其中包括涉案《发财咋就这样容易呢》文章全文,该文章注明出自《幽默天地》杂志。在"龙源期刊网"上每阅读 2500 字需要交纳费用 0.1 元。此外,龙源电子公司还将"龙源期刊网"的链接地址提供给其他单位使用。龙源电子公司表示其在"龙源期刊网"上使用涉案文章的来源,没有证据提交。

另查,为本案诉讼魏剑美与其代理人约定支付律师费 1000 元,魏剑美还支付了包括本案在内的 58 件案件的公证费 800 元、复印费 394 元、交通费 1186 元、住宿费 150 元和

失序与平衡:媒体融合中的版权制度

餐饮费60元。

上述事实,有(2009)宁证字第343号公证书、诉讼代理协议、律师费收据、公证费发票、其他合理费用发票以及当事人的陈述等在案佐证。

本院认为:《发财咋就这样容易呢》文章系魏剑美创作完成,其作为作者享有文章的信息网络传播权和获得报酬的权利。他人未经魏剑美许可,不得使用上述权利。

龙源电子公司答辩其在"龙源期刊网"上使用涉案作品有杂志社的授权,并支付了费用。本院认为,龙源电子公司对涉案文章的使用既不属于法定许可使用,也不属于合理使用,其在互联网中对涉案文章的使用应当取得合法授权。龙源电子公司未举证其使用涉案杂志取得授权,系侵权使用。本案中,龙源电子公司在其网站上登载《发财咋就这样容易呢》一文并对该文的阅读进行收费的行为,未经权利人魏剑美的许可,侵犯了魏剑美享有的信息网络传播权,其应当承担停止侵权和赔偿经济损失的责任。关于赔偿损失部分,魏剑美主张的赔偿数额依据不足,本院不予全额支持。本院将考虑涉案文章的字数、国家相关稿酬标准以及龙源电子公司的过错程度,酌情判处。合理费用部分,本院对与本案相关的合理部分,酌情予以支持。

对于魏剑美主张龙源电子公司侵犯其文章汇编权一节,龙源电子公司在其经营网站设立"魏剑美的作品专卖店"网页,只是汇集魏剑美的部分作品,便于读者搜索和阅读,并没有形成新的作品,故不侵犯魏剑美的汇编权。对于此项诉讼请求,本院不予支持。

综上,依据《中华人民共和国著作权法》第二十六条、

第四章　失序:融媒中我国版权制度的不适

第四十七条第（一）项、四十八条之规定，判决如下：

一、北京龙源网通电子商务有限公司于本判决生效之日起在其经营的网址为 cn.qikan.com 的"龙源期刊网"上停止使用魏剑美的作品《发财咋就这样容易呢》一文；

二、北京龙源网通电子商务有限公司于本判决生效之日起十日内赔偿魏剑美经济损失一百八十元；

三、北京龙源网通电子商务有限公司于本判决生效之日起十日内赔偿魏剑美诉讼合理费用二百四十五元；

四、驳回魏剑美的其他诉讼请求。

如果北京龙源网通电子商务有限公司未按本判决指定的期间履行给付金钱义务，应当依照《中华人民共和国民事诉讼法》第二百二十九条之规定，加倍支付迟延履行期间的债务利息。

案件受理费 50 元，由北京龙源网通电子商务有限公司负担（于本判决生效后七日内交纳）。

如不服本判决，可在判决书送达之日起十五日内，向本院递交上诉状，并按对方当事人的人数提出副本，上诉于北京市第二中级人民法院。

审　判　长　　普　翔
代理审判员　　李自柱
代理审判员　　苏志甫
二〇〇九年九月十八日
书　记　员　　薄　雯
书　记　员　　王　颖

二是未经作者许可便将作品转授给个人或组织的微博、微信

▶▶▶ **失序与平衡：媒体融合中的版权制度**

等公号使用。这种侵权行为在时下微博、微信已很大众化的情况下非常普遍，尤其是一些媒体私自将已发表的作品放在自己的微信公号上推送时，非常理直气壮，不仅没觉得侵权，而且还认为是在帮作者扩大影响。

第二种情形：传统媒体通过制定霸权条款想当然地获取作者信息网络传播权的授权。如学术期刊领域普遍采用"用稿声明"的方式来试图获取论文的信息网络传播权，即刊登诸如这样的声明"凡经本刊采用的稿件，即视为作者同意授权本刊对其图文作品行使网络传播再使用的权利"。依照法律的规定，这种声明应属于一种格式合同。然而，我国合同法规定，自愿、公平是合同制定的基本原则，"提供格式条款一方免除其责任、加重对方责任、排除对方主要权利的，该条款无效"。这种声明既违反自愿原则，作者在与学术期刊的关系中完全处于弱势，声明内容很难说是自愿所为；其次，也违反公平原则，期刊社的权利增加了，责任却并未增加，与之相反，作者的责任增加了，但权利却缩小了，完全不对价。为此，可以说这更多是一种无效的霸王条款。[①]

第三种情形：传统媒体在网络使用中非法修改作品。作品的修改权在作者手中，传统媒体可以提修改建议，或征得作者同意后进行修改，或直接修改后征得作者同意再发表。一些传统媒体为扩大影响时常不经作者许可就修改（压缩或修改标题）作品，然后进行网络使用，如上传至自办或他者的微信公号上。

第四种情形：传统媒体非法扣留作品的网络授权费。在融媒

---

① 朱鸿军：《破解期刊数字版权难题的"六请"——基于"中国媒体人版权素养调查"的数据》，《传媒》2010年第9期。

中，传统媒体时常是网络作品使用的中介者，网络使用者经常将作品的网络使用费通过传统媒体转交给作者。然而，实践中传统媒体经常将这部分费用私自扣留。如国内好多学术期刊都收取了期刊论文数据库的网络授权费，其中部分是给作者的，但实践中很少有作者能领到这部分费用。

（三）网络媒体的侵权

第一类网络内容媒体的侵权。第一种情形不经作者许可直接进行网络使用。此种情形又分为两种情况。第一种情况，未经作者许可就将作者未发表的作品进行网络使用，2006年至2008年期间，前后有近千名硕士生博士生起诉万方数据公司未经许可便将他们的论文收录进了数据内。第二种情况，未经作者许可、仅和传统媒体签订协议就进行作品的网络使用，如前面所提及的魏剑美起诉龙源期刊网案。

第二种情形，也是最普遍的存在的，即未经权利人作者和传统媒体的许可私自进行作品的网络使用。国内大型网络内容媒体在早期发家之时，基本都是通过这种途径获取内容。

第三种情形是抄袭和洗稿。或是直接抄袭，或若前文所述那种采用改头换面"洗稿"方式的间接抄袭。值得提醒的是，融媒中出现了一种新型的"洗稿"。网络侵权者对作品的权利信息进行匿名处理，然后让其他网络媒体当"托"，让他先使用经过处理的作品，之后再装模作样从"托媒体"那转载作品，若遇到事情败露，便谎称不知情，以逃避责任。

第四种情形"盗链"。网络内容侵权者让用户点击内容链接时不转换到内容提供者的界面而依然停留在侵权者的界面上。典型案例如2015年的腾讯诉"快看影视"APP案、乐视诉幻电案、乐视诉猎豹案等。

▶▶▶ **失序与平衡:媒体融合中的版权制度**

第二类网络技术服务商的侵权。常见的网络技术服务商有:提供搜索引擎服务的,如百度、谷歌等;提供内容分享平台的,如百度文库、360doc个人图书馆、豆丁网、爱学术、道客巴巴等;提供内容推荐服务的,如今日头条、一点资讯等。常见的侵权情形有:

第一种情形是直接侵权。如知识分享平台直接将正版作品收入自己的平台中,其中值得关注且破坏力比较大的一种新方式是,这些平台利用爬虫软件直接从其他数据库或平台大面积违法抓取相关知识内容。备受关注的典型案例是,2013年百度诉奇虎360违反"Robots协议"[1]抓取其网站内容案。被告违反公认的Robots协议,抓取原告旗下百度知道、百度百科、百度贴吧等网站的内容[2]。另一起案例是,2016年4月百名自媒体人发出《联合维权公开信》,控诉一点资讯平台利用新技术手段将自媒体人的原创内容,抄袭、复制至其平台和应用软件中,为此,北京市文化市场行政执法总队对该公司作出了罚款5万元的行政处罚。

第二种情形是帮助侵权。一种状况是对上传的盗版内容明显缺少把关,这种情形下,平台商习惯过度使用"避风港"原则为自己开脱责任。另一种情况是收到相关侵权举报,没有及时采取删除、断开链接或屏蔽等中止措施。

---

[1] Robots协议,又称机器人协议或爬虫协议,该协议就搜索引擎抓取网站内容的范围作了约定,包括网站是否希望被搜索引擎抓取,哪些内容不允许被抓取,网络爬虫据此"自觉地"抓取或者不抓取该网页内容。Robots协议已成为网站保护自有敏感数据和网民隐私的国际惯例。摘自《百度诉360违反Robots协议案开庭 百度索赔1亿元》,http://tech.qq.com/a/20131016/017362.htm。

[2] 《百度诉360违反Robots协议案开庭 百度索赔1亿元》,http://tech.qq.com/a/20131016/017362.htm。

第四章　失序：融媒中我国版权制度的不适

（四）个人用户的侵权

该类型侵权主要体现为：直接将作品以拍照、摄像或文字转换输入等方式，或上传至开放式的网络空间，如微博或百度文库等知识分享平台，或传送到有相当数量好友的微信朋友圈或专业性很强、人数较多的微信群（如某些学会的微信群），影响了权利人作品的正常使用。

二　低廉：融媒中的版权侵权成本

工业时代，版权侵权成本时常很高，通常要求投入一定的资金、技术、设备和厂房等，而且由于这些侵权手段所占用的物理空间大，所以很容易被发现，一旦事发，侵权者所有投入都会血本无归。融媒环境中版权侵权成本陡然变低了很多。

（一）版权侵权便捷。融媒中，侵权人使用他人版权作品简单易行，时常是动动鼠标，复制粘贴，便可以盗用他人作品。移动互联网的广泛运用和手机的普及，侵权人的侵权更加便捷，几乎可以随时随地简便操作便可侵犯他人作品。针对版权人对版权所采取的版权保护技术，经常会有破解的技术，而且时常这些破解技术并非是专门针对版权人所运用的技术保护措施，这就避开了反破解版权保护技术措施的法律禁区。如微信推出的小程序传图识字软件，使用人只需要对文字内容进行拍照，所拍的内容便可以自动转化成 WORD 版本，如此一来，一些版权人所采取的反网络复制的技术措施就可以避开了。

（二）被发现概率低。（1）侵权信息易被淹没。融媒环境不仅有专业媒体在制造信息，更有庞大的组织机构和巨量的个人在制造信息，为此会产生海量的信息。侵权信息在海量信息中易被

失序与平衡：媒体融合中的版权制度

淹没而不被发现。（2）侵权信息易被删除。融媒中所有侵权活动都可以随时随地在虚拟空间展开，所有信息随时可以被删除，要想找到侵权证据很困难。①（3）侵权信息流传速度快。正如"假新闻时常传播的速度远快于真新闻"一样，被侵权的信息由于市场稀缺相较于正版信息而言更容易被转发，这更有助于掩盖原始侵权者的身份。（4）侵权手段更新快。融媒中有着诸多新技术、新业务的出现，这使得一些新的侵权行为不容易被发现。如电视机厂商在电视机上安装引导网民侵权盗版的软件，一般人便很难意识到这是在侵权。2009年优朋普乐起诉TCL在其所售的互联网电视MiTV中安装了内置芯片，通过该芯片用户被定向引到了迅雷和PPS下载平台，当时这两个平台有着超过100多部侵权电影，对于这样的侵权行为，正常情况下，权利人便很难发现。再如前文所提的找"托媒体"来协助洗稿，要想找出真正的侵权人很困难。

（三）惩罚力度小。此外，即使被发现，并且败诉，侵权人所受到的惩罚力度也不大。依照我国《著作权法》第47条②、第

---

① 朱鸿军：《新媒体时代我国版权保护制度的优化研究——基于新制度经济学视角》，苏州大学出版社2012年版，第80页。
② 《著作权法》第47条：有下列侵权行为的，应当根据情况，承担停止侵害、消除影响、赔礼道歉、赔偿损失等民事责任：（一）未经著作权人许可，发表其作品的；（二）未经合作作者许可，将与他人合作创作的作品当作自己单独创作的作品发表的；（三）没有参加创作，为谋取个人名利，在他人作品上署名的；（四）歪曲、篡改他人作品的；（五）剽窃他人作品的；（六）未经著作权人许可，以展览、摄制电影和以类似摄制电影的方法使用作品，或者以改编、翻译、注释等方式使用作品的，本法另有规定的除外；（七）使用他人作品，应当支付报酬而未支付的；（八）未经电影作品和以类似摄制电影的方法创作的作品、计算机软件、录音录像制品的著作权人或者与著作权有关的权利人许可，出租其作品或者录音录像制品的，本法另有规定的除外；（九）未经出版者许可，使用其出版的图书、期刊的版式设计的；（十）未经表演者许可，从现场直播或者公开传送其现场表演，或者录制其表演的；（十一）其他侵犯著作权以及与著作权有关的权益的行为。

第四章 失序:融媒中我国版权制度的不适

48条①、第49条②和《刑法》第217条③规定。侵权人主要承担的民事责任有停止侵害、消除影响、赔礼道歉、赔偿损失等，如果损害到公共利益，版权行政管理部门还会没收违法所得、复制品和罚款，如果情节更加严重，版权行政管理部门还可以没收用于侵权的材料、工具和设备。如果违法所得数额较大或者有其他严重情节的，则需要承担刑事责任，处三年以下有期徒刑或者拘役，并处或者单处罚金；违法所得数额巨大或者有其他特别严重情节的，处三年以上七年以下有期徒刑，并处罚金。从这些条款来看，整体惩罚力度偏低。停止侵害、消除效应、赔礼道歉这些对于侵害人来说很难构成实质性的惩罚。所谓没收违法所得，由

---

① 《著作权法》第48条：有下列侵权行为的，应当根据情况，承担停止侵害、消除影响、赔礼道歉、赔偿损失等民事责任；同时损害公共利益的，可以由著作权行政管理部门责令停止侵权行为，没收违法所得，没收、销毁侵权复制品，并可处以罚款；情节严重的，著作权行政管理部门可以没收主要用于制作侵权复制品的材料、工具、设备等；构成犯罪的，依法追究刑事责任：（一）未经著作权人许可，复制、发行、表演、放映、广播、汇编、通过信息网络向公众传播其作品的，本法另有规定的除外；（二）出版他人享有专有出版权的图书的；（三）未经表演者许可，复制、发行录有其表演的录音录像制品，或者通过信息网络向公众传播其表演的，本法另有规定的除外；（四）未经录音录像制作者许可，复制、发行、通过信息网络向公众传播其制作的录音录像制品的，本法另有规定的除外；（五）未经许可，播放或者复制广播、电视的，本法另有规定的除外；（六）未经著作权人或者与著作权有关的权利人许可，故意避开或者破坏权利人为其作品、录音录像制品等采取的保护著作权或者与著作权有关的权利的技术措施的，法律、行政法规另有规定的除外；（七）未经著作权人或者与著作权有关的权利人许可，故意删除或者改变作品、录音录像制品等的权利管理电子信息的，法律、行政法规另有规定的除外；（八）制作、出售假冒他人署名的作品的。

② 《著作权法》第49条：侵犯著作权或者与著作权有关的权利的，侵权人应当按照权利人的实际损失给予赔偿；实际损失难以计算的，可以按照侵权人的违法所得给予赔偿。赔偿数额还应当包括权利人为制止侵权行为所支付的合理开支。权利人的实际损失或者侵权人的违法所得不能确定的，由人民法院根据侵权行为的情节，判决给予50万元以下的赔偿。

③ 《刑法》第217条：以营利为目的，有下列侵犯著作权情形之一，违法所得数额较大或者有其他严重情节的，处三年以下有期徒刑或者拘役，并处或者单处罚金；违法所得数额巨大或者有其他特别严重情节的，处三年以上七年以下有期徒刑，并处罚金：（一）未经著作权人许可，复制发行其文字作品、音乐、电影、电视、录像作品、计算机软件及其他作品的；（二）出版他人享有专有出版权的图书的；（三）未经录音录像制作者许可，复制发行其制作的录音录像的；（四）制作、出售假冒他人署名的美术作品的。

▶▶▶ **失序与平衡：媒体融合中的版权制度**

于很难获知具体数额，所以可操作性不强。所谓的没收复制品和侵权的材料、工具和设备，这对于融媒侵权者也意义不大，因为侵权时复制品都是数字内容，没有多大的经济价值，侵权时所需工具经常只是一台电脑、手机，没收后也没多大的损失，而且要达到这样的惩罚条件，要求还较高，即"损害公共利益"和"情节严重"，并且对这两条件如何界定，实践中也存在不容易操作的问题。对侵权者最具惩罚威力的应该是经济赔偿和刑事处罚。但是根据第49条来看，实际损失和违法所得是经济赔偿的主要依据，然而问题是：一是如何计算这方面的经济数额。在"实际损失"的计算方面，"很多的盗版侵权的产品往往是和正版的影视作品同时出现在市场上，因此著作权人因盗版侵权而引起的损失无法估计"[1]；在"违法所得"的计算方面，一家网站非法使用了一篇电视新闻作品后究竟会得到多大具体的收益？二是这样的经济赔偿只是采用了"填平原则"，体现不出惩罚的力度。侵权者只是把别人的损失给退还或把自己的所得吐出来，并没有对自己侵权之外的经济产生影响，并且最高经济赔偿为50万，这个数额对于一些网络媒体，尤其是大型网络媒体来说，实在构不成惩戒效果。

根据《刑法》第217条来看，"数额较大""数额特别巨大""情节严重""情节特别严重"这样的表述可理解的意义空间较大，实践中较难操作。此外，版权领域的刑事处罚被执行时也偏弱化，主要表现为：一是行政管理部门"以罚代刑"的现象严重。大部分版权侵权犯罪案件是由行政执法部门发现，认识上不足、减少麻烦甚至增加部门实际利益的考虑，对于这类案件他们

---

[1] 谢平：《三网融合下影视作品著作权集体管理制度研究》，硕士学位论文，浙江工商大学，2013年，第22页。

第四章 失序:融媒中我国版权制度的不适

时常采用"以罚代刑"的处理办法。二是检察机关的重视程度也相对不够。2005年和2006年的第1—3月,检察机关批捕的著作权犯罪嫌疑人分别为72人和15人,分别占侵犯知识产权罪批捕总人数的8.5%和5.7%;起诉侵犯版权的案件被告人为62人和11人,分别只占侵犯知识产权起诉总人数的6.4%和4.7%。检察机关的作用发挥不充分,会影响到对著作权犯罪行为的惩罚力度,使得版权保护的最后一道防线难以起到应有的功效。① 在这种形势下,融媒环境下的版权侵权活动必然会急剧增多,据相关材料统计,2008年北京市各级法院受理的网络著作权案件已达到受理著作权案件总数的75%,2006年至2009年北京市一审网络著作权案件大幅增加,见图1。另据文化部公布的2008年至2011年全国每年文化市场十大案件来看,2008年网络著作权案件为0件,2009年为4件,2010年为4件,2011年为6件。②

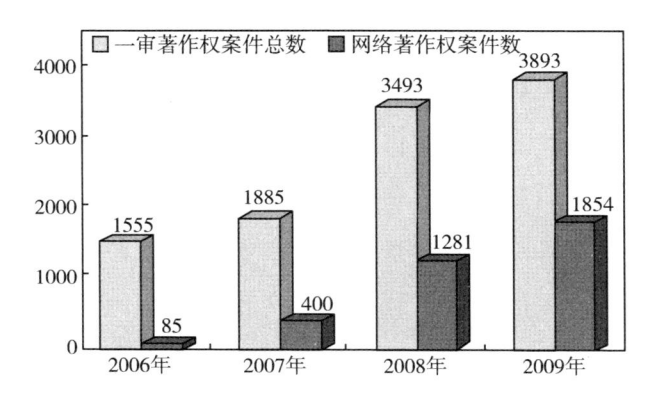

图1 北京市2006年至2009年一审网络著作权案件数量逐年大幅增加③

---

① 杨建斌、卢海君:《我国版权制度的现状与发展研究》,《版权战略专题研究子课题之二》,国家版权局内部研究报告,2007年,第14页。
② 朱鸿军:《新媒体时代我国版权保护制度的优化研究——基于新制度经济学视角》,苏州大学出版社2012年版,第118页。
③ 冯莹:《网络著作权案件审理:挑战与应对》,《人民法院报》2010年7月12日。

三 高昂：融媒中的版权维权成本

传统环境中，成本高就一直是为人所诟病的版权维权一大弊端。融媒环境中相对不完善的版权法律制度、复杂的侵权情形、庞大的侵权数量等都会进一步推高整个版权维权的成本，而相对于维权个体来说，取证困难度大、诉讼费高和诉讼程序繁复、赔偿金额低被视为懈怠维权的重要理由。

（一）标的额偏低

从司法实践来看，与商标、专利这两大知识产权相比，版权诉讼中的标的额通常要低得多。除了畅销书、热门剧、高票房影片等之外，大量都属于新闻稿、诗歌、论文、小印量小说、一般电影和电视剧等标的额较低的小版权作品。此外，融媒环境中一些版权运营较为现代的媒体商为将版权作品价值最大化，也趋向于将版权作品细分化，如一部电视剧的制片人，将电视剧的插曲、字母、对白、拍摄花絮甚至剧情模式都将其单独著作权化，然后将它们独自或打包出售给手机运营商，后者将其制作成手机闹铃、背景图片、视频短剧或游戏元素等。此外，融媒中，在信息需求越趋强调个性化和定制化的市场要求下，侵权者所需的作品也时常只是单篇或甚至作品中的部分内容：常以新闻作品的高频侵害者面目出现，以智能分发、进行定制信息推送为特色的资讯聚合平台当其有版权侵权行为发生时对受害者来说所被侵害的作品时常是单篇新闻；目前市场前景被看好、被各种风投热追的短视频当其侵害他人作品时所引用的也时常只是他人作品的部分镜头；淘宝店个体老板也经常只是非法使用一首诗歌来宣传自己的店铺，等等。为此版权作

第四章 失序:融媒中我国版权制度的不适

品整体价值的偏低,版权运营的精细化和版权作品侵权的碎片化等,都会导致版权诉讼标的额在大多数情况下处于不高的状况。

(二)取证难度大

版权诉讼常属于民事案件,依照"谁起诉,谁举证"的原则,作为原告的权利人承担着举证义务。然而,融媒环境中版权的取证难度偏大。笔者曾经展开"三网融合中我国媒体人的版权素养"调查,结果显示,促成媒体单位放弃维权的原因,取证困难被摆在了第二位,占比为28%,见图2。之所以如此,前文所述的融媒中版权侵权非常便捷,侵权信息易被删除,侵权手段翻新快等都是重要的原因。此外,对于融媒中众多版权侵权受害者来说,新兴技术掌握不够也时常会成为重要障碍,如对于作为融媒中版权被侵害重灾对象的传统媒体,便很难发现查找网络媒体高新技术侵权行为的证据。

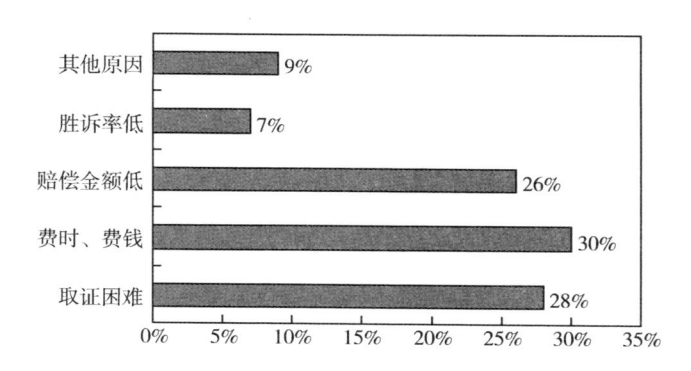

其他原因	9%
胜诉率低	7%
赔偿金额低	26%
费时、费钱	30%
取证困难	28%

图2 媒体单位放弃版权侵权起诉的原因

(三)诉讼成本高

首先取证困难增加了融媒中的版权诉讼成本。其次,相对于偏低的标的额,诉讼费用也较高。按照《民事诉讼法》第107条规定,知识产权民事案件仅诉讼受理费就达每件500到

失序与平衡:媒体融合中的版权制度

1000 元,① 融媒中被侵害的版权作品时常也就是一篇文章、一张照片、一段音视频等,其市场价值经常低于法定的诉讼受理费。并且依照我国目前的司法审判,还不支持版权的合并诉讼,这对于版权作品被侵权较多的原告来说,无疑会大大增加诉讼的费用。再有,诉讼程序繁琐、周期长。为此,总体来看版权领域的侵权诉讼时常成为一场费时费力费金钱的"拉锯战",最典型的案例为《新京报》诉浙江在线案。2007 年《新京报》法务部花了一年半的时间完成了"浙江在线"自 2003 年 12 月至 2007 年 7 月间非法共使用《新京报》原创作品 7706 篇的取证工作。法院在受理该报起诉的 20 个月后裁定,《新京报》分 7706 个案件逐一进行起诉。面对如此裁定,早已筋疲力尽的《新京报》于 2010 年主动要求撤诉。②

(四) 赔偿金额低

对于维权人来说,能得到较为满意的赔偿金额是促使其维权的重要动力。然而,如前文所述,我国《著作权法》在对版权侵权人经济上的惩罚采用"填平原则",这对于维权人来说意味着即使胜诉所获得的赔偿金也仅仅是侵权中的实际损失,而大多数情况下,这些损失都比较小。此外,对于一些实际损失比较大的权利人来说,又由于实际损失很难确定,便只能适用于《著作权法》第 49 条"判决给予 50 万元以下的赔偿",而这 50 万元的上限赔偿时常很难补偿实际的损失。笔者所展开"三网融合中我国媒体人的版权素养"调查也显示,赔偿金额低成为媒体单位放弃维权的第三大因素,见图 2。

---

① 朱鸿军:《冲突与调适:微信空间版权的正当性》,《国际新闻界》2012 年第 12 期。
② 朱鸿军、丁斌:《集体抗争与数字化转型:纸媒版权保护路径》,《中国报业》2014 年第 9 期。

第四章 失序:融媒中我国版权制度的不适

第四节 融媒中版权顺畅利用阻力增强

版权要得以顺畅利用,四个基础条件需要具备:第一,权利人需对版权的归属、版权类别和版权的用途有清晰了解,即权利人的版权确权基础工作需做到位。第二,权利人和使用人要能顺利取得联系,即版权授权机制需通畅。第三,取得联系的权利人和使用人互相之间能达成相对公平一致的版权价格,即版权价格评估机制需科学。第四,版权作品传输到接收终端使用者的手里时,版权使用者需有良好的使用习惯。以此为参照,可发现,融媒中我国版权利用的这四个基础条件都不是太乐观。

一 权利人确权基础管理不到位

于权利人而言,究竟拥有哪些版权作品,这些版权作品都有哪些权利,哪些权利是实际所能拥有的,哪些权利需通过努力才可以真正拥有,哪些权利的拥有受限于客观条件,等等,这些基础的版权确权工作,必须做到位。完成这些工作,权利人至少要做到,一有强烈的版权意识,二有一定的版权法律知识,三有较为完善的版权档案管理。如果是媒体组织的话,还需要有专门的版权管理人员和机构。实际状况是,在这方面,融媒中我国版权权利人的确权管理工作很不到位。

以融媒中的传统媒体为例。在纸媒行业,作为版权管理最早、版权管理习惯最好的图书出版,虽然"大部分出版社设立了

▶▶▶ 失序与平衡:媒体融合中的版权制度

维权部门,不断打击盗版、寻找侵权产品并主动维权"[1],但在实际的调研中,众多出版社的版权确权工作还很薄弱,缺乏专人或专门机构整理完善作品的版权信息,存量版权作品的权利信息遗失很严重,"我们原来觉得我们出版社的版权基础工作做的还蛮好,但在实际进行版权运营开发时,才发现我们的版权信息是'缺胳膊少腿',有的少作者联系方式,有的缺出版合同,有的权利我们实际上是拥有不了的,像我们这样的出版社还很多"[2]。

在期刊行业,大部分处于散小弱状态的期刊社在这方面做得更弱。以学术期刊为例,大部分学术期刊历史上都没有建立作者的版权信息档案,对于增量作者的作品版权通常采用"用稿声明"这种合法性受到质疑的所谓要约方式来获取,普遍不会和作者签订书面的版权授权协议。之所以如此,主要原因有两方面:一是学术期刊的实力有限。绝大多数学术期刊都属于"手工作坊式"的运作,"三四个编辑、一个校对",经营也普遍处于不愠不火的状态,投入版权管理的能力有限。另一最重要原因在于学术期刊缺乏版权危机的外在环境。与图书、报纸这两类纸质媒体所不同的是,网络媒体的出现没能影响到学术期刊生存的根基。网络媒体对图书、报纸、学术期刊最大的冲击在于读者被分流、发行受重创。这样的冲击对图书和报纸都是致命的,没了读者、没了发行,图书就会库存,报纸就没人购买,经济命脉就被斩断。但这样的冲击不会让学术期刊"伤筋动骨"。发行的确是学术期刊的一大收入来源,但所占份额不大。基金资助(如国家社科基金的资助)、主管单位的拨款、理事单位赞助、广告费、活动和

---

[1] 丁汉青:《传媒版权管理研究》,中国人民大学出版社2017年版,第168页。
[2] 2017年12月26日,笔者对北京某大学出版社负责人的访谈。

版面费（在我国收版面费被视为违规，但西方发达国家则很普遍）等才是学术期刊收入的主要来源。发行虽然没了，但不会降低刊物的影响力。因为只要我国现有学术评价体系不变，即官方的学术考核机构和学术共同体都认为论文只有发表在纸质学术期刊上才算数，学术期刊即使完全没有纸质版，没有线下纸版发行，它存在的最主要社会价值都不会失去。只要社会价值存在，它的那些基金资助之类的收入来源就基本不会受影响。也正因如此，学术期刊就不需要像图书、报纸那样因为考虑到由网络媒体冲击带来的生存危机而转向版权找出路。

与图书、期刊、报纸相比，广播、电视两大传统媒体在融媒版权利用的确权环节做的同样不理想，主要原因有两：

一是历史遗留的问题。历史上广播、电视两类媒体都被定位为事业单位，所产制内容的产权都属于国有，媒体之间的内容交换都是为了国家广播电视事业发展的需要，彼此之间并不是太强调明晰的内容版权归属。在媒体单位内部，新闻、电视剧、娱乐节目等内容的创作者时常是单位的员工，在版权的归属上也缺乏清晰的版权界定。除此之外，从版权法律层面遗留的一些老问题，如雇佣作品的版权归属问题、电视节目版式版权问题、卫星电视信号的版权保护问题等也会成为广播电视媒体版权确权受阻的历史原因。

二是主观动力的不足。版权是离市场很近、经济属性很强的权利，它的被重视程度和利用水平与其所在领域的市场化程度有着正相关关系。广播、电视的意识形态任务相较于图书、期刊、报纸要更重些，因为它们的民众覆盖面更广泛、更基层，它们的稳定与否直接会影响到意识形态甚至执政的安全性。也正因如此，一直以来，广播、电视两大媒体领域的市场化程度相对较低些，这自然会传导影响其版权确权的积极性。

三是现实困难的阻力。融媒环境中，广播电视内容版权相对较为复杂。从权利人来看，以影视作品为例，作者中既有影视作品中的原著者、剧本作者、导演、演员、摄影师、策划师、美工、化妆师、音响师、音乐作曲家、制片人等，还有作为雇佣作品版权所有人的民营电视制作公司、广播电视台、网络媒体以及自制作品的大量网民作者等。邻接权人中既包括大量广播台、电视台、网络内容服务商、电信内容运营商，还包括众多的网络自媒体。此外，这些邻接权人的身份还可以进行细分，如网络内容服务商，可分为网络知识数据库服务商、网络新闻聚合商、网络视频聚合商等。融媒中还不断涌现出一些新的版权问题，如广播台、电视台存有的大量不明版权能否网络使用、邻接权人在作品网络使用者的地位、广播权和信息网络传播权的界定、自媒体人的版权归属等，这些都会使融媒中的版权确权问题变得错综复杂。

二　海量版权的授权机制不通畅

融媒中海量的作品版权人面对的是海量的使用者，如何将两者拉到一起，使双方各取所需，著作权人的权益最大化，使用人顺畅地得到合法、价格合理的作品？很显然仅靠原有权利人和使用者点对点的授权模式是行不通的，这便需要有发达的将大量权利汇集一起并积极推动授权的中介组织的存在。

目前来看，融媒海量版权授权中担任中介组织角色的除了传统的著作权集体管理组织之外，还有一种类著作权集体管理组织性质的中介组织，即大型内容媒体商，他们主要是：大型的传统

第四章 失序:融媒中我国版权制度的不适

媒体,如中央电视台、中央人民广播电台、《人民日报》、新华社等;大型的网络内容服务商,如 Google、腾讯、百度、搜狐、优酷、乐视等。目前来看,这两类中介组织没能在融媒海量版权中发挥出应有的作用。

(一)著作权集体组织很不发达

笔者 2009 年做过的"中国媒体人版权素养"调研的数据显示,"有 58% 的期刊人、56% 的报人、52% 的图书出版人、56% 的网络服务商对现有版权相关行业协会的表现评价不高,认为现有行业协会表现疲软,处于可有可无状况,没能发挥应有作用"。2013 年笔者又对"中国媒体人版权素养"状况展开了调研,发现有 62% 的期刊人、61% 的报人、58% 的图书出版人、72% 的网络服务商认为著作权集体管理组织还很落后,没能发挥应有的作用。之所以如此,主要原因如下:

第一,成立时间普遍不长。中国五大著作权集体管理组织除了中国音乐著作权协会成立于 1992 年,已有 20 多年历史之外,其他著作权协会皆成立于 2008 年之后,仅有 10 年左右的运营时间。正因为大多数著作权集体管理组织成立时间不长,使得他们在运营方面普遍都还处在摸索阶段。

第二,社会知名度不高。笔者曾以"版权集体管理组织"和"著作权集体管理组织"为题名对"人民数据库"[①] 1946 年 5 月 1 日至 2017 年 3 月 10 日的内容进行搜索,结果数仅为 152 篇。

第三,行政色彩过于浓重。我国现有的著作权集体管理组织和各种版权相关行业协会,基本依附于政府相关部门,行政色彩

---

① "人民数据库"是《人民日报》创建的收集《人民日报》自创刊以来刊载文章的报纸网络数据库,从《人民日报》这一官方最权威报纸所刊载的文章能从一侧面反映出版权集体管理组织的社会知名度。

▶▶▶ **失序与平衡:媒体融合中的版权制度**

过重,负责人常由退下来的相关政府部门领导人担任。

第四,垄断性过高。行业过于垄断,必然会降低组织的活力,甚至滋生一些不公平现象。例如,中国音像著作权集体管理协会收集的版税的50%被该协会提取为管理成本,著作权人仅能获得50%的版税,这引起了著作权人的强烈不满。作者的收益被过高的管理费用所侵占,管理人的收益居然与著作权人的利益同样多,这显然不合理。之所以发生上述情况,其中一个重要原因就是著作权集体管理组织垄断地位所造成的,著作权人即使对其不满意也徒唤奈何,只能被动地接受高昂的管理费用。

第五,信息透明度不高。"由于著作权集体管理组织的业务活动一直没有充分向社会公开,相关方并不能通过一个完善的渠道及时了解各方面的信息,变成了'暗箱操作',加重了社会公众的不信任"[1]。

第六,权利人的参与度不高。2000年,芬兰的总人口约为500万人,而芬兰的版权集体管理组织机构GRAMEX的注册会员有30000名音乐表演者和2500名音乐制作者。而据相关机构的统计,2003年已运营10多年的中国音乐著作权协会有词曲作者和音乐制作者会员仅为1300多名。[2] 笔者所展开的"三网融合中我国媒体人的版权素养"调查显示,只有15%的广播台加入集体管理组织,电视台比例是25%,网络内容服务商的比例是22%,见图3。

---

[1] 谢平:《三网融合下影视作品著作权集体管理制度研究》,硕士学位论文,浙江工商大学,2013年,第23页。
[2] 朱鸿军:《新媒体时代我国版权保护制度的优化研究——基于新制度经济学视角》,苏州大学出版社2012年版,第133页。

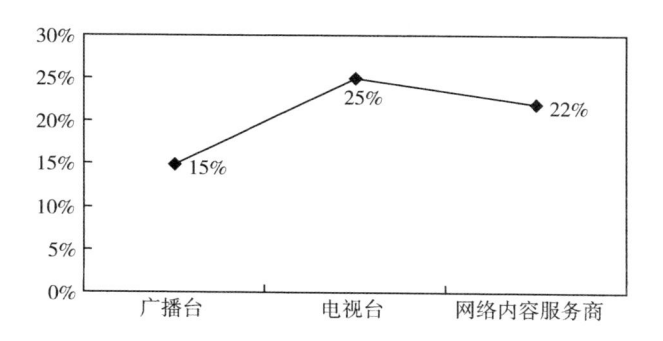

第四章 失序:融媒中我国版权制度的不适

图3 媒体加入著作权集体管理组织的比例

（二）类著作权集体管理组织运行的障碍

著作权集体管理组织的一大功能在于汇集大量的版权，便捷权利人与使用人之间的高效低成本沟通，节约版权授权的成本。融媒中，大型传统媒体和网络内容服务商，存有大量的版权作品，并源源不断地产制和购买更多的版权作品，这使其具备了类似著作权集体管理组织的授权功能：以其为纽带，海量的使用人能迅速找到权利人，大大节约了版权授权的成本。为此，本研究将这两类媒体称之为类著作权集体管理组织。从国际发达国家的经验来看，类著作权集体管理组织弥补了专业著作权集体管理组织诸如需要相当的成长周期、市场进取性不足等方面的弱点，在版权授权利用，尤其是媒体融合环境中的版权授权利用中发挥的作用越来越大。与之对比，我国这两大媒体在融媒中版权授权方面所发挥的作用并不理想。

1. 大型传统媒体授权方面遇到的障碍

一是获取存量作品授权的不易。依照我国现有法律，传统媒体若没有获得著作权人的授权，并不自动拥有作品的信息网络传播权。这意味着大型传统媒体要将所存有的海量版权作品进行合法网络使用，必先取得作者的授权。根据本研究所展开的"三网

失序与平衡：媒体融合中的版权制度

融合中我国媒体人的版权素养"调研，只有18.5%人广电台认为既有作品中有六成以上已获取了作者的信息网络传播权的授权，有50.2%没有对既有作品的信息网络传播权信息进行整理，见图4。因此，当下对于大型传统媒体来说，最令其头疼的是要花大量时间精力整理已有作品的信息网络传播权，并想方设法从广大作者那获授信息网络传播权。

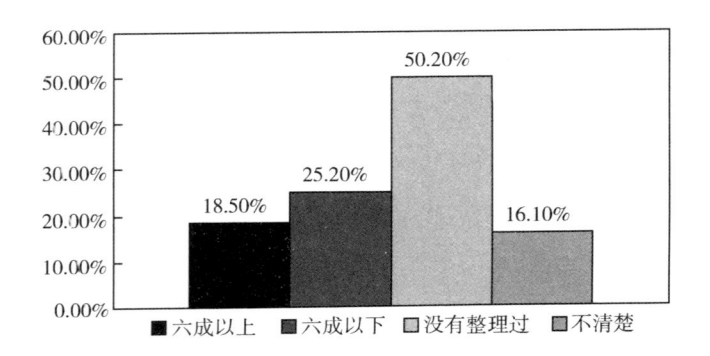

图4 广电台有多少作品有信息网络传播权

二是获取增量作品授权的不易。大量传统媒体不仅需要费较大气力去获取存量作品的信息网络传播权的授权，而且在获取增量作品信息网络传播权方面也不易。首先，不易查找作者。有的作品如一部电影经常涉及众多作者，要想分别找到很不容易。其次，作者不愿意授权。现在部分作者权利意识大大增强，他愿意在传统媒体上发表作品，但不意味着就愿意在网上传播作品。再有，作者授权期限太短，部分作者授权只有几年时间，到期后，传统媒体得重新从其那获取授权。

三是对网络媒体强大威胁的担忧。融媒中，面对网络媒体咄咄逼人的竞争，大型传统媒体最大优势就在于拥有巨量的正版作品。将版权作品授权给网络媒体了，虽然能暂时获取一定的收入,但一方面这些收入在整体版权市场价格很不规范的情况下很不稳定,另一方面从长远的战略考虑,若让网络媒体也拥有大量的高质量正版作品,那它将有更大的市场号召力,那时传统媒体还如何与其展开竞争。

2. 大型网络内容服务商授权时遇到的障碍

一是获取授权较为困难。传统媒体、其他网络内容服务商、职业内容制作者、网民,是大型网络内容服务商获取版权授权时需要接触的四大对象。现实情况是,传统媒体因为多种因素的考虑,主动进行版权交易的积极性在降低,且所提交易价格时常很高。其他网络内容服务商,基于当下网络内容市场的激烈竞争现状,从他们那购买版权作品的难度也在增大。广大网民所传的内容,一是整体质量不高,二是获取海量网民授权的成本太高。目前,职业内容制作者是重点培养对象,如通过网络知识付费的方式吸引,但想从该群体得到真正的稳定收益时常需要一定的周期。

二是难获高品质作品授权。当下网络内容服务商虽然拥有较为丰富的内容资源,但与传统媒体相比,内容资源的品质依然相对较低:首先,专业内容制作者,如作家、电影制片厂、电视剧制作机构等,为了将著作权利益的最大化,不会将新拍大片、热播剧等作品的首发权卖给网络内容服务商;其次,传统媒体也越来越认识到存量优质内容的重要性,不会轻易出售;再有,广大网民上传的内容资源整体质量不高。

三是对外授权的积极性不高。网络内容服务商都希望拥有的内容资源越海量、越多元、越独家,自己就越有可能聚集到越多的小众消费者,就越可能发挥网络经济的"长尾"效应。因此,一些网络内容服务商考虑到当下网络内容服务商之间白热化的竞

▶▶▶ 失序与平衡:媒体融合中的版权制度

争现状,担心因为对外授权而影响到自身的竞争力。

三 版权的销售市场不规范

要使海量版权能大面积持久稳定地实现健康授权,还需要一个公平合理、规范有序的版权销售市场。现有的状况看,融媒环境中我国版权的销售市场还很不规范。

(一)理性市场交易行为的缺乏

理性市场交易行为是市场是否健康的基本表现,也是买卖双方长久稳定展开交易的基本保障。然而,从近些年融媒中的版权交易行为来看却很不理性,前些年版权价格极其低,好多广播电视台的版权作品如电视新闻作品甚至以零价格的方式被音视频网站所使用。然而近些年版权作品却以涨幅超过房价的速度疯狂暴涨。以网络小说的影视版权价格为例,该领域的版权费的价格正以少则三五倍,多则七八倍、十几倍的速度在增长,国内电视剧龙头华策影视相关负责人称,"网络小说版权这两年遭到爆炒,目前一部上千万阅读量的网络小说的影视改编权,价格在200万以上。可几年前,几十万就能买到这类网络小说的影视剧改编权,还不一定有人买"[①];2011年9月,网络作家顾漫以数十万的价格将《何以笙箫默》电影版权卖给了乐视,合约期为三年,2014年下半年,版权即将到期之际,又以七位数的价格卖给了光线,价格翻了近十倍;韩寒旗下的APP《ONE·一个》中的高人气短篇作品,开价均在百万元左右。

---

① 《IP版权费跃入七位数时代:价格暴涨因资本介入》,华夏经纬网,2015 – 08 – 11, http://www.huaxia.com/tslj/wh/2015/08/4516281.html?ejnc5。

第四章　失序:融媒中我国版权制度的不适

（二）第三方评价机构不专业、不规范

版权的价值如何评估，版权价格究竟多少才是相对公平合理，这在传统环境的版权交易中本就是一个难题。版权的价格应该怎样产生，市场经济的游戏规则下当然应由市场自然博弈而形成，但为避免市场自发性而出现的盲目性，权威第三方评价机构的存在很有必要，如2012年新成立的北京国际版权交易中心版权评估委员会①。然而，实践运转经验来看，不专业、不规范是当前我国版权第三方评价机构一直存在的弊端。进入融媒环境，如何对诸多作品的信息网络传播权价格进行评估对现有的版权第三方机构来说还是个陌生领域，另外如何获取专业且真实的网络作品实际使用状况的数据并如实反映给权利人，对于这些机构来说依然是个考验。

（三）版权收益分成不透明

与传统环境所不同的是，融媒环境中，权利人很难掌握版权方实际使用情况，如作品到底有多少人阅读、收看、点击，多少人下载，总体收入是多少，等等。这些信息基本是由使用方说了算。传统环境中权利人还可以去印刷厂、电影院或电视率调查公司去核实作品实际市场状况，但在融媒环境中却很难做到。此外，网络媒体的不诚信也严重损害了权利人网络授权的积极性，著名作家岳南曾稍带情绪地说到："我一直觉得做数字出版的公司中，骗子有很多。他们就是骗了作家，来为自己盈利，他们刚

---

① 北京国际版权交易中心版权评估委员会包含影视版权评估、艺术品版权评估、原创文学评估、音乐版权评估、计算机互联网软件评估、版权交易及投融资、法律咨询及维权七大工作委员会。其中，影视版权评估工作委员会率先建立，由资产评估机构、投融资机构、知名学者、影视从业者以及版权行业代表五方组成，通过各方独立评估及估值加权平均，为相关作品出具符合其实际价值、得到金融机构认可的版权资产评估咨询报告。——百度百科，2015年8月13日，http：//baike.baidu.com/link?url=ySjKO1mQ-gWyJViayFXSYy0tRq5Gx8HwXmDuI0ZeoywIp4KNJjXliwFGkoJV04QyZ2mwVXYqE-axIPQvYurPma。

▶▶ **失序与平衡:媒体融合中的版权制度**

开始的时候说得天花乱坠的,但是不久就原形毕露了。"[1] 并且权利人对使用人的不信任还使得一些好的版权运营模式不能得以展开,比如针对国内网民付费使用音乐作品的习惯很难养成的市场现状,采用作品免费使用以广告来收益、会员制、O2O 及其他增值业务来增收的运营模式,比较符合中国国情,但这种模式并不受网络歌曲的部分音乐人和唱片公司的欢迎,原因在于网络歌曲的试听下载都掌握在网络平台手中,他们无法掌握真实的数据,还是一锤子买卖更划算。[2]

四 使用者规范用权习惯未养成

客观地说,自 20 世纪 90 年代中期我国融媒开始起步,经过二十多年的发展,作为版权作品最主要使用者的网络媒体和普通民众的版权素养整体都在提高,但离规范的版权使用习惯尚有不小的距离。

(一) 网络媒体不规范的版权使用依然严重

虽然网络媒体已经度过了"侵权盗版发家"的野蛮生长期,网络空间变得清朗了很多,不再出现打开任何一家网络媒体都是"侵权盗版作品随处可见"的状况,"使用正版是正道"也已成为行业共识,但网络媒体直接或间接侵权盗版,或欺诈失信(如上文所述故意隐瞒网络作品使用次数)等依然频频发生。现有融媒著作权诉讼中,网络媒体通常是被告且败诉,之所以如此:一是历史上长期养成的侵权盗版的习性使然,让吃惯免费午餐的他们

---

[1] 钱立富、王昕:《纸质图书销售数字版权:收入很鸡肋分成不透明》,《IT 时报》2012 年 3 月 9 日。
[2] 《网络音乐未授权月底须下线 版权市场极为混乱》,《广州日报》2015 年 7 月 13 日。

习惯于付费买单需要一个过程。二是网络作品盈利模式的摸索使得一些网络媒体尤其是小型的网络媒体缺乏有足够支撑其长期规范用权的资金实力。三是不断有大量的新兴网络媒体出现,原始资本积累的需要、迅速扩张的冲动和版权运营经验的缺乏很容易使其继续走现在老牌大型网络媒体发家的老路——侵权盗版。四是市场的初级阶段,游戏规则尚未健全,完善的外在监督缺位,那些欺诈失信、甚至铤而走险、直接侵权盗版的网络媒体获取暴利却无惩罚,都客观助长了不良的行业风气。

(二)普通民众用户保护版权经济权的习惯还缺乏

目前我国普通民众用户已经基本养成保护版权人精神权的意识,但却缺乏保护版权人经济权的习惯。人们可以不抄袭、不剽窃他人作品,但在花钱买他人作品方面,则是尽量能不掏钱或少掏钱,就不掏钱或少掏钱。[①] 2007 年北京师范大学法学博士袁彬,曾专门调查了人们购买侵权复制品的情况。在问卷中,将个人购买侵权复制品的情况分为三种情形:没有购买经历;偶尔购买;经常购买。"在 1538 份有效回答中,有 325 人没有购买经历,占有效总数的 21.1%;有 946 人偶尔购买,占有效总数的 61.5%;有 267 人经常购买,占有效总数的 17.4%"[②],见图 5。

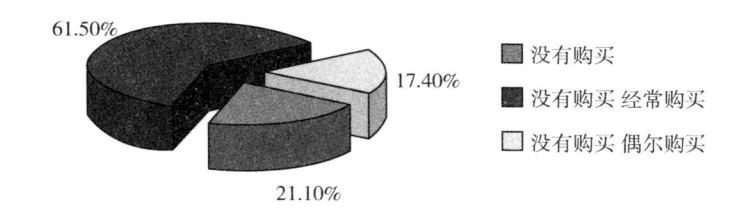

图 5 购买侵权复制品的三种情形

[①] 朱鸿军:《新媒体时代我国版权保护制度的优化研究——基于新制度经济学视角》,苏州大学出版社 2012 年版,第 80 页。

[②] 赵秉志:《侵犯著作权犯罪研究》,中国人民大学出版社 2008 年版,第 11 页。

时隔 8 年，2015 年本研究分别在山东、北京、上海、江苏、长沙等地发放了"三网融合环境下用户观看影视节目习惯"调查问卷，共收回有效问卷 1545 份，结果显示，我国观看在线视频节目的网民中，仅有 8.2% 的人选择的是"经常购买"，11.6% 的网民偶尔购买，80% 的选择是从不购买，见图 6。也就是说，至少网民购买正版视频节目的习惯还远未养成。

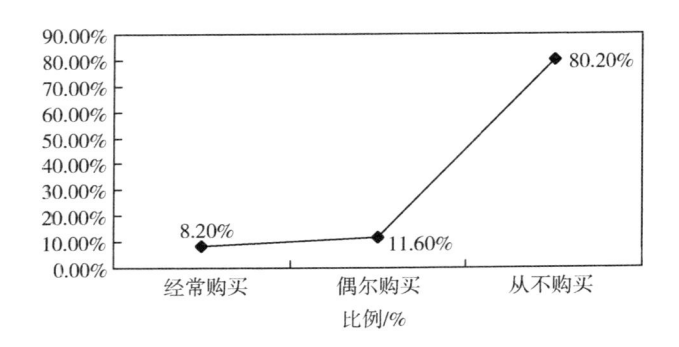

图 6　是否花钱观看网上视频节目

第五节　融媒中版权的正当性受到质疑[①]

何谓版权的正当性？这是版权法哲学基础和核心问题，简单来说，版权正当性就是"版权为何要存在"，或者说"版权的合法性在哪"。权利（right）的正当性（legitimate）或合法性（legitimacy）是法哲学中一个历久弥新的老问题。关于合法性，让-马克·夸克（Jeen-Marc Coicaud）指出，合法性并不限于法律，

---

① 该部分内容大量参考了作者已发表的论文《冲突与调适：微信空间版权正当性的反思》（《国际新闻界》2016 年第 12 期）。

第四章 失序:融媒中我国版权制度的不适

合法律性只是合法性的一个指数。① 合法性只是合法律性的一个上位概念。② 让-马克·夸克所谈的法是指永恒的、普遍有效的正义原则和道德公理,法律则是指由国家机关制定和颁布的具体的法律规制。学界普遍认为合法性可分为形式合法性和实质合法性,前者是指合乎法律形式的合法性,后者则是指合乎价值正义的合法性。相应,权利的合法性也被分为权利法律形式的合法性和权利价值正义的合法性。与此同时,权利的两个合法性应该是统一的,权利作为经由国家权力而加以正当化的法律形式,如果缺乏社会大众的价值首肯,便会呈现形式合法性(正当性)与实质合法性(正当性)的分歧,从而引发认同危机而得不到大众的普遍遵循。③ 为此,本研究因袭学界对权利正当性的一般理解,将版权正当性划分为两个层面:第一,版权形式合法性,即版权法律形式的合法性;第二,版权实质合法性,即版权价值正义的合法性。

一 正当性:版权一直为人诟病的焦点

从历史实践来看,自 1710 年人类首部版权法《安娜法》颁布以降,版权在三百多年的历史演进中,其正当性一直饱受着来自各种不同视角的质疑,主要集中在以下三方面:

第一,版权实践效果部分有违制度设计的初衷。鼓励创作和促进传播是版权制度设计的两大核心初衷,但版权在实践推行中

---

① [法]让-马克·夸克:《合法性与政治》,中央编译出版社 2002 年版,中译本序第 2—3、36、37 页。
② 胡朝阳:《知识产权的正当性分析:法理和人权法的视角》,人民出版社 2007 年版,绪言第 3 页。
③ 同上书,绪言第 4 页。

· 215 ·

▶▶▶ **失序与平衡:媒体融合中的版权制度**

有时不仅未能推动它们的实现,甚至成为一种障碍。

从鼓励创作的初衷来看。首先,作为创作主体的绝大多数作者并非是版权制度的最大受益者,以我国《出版文字作品报酬规定》为例,该规定 1999 年颁布,时隔 15 年才修订,这 15 年期间居民收入水平、物价总水平、居民消费价格指数等都上涨很快,但作者的基本稿酬却长期不变。现实也可发现专职依托创作为生的职业作者长时间属于很小众的群体,绝大部分作者知识生产的目的并非为了获取作品版权的经济收益,版权的财产权鼓励作者创作的效果并不明显。此外,版权时常会恶化次级创作者的创作处境,由于"文化创作以及言论表达必然要建立在利用现有文化与言论资源的基础上,那么无法获取(阅读、收听、收看)或使用(对原作片段或元素的挪用)初级创作者具有巨大社会与文化影响力的作品就等于剥夺了次级创作者参与文化环境之塑造、解读与建构现有文化符号之意义、参与公共话语空间之博弈乃至借由表达及传播来推动自我实现的能力,即便他们仍然可以使用除这部作品之外的原有的文化与言论共享资源"[①]。次级创作者因版权存在而出现的这种处境在一定程度上会挫伤他们创作的积极性,此时版权成为一种不是鼓励而是抑制创作的因素。

从促进传播的初衷来看。版权有时成为作品传播的制度障碍。首先,随着传媒商业化程度的不断提高,作为版权保护的最大受益者传媒商业公司不断想方设法通过各种途径如游说政府部门或立法机构不断实现版权权利的扩张,由此所带来的后

[①] Wendy J. Gordon, "A Property Right in self-Expression: Equality and Individualism in the Natural Law of Intellectual Property," *Yale Law Journal*, Vol. 102, 1992, pp. 1556 – 1557;转引自尤杰《在私有与共享之间:对版权与表达权之争的哲学反思》,上海交通大学出版社 2014 年版,第 75 页。

第四章 失序:融媒中我国版权制度的不适

果是,版权使用壁垒的不断增多和提高,这自然会抑制作品的传播。其次,传媒产业市场化,使得大量的版权产品越来越集中于少数的传媒公司手中,这些公司不但具备了控制言论市场的能力,而且还能够以拒绝版权许可的方式打压依托新兴传播技术的市场进入者,从而维持其原有的市场垄断地位以及现有的传播方式。①

第二,版权的存在带来现实利益不平等的加剧。作者和媒体企业是版权的两大权利主体,也是版权的两大主要受益方。然而,在传播渠道资源相对稀缺的现实情境下,媒体企业把控着传播渠道,在与作者进行版权利益的分成时较多处于绝对主导地位,他们更多地关心"如何以版权来限制他人取用其产品",而"很少关注在灯泡光线下写断铅笔的孤独创作者"。版权事实已成为媒体企业谋取暴利的手段,出版社、唱片公司、电影电视公司等商业性版权所有者被视为版权保护的范围和程度不断扩大与加强的主要推手之一。② 其次,从国际版权状况来看,发达国家是世界版权作品的最大拥有者,发展中国家是世界版权作品的急切需求者,两类国家在版权贸易中,前者长期处于顺差地位。面对这种情形,发达国家依然倚靠各种优势,操控国际版权贸易规则,使这种版权贸易不平等状况进一步加重。

第三,版权的存在以损害其他基本人权为代价。版权的存在以让渡公民的学习自由权、教育权、信息自由权等基本人权为成

---

① Neil Weinstock Netanel, *Copyright's Paradox*, New York: Oxford University Press, 2008, p.171;转引自尤杰《在私有与共享之间:对版权与表达权之争的哲学反思》,上海交通大学出版社2014年版,第28页。

② 尤杰:《在私有与共享之间:对版权与表达权之争的哲学反思》,上海交通大学出版社2014年版,第72页。

▶▶▶ 失序与平衡:媒体融合中的版权制度

本,① "这个成本发生在发达国家与发展中国家之间时,需要以发展中国家牺牲本国人民基本人权为代价;即使在发达国家内部,该成本发生在少数垄断集团和大部分社会公众之间时,它也需要以社会公众牺牲自己宪法上的自由权为代价"②。

进入融媒环境,计算机网络技术与其他传统信息传播技术的较大差异性,使得其对现有版权制度的冲击不仅有具体制度领域,更延及至版权存在根基的理论学说和广大民众价值观念层面。

二 融媒中版权理论依据的动摇

版权整体上作为一种私权的合理性问题十分复杂,涉及到每一个具体国家的政治、经济、文化以及社会本身的具体情况。③围绕版权的正当性,历史上出现过各种理论论证,但最有代表性的还是威廉·兰德里(Willian Landes)和理查德·波斯纳(Richard Posner)为代表人物的激励理论说、洛克的财产权劳动理论说和以马格尼特·拉丁(Margaret Radin)为代表人物的人格理论说。但是,在当下的融媒空间中,上述理论的适用性和解释力则面临着"失能"和"失势"的危险。

(一)激励理论说的动摇

该理论说的代表人物是美国学者威廉·兰德思和理查德·波斯纳等法学家和经济学家。④ 激励论的主要观点为,人们不能对

---

① 胡朝阳:《知识产权的正当性分析》,人民出版社2007年版,绪言第6页。
② 徐瑄:《知识产权的正当性——论知识产权法中的对价与衡平》,《中国社会科学》2003年第4期。
③ 李扬:《知识产权的合理性、危机及其未来模式》,法律出版社2003年版,第1页。
④ [美]威廉·费歇尔:《知识产权的理论》,黄海峰译,刘春田主编《中国知识产权评论》第一卷,商务印书馆2002年版,第2—3页。

自己的智力成果享有独占权,或者这种权利不被法律保护,那么就不会花大量的时间、精力、金钱等投入到最初的创作、创造中去;人们从事创新、创作的激励就会不足,新的智力成果就不会被大量生产出来。一旦智力成果不足,社会总体效用和社会进步也将受到损害。① 融媒环境中,这种"有智力成果独占权才有创作动力"的说法开始失灵。大量普通内容制作者即使没有产制内容的版权,或说即使作品的版权被侵权了,依然会自觉或不自觉地进行创作。或是为了简单的表达需要,或是为了体现存在感,或是为了和朋友进行知识分享,经常成为他们生产信息内容的目的。

(二) 劳动理论说的动摇

此理论来源于洛克的财产权劳动学说。洛克的劳动学说最初是用来解释有形之物的财产权,后来被逐渐引申到知识产权领域,用来解释智力劳动者对智力产品的所有权问题,成为知识产权正当性理论基础之一。② 该理论的核心观点是,既然人们通过劳动可以确立对劳动成果的所有权,那么作者、发明家理所当然地对自己的智力劳动的成果——作品和发明——享有所有权。美国版权学者梅维利·B.尼美尔(Melville B Nimmer)指出,作者的劳动果实所包含的努力不比其他劳动者创造有形物所包含的少,因此更应给予财产的地位和专有权。③ 劳动理论说的核心初衷是通过赋予劳动者对劳动成果的天赋财产专有权从而对劳动这一人类生存和发展的最基础、最重要的文明行为给予充分肯定。然而,融媒环境中,广大普通用户产制信息内容时并不觉得付出

---

① 何贵忠:《版权与表达自由:法理、制度与司法》,人民出版社2011年版,第73页。
② [美] 威廉·费歇尔:《知识产权的理论》,黄海峰译,刘春田主编《中国知识产权评论》第一卷,商务印书馆2002年版,第4—5页。
③ 冯晓青:《知识产权法哲学》,中国人民公安大学出版社2003年版,第128页。

多少努力,所利用的时间大多是碎片化时间或闲暇时间,也并不需要费多少脑力或体力,他们在大多数情况下并不在乎赋予其生产信息内容以版权身份是表示对其劳动的肯定。

(三) 人格理论说的动摇

代表人物马格尼特·拉丁认为,基于财产权的"个性的视角",人格理论说的核心理念是,"为了获得适当的发展——为了成为一个人——个体需要对外界环境中的资源施加某种控制。"[1]这种控制,可以通过我们称为财产权的一系列权利得到最佳实现。在这里,财产是手段,人格是目的。之所以要赋予个体财产权,是为了创造物质前提以促进个体人格发展。[2] 融媒环境中,部分版权作品对于作者而言所带来的财产收益是微乎其微,很多情况下完全可以忽略不计,因此,指望借助作品版权的财产收益来促进作者人格发展的说法似乎很难成立。

三 信息自由优先论:抗辩融媒中版权正当性的一种理由

所谓的信息自由是指接近、生产和传播信息的自由。信息对人类的生存和发展非常重要,被认为与自由、机会、收入、财富和自尊一样,是公民任何合理生活计划都重要的、必需的"基本的善"[3]。德霍斯认为,原初状态的人都是理性的生活规

---

[1] [美] 贾斯汀·休斯:《知识产权哲学》,杨才然、张萍译,载刘春田主编《中国知识产权评论》第二卷,商务印书馆2006年版,第60页。

[2] 何贵忠:《版权与表达自由:法理、制度与司法》,人民出版社2011年版,第79页。

[3] 约翰·罗尔斯列举了五种首要的善,包括"基本自由(思想自由和良心自由)、移居的自由和多种机会背景下选择职业的自由、各种职业的权力和特权与各种职责、收入和财富,我们大致可以将其理解为可用于所有目的的手段(具有一种交换价值)、自尊的社会基础"。——[美] 约翰·罗尔斯:《正义论》,万俊人译,译林出版社2000年版,第326—327页。

第四章 失序:融媒中我国版权制度的不适

划者。① 要作出更具个性的生活规划,相关信息必不可少,而且多多益善。信息匮乏到一定程度,可能无法形成合理的规划。错误的信息,则可能导致歧视和偏见。② 信息自由属于人类基本自然权利的一种,属于基本人权的范畴,被视为"第一代人权"——表达自由权实现的前提,甚至被认为是高于表达自由权的更"基本"的人权,"信息自由权是积极权利,由表达自由推导而来,但是也高于表达自由,因为它不仅仅高于'不受干涉的'表达自由,而且是'要获得'信息的自由'"③。世界各国宪法中均有明确条款保障信息自由。联合国教科文组织的报告也认为,信息流通自由是知识社会崛起的一个必不可少的条件。根据联合国 1946 年第 46 号决议,信息自由被定义为"一项基本权"。我国宪法第 35 条规定:"中华人民共和国公民有言论、出版、机会、结社、游行、示威的自由。"

过去几百年里,相当长的时间里,信息自由与版权分别处在不同的法律领域,两者互不相干。然而,从 20 世纪六七十年代起,在美国,由于当事人在诉讼中援引表达自由和第一修正案对抗版权主张,学术界才开始逐步关注到两者之间的潜在冲突。④ 虽然该案中直接牵连出的是表达自由和版权的冲突,但其中争论的实质焦点是信息自由与版权之间的争议。20 世纪 90 年代以来,

---

① 原初状态是罗尔斯为论证其"正义原则"而假设的初始状态。处于该状态下的人们会按照"最大最小值"规则选择正义原则。相关内容参见 [美] 约翰·罗尔斯《正义论》,何怀宏等译,中国社会科学出版社 1988 年版,第 17 页。
② Peter Dharos, *A Philosophy of Intellectual Property*, UK: Dartmouth Publishing Company Limited, 1996, p. 174.
③ 郑万青:《全球化条件下的知识产权与人权》,知识产权出版社 2005 年版,第 194 页;转引自何贵忠《版权与表达自由:法理、制度与司法》,人民出版社 2011 年版,第 195 页。
④ 何贵忠:《版权与表达自由:法理、制度与司法》,人民出版社 2011 年版,第 1 页。

▶▶▶ 失序与平衡：媒体融合中的版权制度

随着互联网技术的逐步普及，该争议开始大面积凸显。互联网时代，"人们可以更加便宜、便捷地复制作品；同时用信息技术封锁、控制作品也变得简单，技术手段前所未有地控制了创新作品"①。在此情形下，各国纷纷大幅度修改版权法，版权保护领域被大大扩张，权利对象和内容不断扩大。新修改的版权法引起社会广泛的争议，被认为有违宪法和人权法的嫌疑，侵害了宪法基本权利。②

在讨论有关如何处理两者冲突时，始终有一种"信息自由优先论"的主张。该主张认为：一是信息自由属于人的基本自然权利。版权的出现是为了鼓励发明、创作，追求社会更大进步，它不属于关涉人类基本生存需求的自然权利。因此当版权严重影响到人类获取信息的自由，必须重新考虑它存在的意义。③ 二是信息与物质不同，它不具有物质财富稀缺性特点。物质通常会因为对其使用而使其价值消耗，信息可以无限度地供给每个公民，同一信息可以为许多人同时共享，并不会因为对其使用、交流而造成什么损失，甚至会增值。因此，像保护物权一样保护版权并不明智，相反，对获取信息自由的保护或许更当重要。三是信息自由与版权冲突时常处于弱势地位。版权更多旨在保护私有领域的利益，版权背后时常有强大的实体力量做支撑，如美国，版权业的力量很强大，版权业财团有雄厚的人力、物力和娴熟的法律技巧，有非常强的游说立法、司法的能力，比较容易组织起来表达

---

① 何贵忠：《版权与表达自由：法理、制度与司法》，人民出版社 2011 年版，第 5 页。
② Michael D. Birnhack, *Acknowledging the Conflict Between Copyright and Freedom of Expression Under the Human Right Act*, ENT. L. REV. 24, 2003.
③ 李杨：《知识产权的合理性、危机及其未来模式》，法律出版社 2003 年版，第 164 页。

第四章 失序:融媒中我国版权制度的不适

和争取自己的利益。① 与之对比,信息自由,既有可以是公众个人的利益,也可以是公共利益。公众利益经常由于对象的不特定性,人数众多,而难于组织起来形成一股力量,因此其利益更难于得到表达、保障和实现。② 因此,当两者发生冲突时,惯常来看,应该较多偏向信息自由。

传统媒体环境中,虽然"信息自由优先论"的主张在学术界有一定市场,但总是有一些相反的观点与之竞争和对冲。进入融媒时代,我国有关媒体融合理论研究中,至今还没有学者将版权与信息自由关系列为研究范围之内,也没有直接研究成果支持"信息自由优先论"主张。但从实践来看,该主张已有相当多支持者。2014年4月至6月,笔者曾展开了"中国媒体人版权素养状况的调研",当问及"微信空间中版权和信息自由谁更重要时",有85%的媒体人选择了后者。调查对象是媒体人,但从常识判断来看,媒体人版权素养应该高于一般普通民众,由此可见,赞同"信息自由优先"普通民众应该更多。

"信息自由优先论"之所以在我国有一定市场,可理解的原因为:首先,历史维度看,应该承认,受限于传统媒体资源的稀缺性,民众在利用传统媒体接触信息、生产信息和传播信息方面受限较大,也就是说,民众通过传统媒体实现信息自由方面的有效供给是不足的,而社会的转型、各种矛盾的突发、阶层的分化等诸多因素又使得广大民众对这样不足的解决充满了急切地期待,并且这种期待长期累增。其次,与传统媒体所不同的是,媒体融合不仅能使民众满足通过大众媒体实现信息自由的需求,而

---

① 何贵忠:《版权与表达自由:法理、制度与司法》,人民出版社2011年版,第268页。
② 同上。

▶▶▶ **失序与平衡:媒体融合中的版权制度**

且还能让民众体会到其他大众媒体所不具备的自由传播的酣畅。长期通过传统媒体实现信息自由的期待,以及媒体融合空间自由传播所带来的现实红利,自然会让民众对"自由传播"产生天然亲近,自然会对那些阻碍信息自由的因素产生条件反射地抵触,而在众多民众看来,版权正是作为这样的因素而存在。为此,媒体融合中,当版权与信息自由发生冲突时,后者更容易得到支持便不足为怪。

第五章 平衡:融媒中我国版权制度的优化

促进版权各方的利益平衡,这是科学版权制度试图达到的理想状态。这场延续至今的媒体融合中,既有相对稳定的版权利益格局被打破。作者、邻接权人和使用者这三大版权利益方各自的构成发生了变化。作者群体中既有传统媒体环境中的作者,又有网络媒体环境中的作者,既有职业作者,还有海量的 UGC 用户。邻接权人中既有传统媒体商、网络内容服务商,还有网络技术服务商。使用者既有网络媒体商和传统媒体商,更有大量的普通网民。不仅如此,缘于作为这场融媒最主要驱动力的计算机网络技术频繁更新的特质,版权作品产制、传播、使用方式也处在不断地变动之中,这便意味着版权利益方构成和互相之间的利益分成也将处于不断的变动之中。如何尽可能让融媒中的版权利益重新趋于平衡,这既关涉到融媒中版权作品整体社会效应的最大化,关系到融媒中的版权制度能否实现鼓励版权作品极大创新的同时也能自由传播的核心目标,同时也会影响到媒体融合这一已成为国家意志的行为能否顺利推进。

▶▶▶ 失序与平衡:媒体融合中的版权制度

第一节 融媒中我国版权法律制度的优化

媒体融合对我国版权法律制度所带来的影响广泛而深入。为应对融媒环境中的各种版权问题,我国版权法律制度既需要对版权客体、本体、主体等基础的版权问题给予重新界定,同时也需要对贯穿整个制度中的基本原则进行新调整,并对融媒中较为迫切又很关键的其他版权问题给予回应。

一 版权基础问题的再界定

如前文所述,融媒环境中版权客体、本体、主体的范畴都有待重新界定。客体方面主要是厘清三大问题:一是可版权性判定时需明确独创性的标准,二是对时事新闻这类旧作品版权争议的回应,三是对"时事性文章"的概念范畴清晰化。本体方面主要需要对融媒中版权权利范围重新划分。主体方面主要是"孤儿作品"的合法使用。针对这些问题,本研究给出如下回答。

(一) 以登记制弥补"独创性"难以界定的不足

版权客体中的"独创性"如何衡量?这是个全球性的难题。世界范围看,除德国外[1],两大法系主要国家的著作权法对"独创性"的要求都很低,如英国只要求作品独立完成并有"额头出

---

[1] 德国的独创性判断标准最为严格,其著作权法不仅要求作品包含反映作者个性和创造性的内容,还要求作品必须是作者思想感情的体现并达到一定的创作高度,故将一般的智力活动成果排斥在了独创性的认定范围以外。

汗"的投入，美国略高于英国，认为还必须具备最低限度的创造性。① 但无论是大陆法系，还是海洋法系的著作权法，都没有一个具体可量化的评价标准。"独创性"的低要求，评判标准的模糊性，给实践带来的最大弊端是，大量无创新的低质量作品就可能涌入版权规制的领域，这会给社会带来巨大的规制成本。为解决这样的问题，美国成熟的版权登记制从当前来看是对冲这种弊端影响的一项较优措施。在美国，那些经过专业版权机构审核登记过的版权作品，在面临侵权纠纷时会获得优先的受理权，这便在很大程度上将大量的低质量作品挡在了版权规制的大门之外。我国融媒环境中，几乎是"全民"皆在产制信息，若最低限度创新的标准不明了，那就会让海量低质量作品进入可版权范围内，这对于现有版权制度来说无疑会是巨大的负担。为此，学习美国经验，将我国现有版权登记制刚性化起来，使得登记了的版权作品在版权确权、维权、用权方面享有实在的益处，是一项值得借鉴的措施。②

（二）以"单纯事实消息"取代"时事新闻"的表述

我国《著作权法实施条例》对时事新闻这样解释，是指通过报纸、期刊、广播电台、电视台等媒体报道的单纯事实消息。由此可见时事新闻其实就是指的"单纯事实消息"。原来用时事新闻的表述存在三个弊端：一是"时事"的范围不清楚，二是单纯事实消息范围不明了，三是对普通大众而言不容易望文明义——明白时事新闻其实就是特指单纯事实消息，而容易根据自己的利益需要作出不同的解读：使用者会扩大范围，产制者会缩小范

---

① 李薇：《独创性标准破解网络版权难题》，《中国知识产权报》2010年1月29日。
② 朱鸿军：《冲突与调适：微信空间版权正当性的反思》，《国际新闻界》2016年第12期。

围。这样会大大增加时事新闻的案件纠纷。直接用"单纯事实消息"的表述便可免去前文所提的"时事新闻"表述存在的一、三两大弊端，只需要对"单纯事实消息"的范围进行界定便可。2014年国家版权局公布的第三次著作权修订草案送审稿中采纳了用"单纯事实消息"代替"时事新闻"的表述，第9条提及本法不适用于的第二种作品为"通过报纸、期刊、广播电台、电视台、网络等媒体报道的单纯事实消息"。建议此条如果在全国人大上被采纳，在解释"单纯事实消息"时，可从新闻消息构成的五大基本要素时间、地点、人物、发生什么、为什么，又称5W（when、where、who、what、why）要素来界定，即单纯事实消息仅指具备或部分具备5要素、不带有作者评论、客观陈述一件新闻事件的消息。

（三）"时事性文章"界定的两种建议方案

1. 以"非单纯事实类新闻"取代"时事性文章"的表述。原因：第一，无论是从历史沿革、约束的传播载体，还是实践判例来看，这里《著作权法》第22条第4款所提的"时事性文章"主要是指新闻作品。为此，采用"新闻"替代"文章"的表述。此外，什么是新闻，它的内涵和外延是什么，目前来看都有较为统一的共识，在实践中也容易辨识。第二，之所以取消"时事性"和"政治、经济、宗教问题"的限定，理由是：一方面，事实上这两个定语的内涵和外延是无法给出清晰界定，可理解的弹性太大，不具有实践的可操作性。另一方面也是最重要的是，之所以限定于"时事"和"政治、经济、宗教"两大领域，主要目的是为了保障公众的知情权，知情权是现代民主社会民众所应该具备的最基本的权利。但笔者认为，依照现代民主社会民众知情权的适用范围来看并没非特指政治、经济、宗教领域，在文化、教育、社会等领域民众也都应该有知情权。《著作权法》缩小知情权的范围是否有扩大权利人的利益而缩小社会公众利益的嫌疑。第三，加上"非单纯事实类"的限定，主要是为了将其和"单纯事实消息"相区分，因为后者没有版权，前者有版权，但考虑到保障公众知情权的需要，为此，将其归为了"合理使用"类的作品。此外，为避免这样界定会给此类作品的原创者带来较大的利益损失，可以通过三个条款来作为预设的"防火墙"：

第一，要求权利人，如报纸、期刊、电台、电视台等媒体，如果不愿意这类作品被他人合理使用，则必须在醒目位置发表禁止声明，并规定此时使用人不得违禁使用，违者将受相应处罚。

第二，引入美国评判合理使用的四大质性标准，当与标准冲突时，该情形自动不适用于合理使用。

第三，要求转发使用时与首发新闻保持一定的时滞性。产制新闻，包括"单纯事实消息"和"非单纯事实类新闻"，都是有成本的，而且新闻的质量越高成本越大。目前，传统媒体是高质量新闻的最主要提供方，网络媒体的新闻转载对其损害特别大。虽然网络媒体转载传统媒体的原创新闻时通常会标明出处（极其偶然情况下会事后支付相关转载费用），但转发新闻与首发新闻之间"落地"与受众接触的时差几乎为零，这便会让传统媒体的新闻首发优势失去，而首发优势恰恰是传统媒体"二次售卖"盈利模式中的核心点，没了首发优势就抓不到受众的第一吸引力，没有第一吸引力就没有直接的用户受众，没有直接的用户受众，就没有发行，没有广告，就没有收入，辛苦产制的新闻就会打水漂，是在为他人做嫁衣。

如何既保护传统媒体新闻首发权，同时又鼓励网络媒体积极转发新闻，使新闻的传播范围更广，公众的利益能保护，是否可

▶▶▶ **失序与平衡:媒体融合中的版权制度**

以借鉴国外一些国家要求转发新闻必须与首发新闻之间保持一定时滞的做法来约束"非单纯事实类新闻"的合理使用。如意大利《版权法》规定,在通讯社对它的新闻公报注明了发表日期和时间的情况下,他人在实际公报发布 16 小时内,或在通讯社授权发布的报刊发行前,转载或广播通讯社的新闻公报的,视为非法。美国在 21 世纪初就确认新闻是准财产(quasi'property),在美联社诉国际新闻服务社案中,法院判决后者剽窃前者的新闻传送给自己用户的行为构成不正当竞争;在另一些判例中,法院禁止电台在通讯社未能将新闻送到用户手中之前就广播通讯社的新闻;法院认为,未经允许使用他人新闻中的故事必须在报纸出版 20 小时以后;法院指出,这类案件中的原告的权利并不是版权,而是因为信息是耗费了劳力、技能、金钱等而获得的这样一个事实,新闻的这种财产性决定了它是不可被盗用的。①

2. 用"社论、评论员文章"代替"时事性文章"。我国 1990 年颁布的《著作权法》第二十二条第一款(四)项便规定"报纸、期刊、广播电台、电视台刊登或播放其他报纸、期刊、广播电台、电视台已经发表的社论、评论员文章"属于合理使用,但是后来之所以要改,是为了和国际条约对接——《伯尼尔条约》第十之二第 1 款将这种使用仅限于关于政治、经济或宗教的时事性文章。② 事实表明,国际条约的"时事性文章"表述在世界其他各国实践中也都遇到界定不清的缺陷。

上述两种方案的优点在于概念界定比较清晰,在实践被解读

---

① 郑文明、杨会永、刘新民:《广播影视版权保护问题研究》,法律出版社 2013 年版,第 122 页。
② 天则:《时事性文章合理使用之我见——文章合为时而著 歌诗合为事而作》,《科技与出版》2007 年第 10 期。

第五章　平衡：融媒中我国版权制度的优化

的空间不大。但综合来看，前一方案更佳。它既充分考虑到了公众的公共利益，又设定了保护权利人利益的约束。后一方案的缺点在于，约定的范围太窄，过多地缩小了公众的利益，并且也达不到国际公约相关规定的要求水平。

（四）广播权和信息网络传播权适时融合①

目前我国的三网融合还仅仅处在初级阶段，电信网、广播电视网、互联网还未真正实现三网合为一网，广播电视、互联网、电信网作为独立的信息传播通道依然客观普遍存在。因此，现有的广播权和信息网络传播权的法律界定，基本能解释清三网独立下作品的广播权和信息网络传播权的权利界线。但当三网真正融合时，建议将广播权和信息网络传播权合为一种权利。面对三网融合这一新的技术发展趋势，为解决广播权和信息网络传播权的交叉问题，澳大利亚的做法是两者暂时不合，强调通过设立"在线提供权"用于控制"非交互式"传播，设立"电子传播权"用于控制"非交互式"传播。②但从世界范围来看，据世界知识产权组织《WCT 和 WPPT 的条款适用调查》统计，2003 年 39 个 WCT 成员国中有 19 个国家将广播权和信息网络传播权合二为一，称之为"向公众传播权"。《法国知识产权法典》第 L122 - 1 条的规定，公开表演权中的"表演"是指：以任何方式向公众传播作品，包括公开朗诵、音乐演奏……及在公共场所转播远程传送的作品。其中的"远程传送"是指通过所有电信传播方式，当然包括"广播"和"信息网络传播"。对此，世界知识产权组织前助

---

① 该部分内容参见朱鸿军《三网融合中版权法律制度的不适应及完善》，《新闻记者》2015 年第 12 期。

② 张照龙：《论三网融合环境对广播权和信息网络传播权立法重构方案的选择》，《传播与版权》2014 年第 12 期。

▶▶▶ **失序与平衡:媒体融合中的版权制度**

理总干事米哈依·菲彻尔也认为,法国的公开表演权不仅涵盖《伯尔尼公约》所规定的公开表演作品的行为,而且也包括在《伯尔尼公约》中作为单独权利类型出现的广播权和向公众表演权。此外,哥伦比亚《版权法》第12条(c)款以及第76条(d)款规定的"向公众传播权"包括了公开表演权、广播权和向公众传播权的内容。西班牙《著作权法》第20条第1款也规定了"向公众传播权",其第2款将"公开传播"解释为包括放映、无线广播、有线广播、网络传播等各种传播行为。意大利《著作权法》在规定"向公众传播权"时也将"向公众传播"定义为"使用任何远程手段进行的传播"。[①] 当然,也有学者对这种将广播权和信息网络传播权合二为一的立法模式提出了不同的意见,认为,"三网融合"并不会使得广播、电视、互联网及手机媒体在传播形态上相互消融,而是依旧保持其固有特性,版权的设置应保持其独立灵活性,如果让一种权利涵盖多种作品传播形式,就会使权利变得僵硬、刻板乃至失掉价值。[②] 对此观点,笔者不能苟同。三网融合真正融合后,电视、广播、手机、PC机实际上已是通过同一性质的技术网络在传播和接收信息作品,赋予这些信息作品两种权利弊端在于,一是实践中很难将两者区分,二是有版权权利过于扩张的嫌疑。如果以传播形态固有性为成立此观点的理由,那么是不是PC机、手机、ipad、apple watch等不同接受终端接收传播的作品也应该有不同的版权权利,因为它们各自的传播形态同样有差异性和固有特性。

[①] 焦和平:《三网融合下广播权与信息网络传播权的重构——兼析〈著作权法(修改草案)〉前两稿》,《法律科学》2013年第1期。
[②] Poll Roswitha, *Boekhorst Peterte*, *Measuring Quality*: *Performance Measurement in Libraries*, 2nd ed, München: K. G. Saur, 2007, p.121.

第五章　平衡：融媒中我国版权制度的优化

（五）为"孤儿作品"的网络使用提供法律出口

"孤儿作品"的网络使用问题，正在进行的第三次《著作权法》修订已将其列入了议程。2014年国家版权局公布的第三次《著作权法》修订草案送审稿第51条：著作权保护期未届满的已发表作品，使用者尽力查找其权利人无果，符合下列条件之一的，可以在向国务院著作权行政管理部门指定的机构申请并提存使用费后以数字化形式使用：（一）著作权人身份不明的；（二）著作权人身份确定但无法联系的。

二　版权基本原则的新调整

如前文所述，融媒中版权的先授权后使用原则、合理使用原则、法定许可原则、避风港原则中的相关规定都面临着重新调整，对此，本文的建议是：

（一）以"默示许可制度"弥补"先授权后使用"的缺陷[①]

所谓默示许可，也可称推定许可，是指即便版权人没有明说许可某人使用其作品，但是从版权人的行为以推定版权人对某人使用其作品不会表示反对。在我国，该制度并没有获得正式的法律地位。融媒环境中，众多版权人应该是默示版权作品可以免费转载传播，而且从当前来看，这种默示免费使用的行为在提倡知识分享的网络空间中越来越普遍。但若依照"先授权后使用"的版权常用使用原则，即使在版权人默示许可的情况下，除符合"合理使用"和"法定许可"的情形，否则使用人就不能使用权

---

① 该部分内容参见朱鸿军《冲突与调适：微信空间版权正当性的反思》，《国际新闻界》2016年第12期。

▶▶▶ 失序与平衡：媒体融合中的版权制度

利人的版权作品。默示许可制度便可以为这样的版权作品使用提供合法的依据。

（二）以增设质性规定弥补罗列式"合理使用"规定的不足①

针对合理使用中第一种情形"为个人学习、研究或者欣赏，使用他人已经发表的作品"在融媒空间的不适用性，第三次《著作权法》修订草案送审稿也做出了调整，将该情形修改为"为个人学习、研究，复制他人已经发表的作品的片段"。这样的调整虽然单个解决了这一情形所出现的问题，但依然是采用罗列式方法来确定合理使用的情形。这种立法方式的益处在于具体明确，参照性强，不足在于难以一一穷尽，时常难以适用一些新情况。建议采用美国所用的质性规定划定合理使用范围的方式来弥补这种立法方式的不足。美国评判合理使用有四大标准：（1）使用是否具有商业目的或是为了非营利的教育目的；（2）受版权保护的作品的性质；（3）同整个有版权作品相比所使用的部分的数量和内容的实质性；（4）这种使用对有版权作品的潜在市场或价值所产生的影响。如果我国合理使用制度加入了这些标准，那就不用出现微信朋友圈以"学习、研究或欣赏"为目的的个人作品使用会给权利人带来较大的经济损失，因为依据第四条标准，这样的作品使用就不应该属于合理使用的范畴。

（三）适用于报刊、录音制作者、广播电台、电视台的法定许可情形不适用于网络媒体

《著作权法》第33条第2款、第40条第3款、第43条第2款主要规定的是适用于报刊、录音制作者、广播电台、电视台的

---

① 该部分内容参见朱鸿军《冲突与调适：微信空间版权正当性的反思》，《国际新闻界》2016年第12期。

法定许可情形，那么网络媒体是否也可以不经许可、仅事后支付费用的方式便可刊登或播放他人已发的作品？笔者的回应是：除《信息网络传播权保护条例》的第 8 条和第 9 条规定的情形外，其他状况下不行。理由是：如果答案是行，那将给权利人的利益带来实质性的损害。网络媒体刊登或播放的已发作品，基本上可以与首发作品零时差的速度与受众见面，这是大部分权利人都不愿意看到的。作品首发时间段是权利人获利的最重要窗口期。这时期的作品新鲜出炉，最能满足受众先睹为快的欲望，能卖的最好。错过了这个黄金时间段，作品的受欢迎程度会大打折扣。如一部电影，最主要的票房收入来自首映，一旦下了线，后续的收入大多数时候就权且只能是"补贴家用"了。设若法定许可适用于网络媒体，那权利人的首发优势便没有了，这对其所带来的利益损害就实在太大了。为此，为保护权利人、使用人之间的利益平衡，保护权利人创新的积极性，笔者对本段开头发问的回答是不行。

（四）缩小网络服务商"避风港的口"

版权法律制度中引入"避风港原则"的初衷在于减轻网络媒体的内容审查责任，促进网络媒体的发展。现今来看，网络媒体的确已经壮大起来，而且发展的后劲还非常充足，但与此同时，其利用垄断地位、规模效应和技术优势，滥用该原则的能力也越来越强。另一方面，当前来看，网络媒体是打击融媒空间中巨量侵权盗版行为最有效力量之一，他们既有处在一线的信息优势，也有资金、技术和经验的优势。有必要缩小避风港的口，让其承担更多打击侵权盗版的责任。为此建议：第一，建立反侵权盗版监测系统，如若用户上传了侵权文章，系统可以自动识别并给予封堵；第二，对一些属于高概率侵权盗版的可疑作品，加大审查

> > > 失序与平衡:媒体融合中的版权制度

力度,如微信、微博空间中出现了影视作品,就应该对其承担起审查义务。因为这类作品的制作需要花费大量的人力、物力、财力,通常情况下影视作品的相关权利人一般不会将作品在互联网上免费发布供公众无偿下载或播放。① 第三,畅通内容的举报投诉系统,让侵权盗版内容及时被告知处理;第四,建立侵权盗版黑名单,让一些侵权盗版的惯犯无机可乘。

(五) 适度增加版权补偿金制度②

该制度首见于1965年的德国著作权法,其初衷是对极可能被用以侵害复制权的录音、录像设备或空白录音、录像带,收取一定的金额,以解决私人复制对影视著作权人的不合理侵害。③ 媒体融合环境中,各种新兴媒体技术已经越来越趋于便于侵权盗版行为的发生,为此,通过适度引入版权补偿金制度可以弥补版权人的损失,也缓解广大使用者和版权人之间的紧张关系。

三 其他重要版权问题的法律回应

(一) 从"填平原则"到"惩罚原则":加大侵权的惩罚力度

我国《著作权法》在判定版权侵权赔偿时采用的是填平原则,根据第49条的规定,赔偿数额分三个层级设定:首先按照权利人的实际损失计算;如无法计算实际损失,则按照侵权人的违法所得计算;侵权人的违法所得也无法确定时,则适用法定赔偿

---

① 朱立新:《影视作品的著作权相关问题》,北京市汉卓律师事务所,http://www.110.com/ziliao/article-292011.html,2012年5月9日。
② 朱鸿军:《三网融合中版权法律制度的不适应及完善》,《新闻记者》2015年第12期。
③ 颜欣:《论我国版权补偿金制度的构建》,《魅力中国》2011年3月。

金的规定。① "填平原则的理念是完全、正好地补偿权利人的损失，强调救济与损害的对等。"② 针对"填平原则"在融媒环境中的不适应性，第三次《著作权法》修订草案送审稿响应各方的呼声，改用"惩罚原则"，加大了版权侵权行为的赔偿力度，这在第 76 条中有四处体现：1. 增加了权利人选择赔偿数额计算方式的自由度。"在计算损害赔偿数额时，权利人可以选择实际损失、侵权人的违法所得、权利交易费用的合理倍数或者一百万元以下数额请求赔偿"。2. 将法定赔偿金额提高到了一倍。由 50 万以下提升至一百万以下。3. 增加了对重犯进行经济赔偿的条款。"对于两次以上故意侵犯著作权或者相关权的，人民法院可以根据前款计算的赔偿数额的二至三倍确定赔偿数额"。4. 增加了侵权人配合取证的义务。"人民法院为确定赔偿数额，在权利人已经尽力举证，而与侵权行为相关的账簿、资料主要由侵权人掌握的情况下，可以责令侵权人提供与侵权行为相关的账簿、资料；侵权人不提供或者提供虚假的帐簿、资料的，人民法院可以根据权利人的主张判定侵权赔偿数额"。

（二）支持小版权作品的合并诉讼

"支持起诉"是民事诉讼法的基本原则之一。著名的《新京报》起诉浙江在线案中，浙江高院裁决《新京报》将 7706 件被侵权作品单独诉讼的做法，明显有违这一原则。媒体融合中零散作品被侵权使用的行为处于巨量状态，若都不支持合并受理，那事实上是变相让广大权利人放弃了诉讼维权的手段，变相助长侵权人的非法行为。对于浙江高院的这种判决，最高人民法院知识

---

① 朱瑞：《为网络盗版侵权的赔偿"诊断开方"》，《人民法院报》2014 年 9 月 14 日。
② 同上。

产权庭原庭长蒋志培也认为："分案审理显然违背民事诉讼法的精神，本来原告是一个，被告是一个，侵权方式也是一样。司法机关不该犯这样的常识性错误。"对此，方法之一是对民事诉讼法的合并受理情形做出相应调整，事实上这些规定情形的弊端在其他行业的诉讼中也已越来越凸显出来；此外，权宜之计是最高院对此类诉讼专门做出"支持合并诉讼"的司法解释。

（三）加大刑事处罚的执行力度

融媒环境属于媒体的交叉地带，在这样的地带最容易出现版权侵权的乱象。"猛药去疴、重典治乱"，要想遏制这种乱象，需要加大版权刑事处罚的执行力度。建议：首先，对《刑法》第217条中的"数额较大""数额特别巨大""情节严重""情节特别严重"这判定版权侵权犯罪程度的四种情形给予具体化，可以经济数额为主、社会影响为辅的维度对这四种情形给予界定。其次，明文规定反对"以罚代刑"现象。

第二节　融媒中我国版权行政管理制度的优化

与版权法律制度相比，版权行政管理制度优化的周期相对较短，措施相对灵活，并且考虑到在融媒环境中版权行政管理制度的独有优势，这都使得有加快优化该制度的必要性。

一　加强版权行政管理基础建设

客观来说，应对融媒中的版权问题，现有版权行政力量，不管是机构队伍、体制机制，还是硬件基础设施的建设方面都需要

第五章 平衡:融媒中我国版权制度的优化

大幅度地加强。

(一) 加强机构队伍建设

我国各级版权行政管理部门的组织架构和人员组成,基本都是与平级的新闻出版广电局或新闻出版文化广电局"一套班子,两块牌子",从某种程度上,更多属于后者的一个部门,所拥有的组织架构传统,人员数量少。以我国最高的版权行政管理机构国家版权局为例,只有四个处室,版权处、法律处、信息宣传处和综合处,至今在编人员不到20人。现有的这种组织机构和人员队伍应对融媒中的各种版权纠纷时常力不从心,常需要频繁借调外单位人员来完成工作。为此,应考虑加强现有版权行政管理的机构和队伍建设。考虑到融媒环境和网络环境中的侵权盗版案件技术要求高、专业性强的特征,建议在有条件的版权行政管理部门设立网络版权管理处和对应的网络版权管理中心,凭借专业机构的专业人才和专业技术,使版权行政管理在融媒环境下更专业,更高效。

(二) 建立高效执法机制

高效版权执法机制的建立中,除需要强化执法程序机制和执法监督机制等常规的执法机制以外,针对融媒环境的特征,建议着重加强两项机制的建设:

第一是快速的执法反应机制。媒体融合中版权侵权活动的最大特征便是快,而版权行政执法最大优点同样是快,因此,建立一套快速版权执法反应机制,非常必要。这种快速反应机制尤其"专项整治"在一些重大场合的版权侵权盗版中非常有效。以北京奥运反盗版为例。"奥运期间,国家版权局、工业和信息化部、广电总局、中央外宣办等相关部门则专门成立了'奥运反盗版工作组',小组专门制定了《处理非法转播奥运赛事及相关活动案

▶▶▶ 失序与平衡：媒体融合中的版权制度

件快速反应机制》：实行全国互联网 24 小时监控，凡涉及奥运新媒体转播权的侵权行为，快速处理；指导、跟踪、协调和督办案件查处工作；收集掌握全国奥运新媒体转播权案件查处进展情况和动态信息；积极与国际奥委会进行沟通；组织信息发布和对外宣传等。这套快速反应机制，使得奥运反盗版的案件处理非常快速高效，案件处理最快的仅花了 25 分钟"[①]。

第二是建立科学合理的协调机制。媒体融合中的侵权盗版活动，除涉及新闻出版、广播电视、网信、文化等管理部门之外，还牵涉到工商、公安、电信等部门。多部门联合执法成为常态。为降低部门之间的摩擦，提高执法效率，有必要建立一套科学合理的部门协调机制。北京奥运期间的版权执法之所以效果好，就与奥运期间的"奥运反盗版工作组"具备一套很好的部门协调机制密切关联。在"奥运反盗版工作组"中：国家版权局负责统筹协调工作；工业和信息化部负责接到版权执法部门的通知后，立即采取暂时停止接入、关闭网站等处理措施；广电总局对违规使用音视频节目信号非法转播奥运赛事及相关活动予以严惩；中央外宣办负责做好执行奥运快速反应机制的对外宣传工作等。"遵照'谁主管、谁负责'的工作原则，各成员分工明确，职责清晰，因此，对具体案件的处置得力，成效显著"[②]。为此，基于媒体融合特性，是否可以成立中宣部牵头，国家广播电视总局、国家版权局、国家新闻出版署、国家电影局、中央网信办主要参与，公安部、国家市场监督管理总局、工业和信息化

---

① 朱鸿军：《新媒体时代我国版权保护制度的优化研究——基于新制度经济学视角》，苏州大学出版社 2012 年版，第 123 页。
② 朱鸿军、何桂林：《零盗版——北京奥运新媒体版权保护成功的原因和启示》，《传媒》2008 年第 12 期。

第五章 平衡:融媒中我国版权制度的优化

部等协同参加的"媒体融合反盗版工作小组"。

(三) 搭建国家版权信息数据库

全国究竟有多少作品,这些作品的权利信息怎么样,是否可以将这些权利信息齐全化、集中化等。在创意为王、版权极其重要的信息时代,国家有必要推动"国家版权信息数据库"这样的基础设施建设。数据库可以根据不同媒体类别建立不同的版权信息管理数据库,如"中国图书版权信息管理数据库""中国报纸版权信息管理数据库""中国期刊版权信息管理数据库""中国电视版权信息数据库""中国广播版权信息数据库""中国电影版权信息数据库""中国音乐版权信息数据库"等。当然,可以根据实际情况,循序渐进地组建相关数据库。

如可以依托国家广播电视总局下属的中国电影资料馆建立"中国电影版权信息数据库"。利用该馆掌握的大量有关电影方面的藏本,将这些藏本的版权信息进行再整理,并尽可能收集版权信息的授权状况,然后将所有信息数字化,建立全国性的电影版权信息数据库。对媒体融合中的电影版权管理而言,该数据库至少有三大益处:

第一,便于弥补影片制作个体建立作品版权信息资料库的不足。影片制作个体由于人员流动大、资金不足等方面的客观情况,要保证作品版权信息资料库的全面性和稳定性较为困难。

第二,便于使用者进行电影版权交易时核实电影作品的版权授权状况,并迅速查找和联系到作品的权利人。

第三,便于相关版权纠纷中原告、被告以及法院低成本、快速高效地获取电影作品信息网络传播权的归属和使用权限的信息。

这样的国家版权信息数据库,将为版权行政管理机构提供监

▶▶▶ 失序与平衡：媒体融合中的版权制度

管全国版权使用状况的平台，一旦有版权侵权行为出现，版权行政管理机构可通过标有版权信息的追踪标识码及时捕捉到侵权信息，实施高效精准打击。

二 加大版权侵权行政处罚力度

"治乱用重典"，一些侵权盗版活动行为，都是违法者因违法成本低而有意为之。以2013年百度盗链盗播被起诉为例，案中显示百度长期如此大范围地将"直接在自己的网站上向最终用户提供其他服务提供商的服务内容，骗取最终用户的浏览和点击率的盗链行为，和明目张胆地间接与盗版视频网站群进行盗播"，不是因为该公司没有意识到自身在违法，而更多是因为盗版的收益太大而被惩罚的力度太小的原因所造成。

实践表明，加大处罚力度能有效遏制网络环境中的侵权盗版活动。以北京奥运新媒体版权保护为例。2008年6月12日，国家版权局在2008年打击网络侵权盗版专项行动中规定，6月12日至10月15日，个人拍的有关奥运赛事的DV、电视截屏画面禁止上网传播，个人上传与此相关的博客也属于侵权行为，违者将处以10万元以下罚款，触犯刑律的，追究刑事责任。历届奥运会从未如此严厉处理个人非法传播奥运赛事。2008年8月19日全国"扫黄打非办"、原新闻出版总署下发了《关于全面清查收缴侵权盗版北京2008年奥运会开幕式和奥运相关题材音像制品的通知》，规定音像出版复制单位如生产盗版北京奥运会开幕式和奥运会相关题材音像制品，实行"一票否决"。正是在行政处罚力度加大的前提下，在国内无论是个人，还是媒体商，非法传播奥运赛事的侵权活动都非常少，国际奥委会的自动监控系统表

第五章 平衡:融媒中我国版权制度的优化

明,奥运期间 90% 以上的非法传播都发生在境外。[①]

从版权行政管理的角度,如何加大版权侵权盗版的处罚力度,当前主要可通过两大手段:一是优化专项整治行动。专项整治具有打击力度大、社会影响广、打击效果明显等优点,若增加"飞行执法""不定期执法"等手段可使其发挥更大效力。二是建立长效机制。专项整治能在短期内起到惩治作用,但只是权宜之计,难以治本,因此建议建立一些长效机制。

(1)推行版权使用诚信制度。从国内外许多行业管理的经验来看,建立不良记录档案,推行版权使用诚信制度,是较为有效的惩治行业不法和失德行为的管理制度。针对新闻记者的失德行为,原国家新闻出版广电总局便初步建立了新闻采编人员诚信制度,出台了《新闻采编人员不良从业行为记录登记办法》,建立了"新闻采编人员不良从业行为记录档案"。目前该制度已逐步发挥其效力,正成为震慑新闻不良行为从业人员的一把利器。为此,国家版权行政管理部门是否可与图书、报刊、广播、电视、网络等媒体的相关行政管理部门联合推出版权诚信使用制度:第一,建立媒体侵权盗版记录档案,将侵权盗版记录和图书、报刊、广播、电视、网络等媒体资质审查、年检和评奖挂钩,如对侵权盗版到一定次数的网站,可以吊销它的互联出版或者视频播出许可证。第二,督促大型网络媒体平台商建立个人版权非法使用记录档案,并采取一定的惩罚措施,如累计侵权多少次,或累计侵权使用并被提醒应删除而未删除行为多少次,将不能在平台上发信息,情节严重的,可直接封号。

[①] 朱鸿军:《新媒体时代我国版权保护制度的优化研究——基于新制度经济学视角》,苏州大学出版社 2012 年版,第 124—125 页。

▶▶ 失序与平衡:媒体融合中的版权制度

（2）颁布行业相关强制措施。通过出台部门规章，针对媒体融合和网络中侵权盗版易高发领域出台相关的强制行业标准。如美国联邦通信委员会要求所有的数字电视接收装置及其他能够接收数字电视广播信号的设备必须要安装能够识别"广播旗"的技术装置。"广播旗"是植入数字电视广播信号中的一种数字编码，相关权利人可以通过设置"广播旗"控制节目的再传播。[①] 对应，国家版权行政管理部门是否也可以强制要求互联网电视机、机顶盒生产商在产品中必须安装反盗版装置，强制要求搜索引擎服务商增加识别侵权盗版的产品和链接服务等。

三 整合资源合力铲除侵权土壤

（一）推动建立"一站式"服务版权集体管理机构，促使媒体融合中的版权授权机制更为通畅

授权机制不畅，使用者无法合法方便快捷地从权利人那获取版权作品，在生存压力、外界监督和惩治力量跟不上的情况下，使用者很容易出现侵权盗版行为。而如何将海量的权利人和海量的使用者连接起来，目前来看关键还得依靠著作权集体管理组织这一中介组织。我国现已建立了五大著作权集体管理组织，但是它们针对不同类型媒体作品的版权管理而设立，适用于传统环境，媒体融合中不同类型媒体作品都齐聚到了同一传播空间中，这些作品的版权管理往往涉及现有多个著作权集体管理组织，这会大大增加版权利益方尤其是使用者的交易成本。为此，由

[①] 孙雷：《版权领域内技术措施与相关设备产业的关系》，《知识产权》2008年第1期。

第五章 平衡:融媒中我国版权制度的优化

版权行政管理部门牵头,建立一个由五大版权集体管理组织共同参与的能提供"一站式"服务的版权集体管理机构,很有必要。在这方面可以借鉴法国的 SESAM 经验。SESAM 是由法国五大主要集体管理组织或协会成立的联合管理机构,它帮助管理各个集体管理组织涉及跨媒体作品的权利,为版权利益方提供"一站式"服务,各个集体管理组织通过 SESAM 平台,利用数字网络技术把各自数据库集中到该平台,为版权作品制作者以及在线内容提供者创建一个单一的集中化许可资源。SESAM 还应用了一个统一的费率系统,可以低成本快速授权和分配使用费,也积累了控制利用作品及与盗版斗争的经验。[①]

(二)依托大型媒体(尤其是大型网络媒体)打击海量的侵权盗版

如何治理媒体融合环境中零散、海量的侵权盗版活动,借助市场份额占比高的市场主体如大型媒体的力量,值得考虑。这类媒体,一方面出于自身利益的考虑时常有强烈的反侵权动机,另一方面也有资金、技术、人才和经验等实力展开高效持久的反侵权活动。从政府管理者的角度来看,某种程度上,盯住了这类媒体,借助他们的力量可大幅节约版权管理成本和提高版权管理效率。

1. 鼓励大型媒体自觉维权。媒体融合中的海量侵权盗版问题,于大型媒体而言,自身是最大的受害者,政府管理者应该积极鼓励他们自觉维权。在美国,像谷歌这样的大型网络媒体虽然自己也是许多侵权盗版活动的始作俑者,但当其发展到一定程度

[①] 谢平:《三网融合下影视作品著作权集体管理制度研究》,硕士学位论文,浙江工商大学,2013年,第32页。

▶▶▶ **失序与平衡:媒体融合中的版权制度**

时也正逐步开始扮演反盗版的急先锋。2010年谷歌收购位于西雅图的反盗版软件公司Widevine,该公司的数字版权管理软件已经在2.50亿台网络电视机和其他可连接到网络的设备中使用以防止盗版视频内容,该软件的使用大大增强了谷歌在线视频的版权保护。2012年谷歌又开通了这样的业务,那些生成许多版权移除通知的网站将被谷歌置于搜索结果排列位置中比较靠后的位置。在国内,一些大型网络内容服务商也在主动反击盗版。如2009年由搜狐、激动网、优朋普乐三家牵头,联合全国110家视频网站共同创建了"中国网络视频反盗版联盟",经过多年的努力,那些被起诉的视频网站侵权盗版行为大幅度减少。

2. 借助行政手段要求大型媒体打击侵权盗版。如要求大型媒体将"版权提醒"放置醒目处。一些网站如视频分享网站会收到大量的用户上传内容。在这种情况下,第一时间告知版权了解程度不高的网民注意所传内容版权情况,能起到提醒网民对上传的内容进行自我把关的作用。现今,大部分视频分享网站通常将此类信息放在"使用协议"中,而"使用协议"这四个字又是放在网站主页的最下方。与网页上大幅的视频图片相比,"使用协议"引起用户注意、浏览的概率较小。当用户上传视频时,诸多网站并没有提示用户"注意保护知识产权"的信息出现,只是有类似于"是否同意使用协议"的选项出现,若同意,只需要单击勾选即可,用户往往会忽视阅读使用协议。[①]

基于这些情况,建议版权行政管理部门可以强制要求网站在主页通过醒目的方式,如设置旗帜广告的形式,进行版权提醒,

---

① 牛静:《著作权法律风险内部控制机制》,华中科技大学出版社2012年版,第118—119页。

其内容可以为:"用户您需保证对所有上传的内容,拥有或取得了所有必要的权利,并承担全部法律责任。所称'必要的权利'包括但不限于您有权或已取得必要的许可、授权、准许来使用或授权网站使用所有与上传作品有关的所有专利、商标、商业秘密、版权、表演者权及其他私有权利。因用户您进行上述作品和内容在网站的上传而导致任何第三方提出索赔要求或衍生的任何损害或损失,由用户您承担法律责任。"除此之外,也可以要求网站表明自己的立场,如"本网站一贯高度重视知识产权保护,并遵守中华人民共和国各项知识产权法律、法规和具有约束力的规范性文件,坚信著作权拥有者的合法权益应该得到尊重和依法保护。本网站坚决反对任何违反中华人民共和国有关著作权法律法规的行为"。以此方式,表明网站的版权立场和态度,使"网站诱使直接侵权者进行侵权行为"这一法院审理依据无法成立。[1]

(三)规范第三方数据调查机构,推动建立第三方版权交易平台,促使版权交易市场更加有序

第一,规范第三方数据调查机构。现今的版权价格之所以会出现"公公一个价,婆婆一个价",非常重要的原因是,版权交易方往往根据过往市场经验做出的主观价格判断,各方缺乏一个公平、公正由第三方提供的有关版权作品市场表现的权威数据,如发行量、阅读率、收视率、收听率、点击率等,以此提出让双方都认可的版权价格。目前市场既有的数据调查机构很难从传统媒体、网络媒体那获取真实的数据,一些图书、报纸、期刊、电

---

[1] 牛静:《著作权法律风险内部控制机制》,华中科技大学出版社2012年版,第118—119页。

失序与平衡：媒体融合中的版权制度

视、广播、网络媒体等经常将发行量、收视率、收听率、点击率等视为大姑娘的年龄，保密不说，另一方面，这些调查机构时常本身也不规范，甚至出现人为调整数据的恶劣情况。因此，要形成规范有序的版权价格市场，对这些第三方数据调查机构快速规范化，这是基础性工作。

第二，将版权资产纳入资产价值评估体系。要让内容版权管理成为内容媒体商尤其是传统媒体的自觉行为，需要政府层面将版权资产纳入现有的企业资产价值评估体系。如从国家层面建立一个版权资产价值评估体系，"把版权价值体现在各个文化企业的财务报表里，形成规范和标准"，① 在对出版社、报社、期刊社、电视台、广播台、网络媒体进行年检时，需要对方提供相关的数据。

第三，搭建权威的第三方版权交易合作平台。据业界的反映，基于现有版权交易平台存在这样或那样的缺陷（最主要是权威性不够），建议由政府牵头组建第三方版权交易合作平台。如成立"购买方和政府组成的版权基金"，通过政府部门的介入，利用政府的公信力优势，搭建一个由版权购买方参与的基金平台，在该平台中众多购买方形成一个较大的联合体，以适当的价格购买版权作品后在成员中共享。这样既可以节省购买方的支出成本，又可以避免各家恶性竞争搞内斗。② 其实，我国已有类似的平台，如国际版权交易中心，它便是由原国家新闻出版总署（国家版权局）批准设立，由中国版权保护中心、北

---

① 毛俊玉：《管理版权资产 开拓文化企业掘金之路》，《中国文化报》2013 年 4 月 27 日。
② 徐楠、张晓东、李雪：《网络视频电视版权费暴涨十几倍》，《北京商报》2010 年 3 月 23 日。

京市产权交易所和北京市东城区人民政府三方共建，为全国版权交易提供公平、公正、透明的第三方监管服务平台。此外，一些地方也在推进相关平台的建设，如西安电视剧版权交易中心，以政府引导、政府采购的模式，采用市场化运作的方式，打造电视节目版权"阳光"采购平台，推动版权交易流程的透明化、规范化。

（四）鼓励广大媒体充分发挥所掌握的传播资源，大力宣传版权，提高社会民众的版权意识

影响中国整体版权管理水平提高的短板在哪？答案是，民众的版权意识整体较弱，版权作品使用习惯整体不佳。法律再完备、行政管理再到位、权利人维权再积极，若该短板补不齐，我国版权管理水平便会很快碰到上升的天花板。而且在融媒时代，特别是WEB2.0空间中"知识共享"亚版权文化的盛行，这个天花板的高度有趋于变低的趋势。因此，下大力气宣传版权，让版权意识像空气一样让民众都能感受到，这便是政府相关管理部门当下的一大重要职能。为此，可鼓励广大媒体充分发挥自身所掌握的传播资源，多加生产和传播相关版权宣传的新闻、小说、电影、电视剧等。

第三节　融媒中我国版权社会服务制度的优化

在"强社会，小政府"的社会治理大趋势下，版权社会服务制度应在融媒版权问题的治理中发挥主体作用。

▶▶▶ 失序与平衡:媒体融合中的版权制度

一 大力完善著作权集体管理制度[①]

与传统环境下相比,媒体融合环境下著作权集体管理组织的地位越发凸显。以著作权集体管理组织在三网融合环境与传统环境中地位的参照对比为例,从图1和图2对照来看,从版权利益方的分布来看,三网融合媒体环境下,无论是著作权人、邻接权人,还是使用者,参与的主体都在显著增加。著作权人中不仅增加了网络媒体(ISP和ICP),而且电视机厂商、电信运营商也有成为内容产制的潜在可能,邻接权人中不再仅仅有广电台,一下增加了三位新入者,网络媒体(ISP、ICP,甚至与媒体内容交接较少的互联网商务企业[②])、电视机厂商和电信运营商,使用者领域也不再只有广电台,也增加了网络媒体(ISP和ICP)、电视机厂商和电信运营商,此外还增加了广大的普通用户(如网民、电视机用户和电信用户)。如何将如此众多的版权利益方有效勾连起来,便迫切需要像著作权集体管理组织这样的中介结构存在。此外,由两图也可见,传统环境中,著作权集体管理组织虽然权利人和使用者都有可能经过其展开联系,但这样的通道相对比较淡化,但三网融合环境中通过著作权集体管理组织来实现权利人与使用者联系的必要性越发重要。当前可从以下三方面着力完善媒体融合环境中的著作权集体管理制度。

---

① 该部分参见朱鸿军《三网融合中版权授权的流程机制及困境》,《南京社会科学》2015年第10期。

② 2015年7月29日,PPTV聚力管理委员会主席范志军称苏宁与PPTV将在自有版权与自制内容上发力,并完成门店端、PC端、移动端、家庭生活端的"四端"融合。——文刀:《PPTV发力全媒体版权,欲补内容短板》,《中国版权资讯》2015年7月30日。

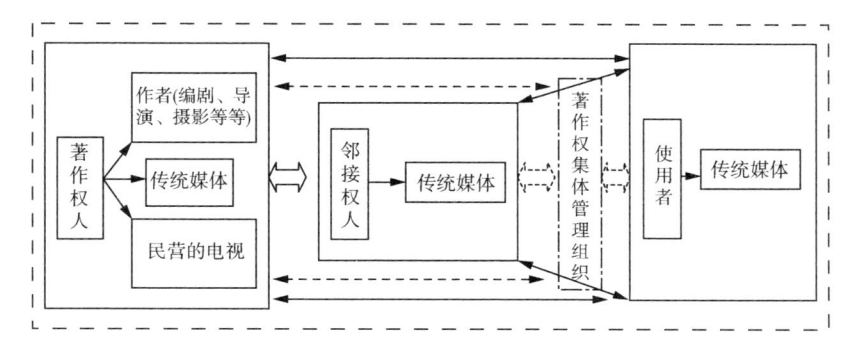

图1 传统环境中的版权利益方及著作权集体管理组织的地位

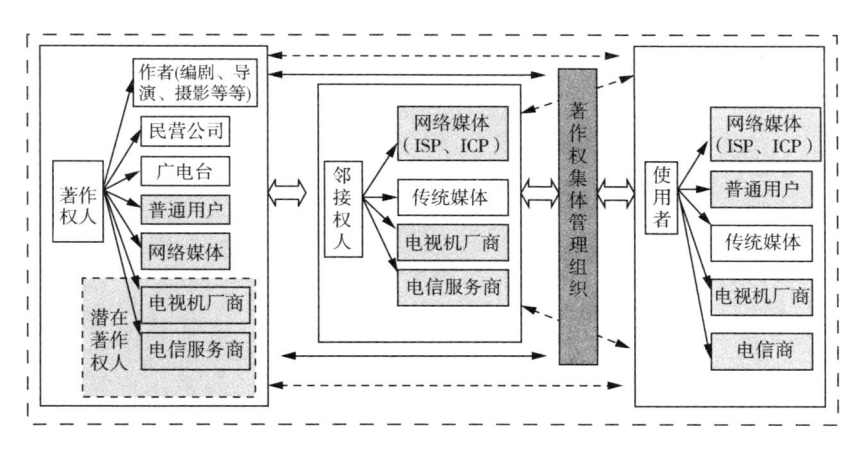

图2 三网融合环境中的版权利益方及著作权集体管理组织的地位

（一）自主化。现有著作权集体管理组织实际是"半官方"性质，当然，包括版权集体管理组织在内的非政府组织从"官办"到"民办"是必然的发展趋势，在其成长期需要政府"扶上马送一程"。但要让著作权集体管理组织真正壮大起来，发挥应有的作用，就必须改变这种过于依附于行政部门，甚至在很多时候成为相关政府管理部门的杂事处理的后勤机构的状况。为此，应竭力促使我国著作权集体管理组织尽早自主化起来，坚持民间化方向，做到负责人由成员选举产生，并争取到一些能对成员有强制约束的职能，如标准制定、行业评价等。

失序与平衡:媒体融合中的版权制度

(二)市场化。世界著作权集体管理组织有两种模式:一是以大部分欧洲国家为代表的垄断模式,一是以美国、加拿大为代表的自由竞争模式。前一模式的集体管理组织往往被政府加以严格控制,确立管理机构在法律上的垄断地位,并明确规定机构的属性、设立、运行等。后一模式使用自主、自律的管理原则,只受反垄断法制约,政府主管机关不会干涉太多。垄断地位有助于帮助著作权集体组织度过成长期,但也很容易滋长他们的惰气,为此,应将他们推向市场,并且鼓励社会资金介入,采用市场化手段来经营。

从西方发达国家的经验来看,在著作权集体管理组织已相当发达的状况下,防止垄断,保护权利人的利益,已经成为他们在该领域进行制度优化的一重要措施。如1941年美国司法部便对"美国广播电台、作家和出版商协会"(ASCAP)提出反托拉斯诉讼。判决中最主要的内容:(1)会员对ASCAP之授权必须是非独占性授权;会员可自行授权他人使用其作品并收取使用费;(2)ASCAP除了一揽子许可外,尚必须采用经济合理的按项目许可的授权方式,以便使用人有所选择;(3)ASCAP对相同类型的使用人必须用同样的标准及方式收费,不得有差别待遇;(4)ASCAP不得拒绝授权给使用人;(5)收费标准需合理,使用人对收费标准的合理性有疑义时,需提请纽约区域法院认定;(6)ASCAP不得拒绝符合入会资格的作者或出版人入会,亦不得对会员施行差别待遇;(7)使用费的分配方式必须客观合理。该合意判决作为规范ASCAP运作的准则,ASCAP必须履行,在此司法监督下,ASCAP的行为受到很大的限制[1],该判

---

[1] 曹世华:《论数字时代技术创新与著作权集体管理制度的互动》,《法学评论》2006年第1期;转引自吕炳斌《网络时代版权制度的变革与创新》,中国民主法制出版社2012年版,第100—101页。

决的这些内容对促进我国著作权集体管理组织的市场化有一定借鉴意义。

（三）数字化。为应对计算机网络技术所带来的诸多问题，在各类著作权集体管理组织的建设中，应尽可能地引入数字化技术，进行全程数字化管理。其中着重加强在线作品数据库和在线许可机制的建设。

"在线作品数据库能够使使用者通过登录版权集体管理组织的网站，方便地查询欲使用作品的版权信息，而且也能方便版权集体管理组织自己查询相关信息。"[1]

作品的在线许可则能简化许可程序，极大地降低许可的交易成本，使申请者能够方便、快捷地获得许可。"目前世界上的版权集体管理组织都在研究通过使用数字技术简化其许可程序的方法来降低成本，同时使潜在的被许可人获得更加快速和便捷的许可"。对我国而言，实现在线许可需要一些基础性技术系统做保障：（1）能够提供给使用者对版权集体管理组织管理的作品进行在线查询的数据库；（2）能够提供使用者进行在线申请并发放许可的系统；（3）可供使用者进行在线支付的系统；（4）向使用者在线提供数字化作品的系统；（5）在这些系统向使用者提供数字化作品中加入符合国际标准的数字版权管理技术保护措施；（6）根据数字化作品中的数字版权管理技术对作品的使用和传播情况进行追踪的系统等。[2]

---

[1] 朱鸿军：《新媒体时代我国版权保护制度的优化研究——基于新制度经济学视角》，苏州大学出版社2012年版，第133页。

[2] 王迁：《高新技术与版权制度》，《版权战略专题研究子课题之五》，国家版权局内部报告，2007年，第33页。

▶▶▶ 失序与平衡:媒体融合中的版权制度

二 由协会牵头集中解决版权问题

(一) 牵头展开维权活动

实践表明,由行业协会出面展开版权维权活动成效很好。如2009年英国音乐版权协会代表超过6万名歌曲创作者向YouTube公司进行版权纠纷谈判,最终后者同意支付高达数千万英镑的版权使用费。①

(二) 建立不同协会的成员信息库,并搭建各种平台促进协会内外成员的互动交流,尽可能缓解海量版权的授权问题

中国版权保护中心、中国出版协会、中国报业协会、中国期刊协会、中国作家协会、中国电影家协会、中国电视艺术家协会、中国广播电视协会、中国互联网协会等与版权相关的行业协会,一方面应尽可能扩大各自成员的数量,另一方面应建立较为完善的成员数据库,通过微博、微信和座谈、联谊、会展等平台,促进协会内部成员之间的交流。不同的版权利益方互动交流多了,寻找版权合作伙伴的难度自然会降低,海量版权的授权问题也自然会得到部分缓解。

(三) 发起成立版权价值评估机构,建立和完善版权评估体系

版权价值评估是版权公平有序交易的基础工作,也是版权纠纷中衡量侵权标的大小、赔偿数额多少的依据。可由相关行业协会发起成立版权价值评估机构,由著作权、投融资领域的专家学者、评估专业人士以及律师组成专业评估组,对作品版权价值进行评估。

---

① 吕炳斌:《网络时代版权制度的变革与创新》,中国民主法制出版社2012年版,第94页。

第五章 平衡:融媒中我国版权制度的优化

三 成立各种媒体行业的版权联盟

目前来看,"联盟"在业务范围与运作方式上比集体管理机构更具灵活性。"联盟"由各类媒体发起成立,遵循自愿加入原则,以媒体的委托合同为依据,代表媒体管理部分版权,并处理其他相关事宜。

在成员委托的基础上,联盟可以从事的业务内容主要包括:(1)接受成员投诉后,代表会员向侵权者提出交涉直至提起诉讼;(2)就转载授权、稿酬分发方式与标准等事宜,与相关联盟进行集体性协商,并达成授权与报酬合同;(3)研究媒体内部版权管理业务规则,通过内部格式合同的方式,规范媒体单位与员工之间的版权法律关系;(4)向成员单位提供版权法律咨询与培训工作。

实践表明,版权保护联盟的出现对侵权盗版能形成较好威慑作用。如2009年之后视频分享网站之所以会出现盗版急速下降的状况,便与2009年初由搜狐、激动网等4家新媒体宣布联合组建"中国网络视频反盗版联盟",集中打击视频分享网站盗版,有很大关联。该联盟成立后,宣布对优酷、土豆等主要视频分享网站上1000余部被盗版侵权的国内影视剧取证保全,并进行索赔诉讼。"这些诉讼迫使几乎所有大型视频分享网站在2010年卷入了一场轰轰烈烈的'去盗版化'运动"[①]。

[①] 牛静:《视频分享网站著作权风向防范机制研究》,华中科技大学出版社2012年版,第4页。

第四节　融媒中我国版权私力救济制度的优化

版权本质上属于私权，版权私力救济制度是离权利人和使用人最近的版权制度。媒体融合中，传统媒体更多时候属于权利人，也是侵权盗版的最大受害者，理应成为版权私力救济制度的积极建设者。媒体融合中，网络媒体更多时候是使用者，也是侵权盗版的施害者，版权私力救济制度离不开他们的积极参与。

一　作者版权私力救济制度的优化

版权设立的最终目的是达到作品社会总体效应的最大化。作者是作品的最终创造者，因此，如何最大限度地激发作者创作的积极性，是整个版权制度优化的中心问题。

（一）多元化：作者的版权私力救济

融媒环境中作者群体在不断分化。既有最重视版权的知名职业作者，如畅销书作者。也有觉得版权的财产权比人格权更重要、以创作谋生的职业作者，如委托作品的写手。还有更在意版权的人格权而不关心财产权的作者，如学术论文的作者。也有对著作权的人格权和财产权都不在意、主张知识分享的作者。诉求不一样，作者在版权私力救济的态度、手段、侧重点等也会趋向多元化。知名职业作者会比传统环境更加重视版权私力救济，并在救济的手段上越趋专业化。委托作品的作者关心的是签约酬劳的多少和能否及时兑现。学者最关心的是作品能否发表，发表后是否会被剽窃，是否会被篡改，至于对作品的其他版权使用，即使是非法使用，也

第五章 平衡:融媒中我国版权制度的优化

不会积极维权,并且设若是能扩大自己美誉度的非法使用,如作品未经许可便在微博、微信被大量转发并赢来点赞和好评,不仅不反对,而且还会支持。主张知识分享的作者不仅不重视版权,还会成为版权的消解力量。版权私力救济制度优化的目的是让整个作者群体的版权意识都强化起来,使他们的版权私力救济手段更加现代化、专业化,然而,多元化的结果便要求根据作者的不同版权私力救济状况展开不同的制度安排。

(二)知识致富:让普通作者重视版权的一种有待激发的动力

作为世俗社会的理性人,物质的激励无疑是最具效率的行为刺激手段,这同样适用于作者。自版权诞生以来,最在乎版权的作者群体毫无疑问是知名的职业作者,如畅销书作者、热门电影的导演、流行音乐的歌手等等,之所以如此,最重要原因是版权直接关系到自己的经济利益。相比较而言,对版权较为漠视的作者群体一般是普通作者,最主要原因也是经济因素——所得的版权收入实在微不足道。然而,进入融媒环境中,普通作者知识致富的概率提高了很多,主要原因在于:

1. 高质量内容需求量极大。融媒环境中虽然知识海量,但高质量版权作品依然稀缺。稀缺就有价值,就有市场。对于受制于内容自制上政策限制的网络媒体而言,通过不惜重金培育大量普通作者成为弥补高质量内容短缺的一大战略举措,如今日头条、腾讯等都鼓励普通作者在自己的平台上创作。于普通作者而言,只要作品能击中受众需求的某一痛点就可能因一文、一照片、一首歌、一视频而一夜成名,或万金进账。

2. 创作的风险被大大降低。传统环境中普通作者经常冒着费尽气力创造出的作品成为"抽屉作品"的风险。融媒环境中,媒介渠道不再稀缺,创作出来的作品,只要作者愿意和不违反相关

▶▶▶ **失序与平衡:媒体融合中的版权制度**

法律都能在网上进行大众传播。

3. 作品受众青睐率大幅提高。人人都是自媒体,作品与受众之间的藩篱被拆除,这一方面提高了作品被受众接触的机会,有接触才有可能被青睐,另一方面也减少了传统环境中作品好坏、发表与否被传媒商主导的弊端。

4. 长尾效应带来的规模效益。在融媒空间中,即使一些在传统环境被视为无市场的小众作品都可能在该效应的作用下汇吸一定市场规模的受众。

5. 中间商收益盘剥大大减少。在传统环境中,传媒商是作品的最大获益者。如在图书出版的收益分成中,正常情况下,有30%—40%左右的收益被出版社获取,只有7%不到的收益归作者。融媒环境中,媒介平台的非稀缺性、内容运营成本低等特征,能使作者获取作品收益的大头,如在知识付费平台"分答"中,回答者能获取90%的问题酬劳[①]。图3,某作者在知乎 live 上进行了一个半小时语音答问,总收益为13.3万多,其中作者分到了近七成的收益,净得9万多,第三方支付平台手续费、苹果支付手续费、知乎服务费减去知乎服务费补贴,媒体商实际收入共有2.5万多,分到了近两成的收益。这与传统环境相比,作者收益分成明显要多得多。

融媒空间知识致富概率的大大提升,无疑会成为作者尤其普通作者创作和重视版权的一种动力,但目前来看这种动力尚未完全爆发,只有部分对市场比较敏感的作者受其驱动并实践,如何使其成为一种群体共识,需要累进的作者自我觉醒,更需要外力

---

① 《知识付费真的火了,从得到、分答、知乎 live 看未来新趋势》,微信公号"舆公说",2017 年 11 月 21 日。

第五章 平衡:融媒中我国版权制度的优化

```
                            ¥90,678.90

收入月份                                              2017年11月

收益总额                                              ¥133,145.76
Live 门票:                                           ¥132,906.00
Live 专题或课程:                                       ¥0.00
赠礼:                                                 ¥239.76
打赏:                                                 ¥0.00

手续费和其它 ❓                                       -¥42,466.86
退款与调整:                                            ¥0.00
第三方支付平台手续费:                                  -¥948.39
苹果支付手续费:                                       -¥12,251.74
知乎服务费:                                          -¥35,983.69
知乎服务费补贴:                                        ¥23,989.13
代缴税:                                              -¥17,272.17
营销费用:                                              ¥0.00
```

图3　某作者在知乎上一个半小时语音答问后的一个月收益分成

的激发和引导。

（三）自我审查：作者版权私力救济时容易忽视的领域

在谈及作者版权私力救济制度时，习惯于将外在利益群体作为制度作用的重点，进而形成相应的警惕意识和风控机制。然而，对于作者而言，一方面在与传媒商和使用者的关系中时常处于弱势甚至是受害者的地位，另一方面自身也可能成为版权秩序的破坏者，以学者为例，他们时常会将信息网络传播权已独占许可给学术期刊的论文私自转发至他人或自己的微信公号上，也会不顾学术期刊的投稿声明，一稿多投。

（四）结盟发力：弥补作者个体势单力薄不足的一条路径

传统环境中，作者、传播者和使用者这三大版权利益方，相

► ► ► 失序与平衡:媒体融合中的版权制度

对而言,作者更多处于弱势地位。在和传统媒体商相处时,受限于媒介资源的限制,作者的话语权很小。作者转让多少权利,如何转让,价格如何,期限如何等,多由传统媒体商说了算。在和使用者的关系中,作为个体的作者而言,也是势单力薄。进入融媒环境,作者如何提高与这两大群体的议价能力,结盟发力是条路径。

二 传统媒体版权私力救济制度的优化

(一)树立版权管理意识

媒体融合中,究竟谁能占据主动,关键看谁有更强的核心竞争力。传统媒体如何将掌握大量高质量版权内容这一优势的效能最大化而不是弱化,就特别需要重视内容的版权管理,树立高水平版权管理是核心竞争力的意识。因为没有很好的版权管理,版权得不到保护,传统媒体便不能从内容获取收益;没有高水平的版权管理,版权没得到很好开发,内容的衍生价值就不能最大化;没有高水平的版权管理,高质量的版权作品将会自动流失到其他媒体那里。

(二)建立版权管理部门

所谓传媒企业版权管理主要指出版社、报刊社、广播电台、电视台、通讯社、电影公司、唱片公司、网络公司等市场主体基于市场契约所赋予的权力围绕传媒版权生产、开发、交易、保护等所开展的活动。[①] 在我国,包括传统媒体在内的诸多文化企业的版权资产管理都很不到位。中国人民大学国家版权贸易基地执

---

① 丁汉青:《传媒版权管理研究》,中国人民大学出版社2017年版,前言,第1页。

第五章 平衡:融媒中我国版权制度的优化

行主任彭翊说,一些文化企业的版权资产除了外购以外,自主形成的版权资产都没有在企业的财务报表中反映,没有进入到企业资产的核算体系中,因此,作为文化企业最重要资源的版权资产,流失很严重。①

长期以来,我国许多传统媒体对版权资产管理并不重视,据中视瑞德文化传媒有限公司相关负责人介绍,"目前,以广电行业为例,至少有一半企业还未成立版权管理部门",一些传统媒体不清楚自身拥有版权资源的真实状况,对很多资源的版权归属也不知道。往往是遇到迫在眉睫的问题,才意识到版权资产管理的重要。

为此,广大传统媒体应该树立"版权就是资产的意识",有条件的应实建立版权管理部门。在这方面,上海文广于2008年在国内地方媒体中率先成立了首个规范节目版权经营、维护节目及衍生产品版权利益的专业机构——SMG版权中心;广东电视台也于2010年在总编室下设了版权管理科,负责全台所有内容版权的管理。

在版权管理方面,中央电视台和中央人民广播电台做的比较早、也比较好。以中央人民广播电台为例,该台较早成立了版权处,这一部门的主要职责是管理电台自1940年成立以来积累的大量音频资源。对中央人民广播电台来说,这是一项新业务,投入了很大的人力、物力及财力。为什么要管理这些音频资源?中央人民广播电台版权处副处长刘振宇说:"仅仅保存好这些音频资源是不够的,我们要想办法让这些资源发挥更大的效益。我们有具体做版

---

① 毛俊玉:《管理版权资产 开拓文化企业掘金之路》,《中国文化报》2013年4月27日。

▶▶▶ 失序与平衡:媒体融合中的版权制度

权资源开发的公司,作为版权管理部门,我们要把版权的权利关系理清楚,把有价值的音频资源分离出来,为后端的开发扫清障碍。"①

总体上看,我国传统媒体的版权资产管理只是处于起步阶段,如何梳理繁杂的版权事务,尽快实现统一管理,仍然是传统媒体的当务之急。

(三) 重视高质量新闻的版权保护和售卖

所谓高质量新闻是指秉承新闻专业主义精神,真实、客观、及时并强调社会责任担当的新闻。近些年来,我国高质量新闻处于整体不景气的状态,主要原因在于:第一,从民众需求的角度来看,民粹主义思潮重新抬头,受该思潮影响的民众对于具有精英话语、理性秩序身份特征的高质量新闻有条件反射的抵触。第二,从供给状况看,高质量新闻的最主要供给者传统媒体缘于整体行业的下滑、"新闻—用户—广告"盈利模式的失灵、新闻版权保护不利等因素在产制高质量新闻的能力和动力都在下降。

然而,从现代文明社会的发展需求来看,无论是政治的民主建设、经济的健康运行、文化的繁荣进步,还是个体文明素养的提升、学习认知的需要,工作生活的需求,高质量新闻都有其极其重要的价值。而且从国际的反馈信息来看,民众对高质量新闻的需求重新回暖,如特朗普执政后《纽约时报》《华盛顿邮报》《华尔街日报》等代表高质量新闻供给者的读者订阅数又开始回升。从国内的形势来看,民众也越来越对社交媒体中虚假新闻泛滥、炒作新闻横行、编校质量低劣等新闻乱象表示反感,对高质量新闻的需求开始反弹。

---

① 毛俊玉:《管理版权资产 开拓文化企业掘金之路》,《中国文化报》2013 年 4 月 27 日。

第五章 平衡:融媒中我国版权制度的优化

在我国,缘于对商业网络媒体的体制外身份和海外资本深度介入的担忧,考虑到意识形态阵地的安全性,政府依然会在新闻产制方面让作为体制内媒体的传统媒体及其所办的新媒体处于较长时间的垄断地位。如何让这样的垄断变现,这就要求传统媒体必须高度重视新闻版权的保护和售卖。

在新闻版权保护领域,传统媒体一方面须尽力推动新闻版权保护具备一个较好的外在环境:推动新闻版权立法保护完善,对关涉到新闻版权的关键法律内容,如时事新闻和时事文章的清晰界定,合理使用中个人使用情形的严格约束,法定许可网络不适用的坚定支持等方面提出要求;呼吁版权行政机关加大对新闻版权侵权盗版的专项整治力度;在社会组织保护方面,推动成立新闻著作权集体管理组织或联盟。另一方面从自身的角度来看,应树立新闻版权是生命的意识,提高新闻版权私力救济的能力。

在新闻版权售卖领域,从国内外经验来看,目前有三种新型的售卖方式值得考虑:

1. 让时事新闻得到财政补贴和社会资金的资助,让宣传类新闻由政府买单。时事新闻是不受版权保护的,但是高质量时事新闻的产制是有成本的。从当前的传播方式来看,时事新闻的原创者无法第一时间将时事新闻用户锁定在自己的媒体上,事实上用户第一时间接触时事新闻的媒体时常是其他媒体尤其是大型的网络媒体。这便意味着时事新闻原创者无法通过报道时事新闻的方式吸引更多的用户,进而获得更多的发行量和广告,意味着时事新闻产制的成本很难收回,更多成了一种公益行为。很显然,这种公益行为若全让自收自支的传统媒体来买单,有失公允,也不具有可持续性。为此,需要政府的财政补贴或社会资金的资助。在宣传类新闻方面,一直以来做法是政府的宣传内容由传统媒体

▶▶▶ 失序与平衡:媒体融合中的版权制度

买单。这种做法本来就违背市场的规律。"谁需要，谁付费"，这是最基本的市场规则。政府向传统媒体提出了宣传任务，当然也应该支出费用。事实上，这种政府购买新闻服务的方式并不会太增加政府的负担，一方面各政府条口的部门一般都有一些宣传经费，另一方面，政府还掌握着诸如重要会议的承办、重大会展的举办等与宣传相近的资源，完全可以通过资源交换的方式来转付相关的宣传经费。此外，这种购买方式也能更加调动传统媒体的积极性，使其更加有动力做好宣传报道。

2. 对"新闻—用户—广告"的二次售卖盈利模式进行网络化升级。正如上文所述，传统媒体"新闻—用户—广告"的二次售卖的盈利模式在传统环境中处于失灵状态。之所以如此，最主要原因在于，虽然传统媒体产制了新闻，但受众第一时间接触到新闻的媒体不是传统媒体而是网络媒体。解决传统盈利模式失灵的途径有两个：一是加强版权保护，网络媒体使用新闻时必须得到许可并付费，传统媒体通过版权售卖的方式来获取收益。二是将该模式网络化升级。将新闻搬至网络空间，通过标题、新闻摘要、网络打分等方式吸引受众，但受众要想进一步看更详细的内容必须收看一定时长的广告才能绕开技术措施。新闻供给者通过广告收入冲抵新闻产制的成本并盈利。

3. 推行新闻付费。受众须付费才能观看新闻。以杂志为例，可以单篇付费、单期付费，也可以是全年收费。财新是全国较早推行、现今依然在运营新闻付费的媒体，目前来看运行效果不错。2018年《三联生活周刊》试水付费，推出了三联中读APP。《南方周末》2018年也正筹划自己的新闻付费项目。从国际经验来看大型传统媒体施行新闻付费已经成为一种趋势。《华盛顿邮报》与《达拉斯晨报》《匹茨堡邮报》《檀香山明星广告人报》

《明尼阿波利斯论坛星报》等 5 家媒体合作推出了数字伙伴项目的特殊付费模式,已于 2016 年开始获利。《纽约时报》自建立付费墙后,2017 年已拥有超过 260 万份数字订阅,数字订阅创造的收入增长了 46%。2018 年英国《卫报》已拥有 80 多万付费用户,其中 30 多万是忠实用户,比两年前增加了 5 倍,据该报首席执行官 David Pemsel 介绍,借助付费模式,《卫报》将在 2019 年实现收支平衡。①

(四)注重版权价值开发

1. 以版权质押方式获得融资

版权是一种无形资产,同时也是一种能变现融资的资产。以版权质押的方式便能获得相应的贷款。以影视作品的版权为例,常见的版权质押融资形式有两种:一是以成片版权融资获得滚动资金来拍摄新的影视作品;一是以未成片的期待版权作为质押标的来获取资金完成作品。国际传媒大鳄们早就通过这种方式来融资,国内一些媒体也尝试较早,2007 年交通银行北京分行与北京天星际影视文化传播公司的电视剧"宝莲灯前传"签订了一份以版权作为质押的贷款合同,成为中国影视产业版权质押贷款的第一例,早期的先行者还有华谊兄弟、北京光线传媒、保利博纳,他们分别于 2008 年先后从北京银行各获得 1 亿元电视剧贷款项目。② 近些年一些银行还专门开设了版权质押的金融业务,如交通银行北京分行的"展业通"文化创意产业版权担保贷款项目、中国银行浙江省分行的"影视通宝"业务等。大量的优秀影视作品,如《花木兰》《集结号》《夜宴》《黄石的孩子》都是以版权质

---

① 张天培:《国外媒体付费阅读模式的新探索》,《新闻战线》2018 年 3 月(上)。
② 吴颖:《版权质押为电视制作业拓宽"财路"》,《中国知识产权报》2009 年 3 月 20 日。

▶▶▶ **失序与平衡:媒体融合中的版权制度**

押的方式获取了资金,其中《集结号》成为国内第一个无实产抵押也没有第三方担保机构,仅用版权质押获取贷款的案例①。当然目前的版权质押也遇到了一些问题②,但对于广大拥有大量优质版权作品的传统媒体来说应意识到版权质押是获得贷款融资的一不容忽视的重要途径。

2. 细分版权权项,注重不同权项价值的充分挖掘

版权是一组权利束,包括各种权项。传统媒体如何才能将版权价值最大化,就需要把这些权项进行细分,充分挖掘各自的价值。以影视作品为例。版权包括剧本的版权、原著的版权与演员的表演权及导演、编剧的相关权利,及影视成品的放映权、发行权、信息网络传播权等等。如果再进一步细分,发行权的许可权益还可分为国内发行权、海外发行权,播出许可还可以分为首轮播出、二轮和三轮播出许可等。从国际经验和国内发达广播电视台的经验来看,都注重将所拥有的版权权项进行细分,在版权交易时尽可能考虑到每一权项的价值,进而实现版权整体利益的最大化。当然也得注意多权项交易容易出现的弊端,比如某广播电视台作为全版权运营

---

① 为规避风险,银行在办理版权质押贷款时通常不会单一以版权为质押物,还会通过组合其他途径来规避风险,如版权+房地产,版权+担保公司,版权+小额贷款模式。

② 一是版权期待权的法律机制不明确,本身版权质押登记就要求你有成片,版权期待权很难获得质押登记。二是版权质押登记机关不明确,这个问题以前有,著作权法修改后已经弥补了,目前是国家版权局来归口做这件事情。三是影视公司的无形资产评估体系很不完善,目前境内没有形成一套针对影视资产的无形资产评估体系。四是专业的评估、担保、保险、监理等机构的缺位导致在版权质押融资项目的法律框架设计中缺少了强有力的支撑点,这也制约了版权质押融资的开展。专业化的担保机构对文化产品的销售、风险处置、产品的再开发方面有比较好的业务资源和渠道,可以起到项目前期的调查、后期的项目监理的作用。目前的担保公司对影视行业的创作、经营都缺乏了解,也没有很好的风险处置渠道。担保机制不完善,融资性担保公司的细则和配套规定目前正在制定过程中。五是影视公司的企业信用体系尚未建立,银行对借款公司的诚信没有充分的认知度,所以实践中常常会出现要求借款公司的实际控制人甚至是商界名人来做无限连带担保责任。——参见王正涵《电影〈集结号〉版权质押模式——版权期待权质押模式》,2014年3月26日,找法网,http://china.findlaw.cn/lawyers/article/d306988.html。

第五章　平衡：融媒中我国版权制度的优化

方，与中国移动已经建立了业务合作关系，现在，他又要打造自己的移动运营平台，这就牵涉到妥善处理两者的关系问题。

3. 版权衍生品的开发

一旦形成优质的版权作品，便围绕作品版权做衍生品的开发，如迪士尼公司每当旗下公司有新的优秀影视作品推出，随之而来的各式各样周边产品，例如玩偶、书籍、文具等也开始出现，目前衍生品业务已成为迪士尼公司非常稳定的一块利润来源。"国内三辰卡通也早已将其动漫形象制作了动画片，出版了图书，开展了特许经营，仅蓝猫一种，其产业链条已经延伸到玩具、服装、钟表、食品、电子用品等十几个行业，系列衍生产品达 6000 多种，并且其海外版权也已输出到美国、中南美洲等 15 个国家和地区"①。

（五）加强技术措施保护

由技术带来的问题，更多要靠技术来解决。国际、国内很多传统媒体都已经采取版权技术措施。这些技术有很多，如加密、防火墙等。对于传统媒体而言，主要是使用复制与传播控制技术以及权利信息管理措施（DRM）。从实践来看，这些技术的运用已产生了较好效应，2008 年奥运视频版权保护中，嵌入了追踪技术的音视频节目，在网上只要出现被侵权行为，数分钟便被发现。2016 年重庆日报报业集团建立了版权维权云平台，实现了确权和侵权作品发现的自动化："维权系统中的确权功能，能够对接发布系统，基本可以做到作品发布即确权，通过北斗授权的时间戳技术和文件加密技术，将全部信息打包存储于服务器中，并通过第三方司法鉴定机构存储唯一验证串码，能够保证确权数据合法可信（同时侵权转载的证据包的证明力也能够

---

① 廉锋：《盛大文学，"全版权运营"探索者》，《创意世界》2010 年第 2 期。

· 267 ·

得到保证)"；"版权维权平台监测系统的监测范围覆盖全网，不仅包括新闻、论坛、博客、评论等传统网络媒体，也覆盖了新浪微博、腾讯微博、微信等新媒体。监测系统根据确权作品的标题、内容在全网进行检索相关的作品数据，并将检索到的作品数据与已确权作品做详细比对，统计分析出内容的相似度、该作品的传播量、在某个时间段的影响力、媒体单位转载排名等详细情况。版权维权平台会在版权追踪模块展示出作品被侵权的情况"。①

(六) 培养版权管理人才

传统媒体版权管理涉及面广，对管理人才也提出了新的要求。相关管理人员既要精通内容的制作流程和业务操作，又要懂得内容的经营开发和再利用，还需熟悉著作权法律制度和本媒体行业版权的法务管理，以及了解财务和计算机网络信息技术的相关知识。目前，这方面人才的选择，主要来自作品生产一线、法务人员或媒资管理人员，综合性人才的培养机制尚未完全建立。为此，传统媒体应当提高重视的力度，可和相关高校组织版权管理人才培训，与此同时，高校中的传媒专业也可以进行跨学科专业培养，为即将到来的媒体融合中的版权管理提供人才储备。②

(七) 组建各类版权联盟

媒体融合后，对每个传统媒体来说，所面对的是海量、无法识别的用户，仅靠单方力量发现侵权并进行主动维权，实在是势

---

① 崔健等：《重庆报业集团的版权保护实践》，《新闻战线》微信公号，2018年3月26日。

② 梁首钢、陈燕：《"三网融合"下内容版权管理新问题刍议》，《南方论坛》2010年第2期。

第五章 平衡：融媒中我国版权制度的优化

单力薄；而且市场版权的定价、交易、保护技术等方面的规范，也需要各传统媒体组建自己的版权联盟来协商完成。如 2014 年 2 月由中国版权保护中心、中国电视艺术家协会、中国电影家协会共同发起组建的影视版权产业联盟，便可完成单个媒体无法完成的诸多事，该联盟的主要功能有：（1）提供影视版权登记与监测保护、调查取证等服务；（2）促进影视版权产业与相关领域的合作；（3）加强与国际同行合作；（4）推动以 DCI（数字版权唯一标识符）体系为核心的数字版权嵌入式服务在影视版权产生、流转、维权活动中的推广和应用。2017 年 4 月 26 日世界知识产权日，《人民日报》、新华社、中央电视台、中国新闻社和中国搜索等 10 家主要中央新闻单位和新媒体网站联合发起成立了"中国新闻媒体版权保护联盟"，并发布了新闻作品版权保护的共同声明。

（新闻单位）关于加强新闻作品版权保护的声明

为贯彻落实中央《关于推动传统媒体和新兴媒体融合发展的指导意见》，推动建立健全传统媒体和新兴媒体版权合作机制，规范网络转载版权秩序，根据国家版权局《关于规范网络转载版权秩序的通知》有关要求，声明如下：

1. 本（新闻单位）采访（拍摄）、编辑、制作、刊登（播出）的新闻作品，包括但不限于本单位首次公开发表的消息通讯、采访报道、调查评论、档案纪录等各类新闻作品，是本（新闻单位）重要的版权资产。本（新闻单位）作为前述新闻作品的版权人，依法对其享有完整的著作权。请各新闻媒体、网络服务商和个人严格遵守著作权相关法律法规。

2. 任何机构或个人，包括但不限于电视台、广播电台、报纸、期刊、互联网服务提供商以及网络用户，除著作权法规定的合理使用外，未经本（新闻单位）书面许可，不得转载、剪辑、修改、摘编、转贴或以其他方式复制并传播前述新闻作品。

3. 各新闻媒体、网络服务商和个人在获得授权转载作品时，应自觉为著作权人署名，不歪曲、篡改原文及标题。转载作品应注明来源，转载网站发表文章时还应注明来源网站的链接地址。

4. 本（新闻单位）将针对前述新闻作品加大版权监控和维权力度，对于未经许可使用前述新闻作品的违法行为将严格依法追究侵权责任。各新闻媒体、网络服务商和个人在接到本（新闻单位）发出的维权通知后，应及时删除侵权内容，否则将依法承担侵权责任。

5. 自本声明发布之日起，各新闻媒体、网站和个人应主动自查并删除涉嫌侵权的内容。如需继续使用相关内容，请及时联系本（新闻单位）进行版权合作。

（新闻单位）

2017 年 4 月 26 日

2017年12月9日至12日，在国家版权局的指导支持下，海南日报报业集团、上海报业集团、安徽日报报业集团等全国20余家省报集团在座谈会上，联合发起成立"全国省级党报集团版权保护联盟"，并集体加入中国新闻媒体版权保护联盟。

（八）宣传版权相关知识

出版社、报刊社、电视台、广播台等传统媒体自身便拥

第五章　平衡:融媒中我国版权制度的优化

有着得天独厚的传播资源,具有很强大的社会动员力,在向社会大众宣传版权相关知识、提高民众版权素养方面,有着义不容辞的责任。更何况这样的宣传对自己、本行业的利益都密切相连。

(九) 抓紧转型升级为新型媒体

传统媒体作为一种落后的媒体被淘汰这是不以人的意志而转移的必然规律。传统媒体与新兴媒体融合的最终结果是,传统媒体蜕变为新兴媒体。传统媒体要想从根本上摆脱版权保护的被动和版权利用的落后,就必须抓紧时间推进自身的新媒体升级转型。不然设若传统媒体的载体都大面积为受众所弃用,那从传统媒体利益的角度来设计版权保护和利用机制就失去了存在的基础。

三　网络媒体版权私力救济制度的优化

随着内容市场竞争进入白热化阶段及版权规制的完善和各相关利益方对版权重视力度的加大,早期那种无视版权大肆网罗各方内容的粗放式经营策略已越发没有出路。如何将高品质内容的版权尽可能多地合法收归所有,已成为绝大多数网络媒体正全力试图实现的目标。

(一) 不以任何借口侵权盗版

历史原因传统媒体对网络媒体在侵权盗版方面不光彩行径诟病较多,而且随着这种行径并没有得到根本性的遏制,这种诟病越发积淀为不信任,甚至升级为敌视。媒体融合环境下,对于严重缺高品质内容的网络媒体来说,在短期内自制产品数量、质量以及成本等都很难适合自身发展状况的形势下,大量购买传统媒

▶▶▶ 失序与平衡：媒体融合中的版权制度

体的作品，成为当下的较佳选择。然而，如何让这种选择能得以实践，网络媒体消除或缓解传统媒体不信任甚至敌视的当务之急是，绝不能以"不可能完成的任务"为借口超脱版权法的制约。正如万方数据相关负责人所说："保护版权最终目的是通过有效地保护版权人的权益，充分鼓励其创造知识的积极性，使社会拥有更多的信息源，促进科技的进步和社会文化的繁荣；而信息资源共享是迅速提高社会对信息资源的获知能力和利用率的最佳途径，其目的同样是为了让社会通过对资源的有效利用创造出更多的知识和财富。对于信息数字化所产生的问题，虽然需要大家以行业特点为背景去给予理解，但绝不能以'不可能完成的任务'为借口超脱知识产权法的制约。否则，最终也会影响到网络服务提供者本身的利益。"①

从国内外的大量案例表明，借助侵权盗版发家道路已走不通，如果缺乏正版意识，进行侵权盗版，网络媒体，无论是ICP，还是ISP，都有可能损失更多的利益。

1. 影响风投资金的获得。媒体融合中有大量的网络媒体，如视频分享网站，大多由风险投资而发展。根据中国互联网络信息中心（CNNIC）2008年对外发布的报告，中国网络视频行业先后吸引了近3亿美元的风险投资，但目前国内视频网站只有1%盈亏持平，其余99%都在亏损。目前还没有实现盈利的视频类网站，其生存还难以摆脱对风险投资的依赖。而要获得持续的风险投资，必须解决好视频作品的著作权问题。在2006年曾融资1000万美元的Mysee网，没有解决好视频作品的著作权案问题，

---

① 黄伟：《强强联合，破解数字化期刊的版权难题》，《知识产权报》2010年9月2日。

第五章　平衡:融媒中我国版权制度的优化 ◀◀◀

这成为其在 2007 年没有赢得第二轮风险投资的一个重要原因。"投资方必然会担忧著作权的法律风险所带来的不确定性,从而考量是否持续为视频分享网站进行风险投资。而视频风险网站一旦失去风险投资的支持,则无法继续正常地运营"①。

2. 网络服务商的企业形象受损。媒体融合中网络媒体之间的竞争非常激烈,一些势头很猛的网络公司,稍有不慎可能便会成为明日黄花。因此,具有良好美誉度对一个网络媒体来说已越来越重要,成为市场取胜的关键。而"内容是盗版的""侵权内容泛滥"这样的指责一直伴随着一些网络媒体尤其是网络内容媒体的发展过程,这成为他们形象塑造中的一根"软肋"。以优酷为例,2009 年 9 月 15 日,搜狐召开记者招待会,宣称优酷为"盗版基地",并在搜狐 IT 频道播发《亿元索赔考验中国最大视频盗版网站》一文,声称优酷"所有内容均为盗版,是中国最大的视频盗版网站"等。该新闻一出,优酷的美誉度严重下降。②"虽然 2010 年 5 月 25 日,优酷将搜狐起诉到海淀区人民法院,要求对方就此言论公开道歉,法院也接受审理程序。但是,著作权法律风险给视频风险网站企业形象带来的负面影响不会立即得以消除,从而严重地损害了网站的企业形象。"③

3. 给企业带来灭顶之灾。美国通用电气公司原总裁杰克韦尔奇在回答别人他最担心什么时说:"其实并不是 GE 的业务使我担心,而是有什么人做了什么法律上看非常愚蠢的事而给公司的声

---

① 牛静:《视频分享网站著作权风险防范机制研究》,华中科技大学出版社 2012 年版,第 108 页。
② 参见《亿元索赔考验中国最大视频盗版网站》,赛迪网,2009 年 9 月 15 日,http://yule.sohu.com/20090915/n268660233.shtml。
③ 牛静:《视频分享网站著作权风险防范机制研究》,华中科技大学出版社 2012 年版,第 109 页。

▶▶▶ 失序与平衡:媒体融合中的版权制度

誉带来污点并使公司毁于一旦。"① 以美国赫赫有名的 Napster 公司为例,"用户利用该公司的软件和系统上传下载的 MP3 文件大多数是受著作权保护的音乐作品。1999 年,美国十几家唱片公司联合对 Napster 公司提起诉讼。2001 年,美国联邦上诉法院作出判决,勒令该公司关闭具有侵犯版权的服务项目。之后,该公司的业务量一降再降,例如利润递减,还背上了债务,最终不得不向法院申请破产"②。

(二) 加大与传统媒体的合作力度

网络媒体主动与传统媒体合作,既是自身的需求,也符合传统媒体的迫切需求。市场化改革深入所带来的政策优惠的减少,网络媒体、移动媒体所带来的巨大威胁,已经让广大传统媒体充分感受到,将版权充分保护好和把版权价值充分挖掘出来,是为自身赢得未来生存和发展的一条较优路径。在这种情势下,传统媒体即使对网络媒体怀有不信任甚至抵触,但迫于生存和发展的现实压力,他们不会太拒绝有诚意网络媒体的合作。实践也表明,与传统媒体合作能给网络媒体带来较大收益,如优酷与各大电视台跨媒体合作方面的业绩就颇丰:2007—2009 年,优酷与电视台的资源共享、联合报道达成众多合作,创造了多起亮点案例:2009 年 12 月 31 日,优酷与江苏卫视同步网络、电视直播诺基亚跨年演唱会,在综艺娱乐互动合作等方面进行了大胆尝试和探索,且效果不错;2010 年 4 月,优酷与安徽卫视合作,安徽网络电视台正式上线,大家在内容、版权运营、品牌共建、广告营销等方面展开全面合作,至今来看

---

① 王莉、赵斌:《央企经营中的法律风险与防范》,《中国审计》2005 年第 8 期。
② 牛静:《视频分享网站著作权风险防范机制研究》,华中科技大学出版社 2012 年版,第 5 页。

第五章 平衡:融媒中我国版权制度的优化

双方对合作都较为满意。

(三) 扩大网络媒体之间的合作

许多网络媒体自身也是侵权盗版的受害者,但网络环境的特殊性,使得网络媒体仅靠一己之力也很难得以维权,假借其他同行的力量,特别是在技术和资金方面都有较大优势的网络媒体的支持就非常必要。此外,与网络媒体之间展开合作,还能大大增加与传统媒体在版权交易方面的议价能力,使整个版权市场版权价格更趋理性、更加规范,网络媒体的获益也能更加最大化。从当前来看,已有网络媒体展开这方面的试水而且效果不错。

2012年,CNTV和百视通共同建立了IPTV集成播控平台,双方将把各自拥有的频道和节目资源投入到总平台并且成立合资公司,负责IPTV中央集成播控总平台的经营性业务。至此,IPTV业务运营商通过直接与合资公司合作,获得中央电视台、上海文广新闻传媒集团以及其他版权拥有者的内容资源,从而避免从不同提供商获得内容资源而面临的诉讼,并且新的播控平台集中了更多地方电视台的节目内容,有利于IPTV的快速发展。[①] 同年4月24日,搜狐视频、腾讯视频、爱奇艺三家国内排名靠前的视频网站三方已达成协议,共同组建"视频内容合作组织"(Video Content Cooperation 简称:VCC),"实现资源互通、平台合作,在版权和播出领域展开深度合作。三方表示将联手对国内外优质视频版权内容进行采购,同时就过去各平台已采购的影视剧作品开展合作。以促进互联网视频行业良性竞

[①] 王梦琳:《三网融合背景下中国IPTV版权保护及发展建议》,《今传媒》2013年第7期。

失序与平衡：媒体融合中的版权制度

争，使版权价格回归理性价值区间，推动视频行业与内容制作行业可持续良性发展"。①

（四）选择合适的版权交易模式

版权交易是联系权利人和使用者的桥梁，版权交易模式也是版权能否得到较好保护的关键影响机制。当下来看，网络媒体常用的版权交易模式有以下两种：

1. 一次性买断模式

"一次性买断模式"是目前普遍采用的版权交易模式。各大网络媒体在意识到"不走正版化，就会惹官司"后，开始大量"跑马圈地"，竞相从传统媒体购买优质内容来吸引用户争夺流量。如2012年爱奇艺投入5000万元买下《太平公主秘史》的网络版权，腾讯视频耗资7000万元购得《宫锁珠帘》，单集价格均超过百万元。

"一次性买断模式"的优势是网络媒体能快速取得暂时性优势，"视频网站获得大量资本的投入后，买剧、囤剧尤其是优质的热播剧，成为企业最快获得暂时优势的方式"。② 该模式所存的不足是：一是"大手笔的内容投入获得收益并不容易。优酷2011年第四季度财报显示，其内容成本已达到9070万元，是2010年的3倍多，不过净亏损近5000万元，而2010年同期毛利润为5040万元。同期，土豆网发布的2011年第四季度财报显示，包括原创内容制作等在内的内容成本达到6650万元，净亏损近1.5亿元。"③ 二是让原本数量不多的优质内容更为稀缺，加剧了版权

---

① 张意轩：《搜狐、腾讯、爱奇艺三大视频平台联合采购版权》，《人民日报》2012年4月26日。
② 姜旭：《新媒体版权价格如何才能回归理性？》，《中国知识产权报》2012年5月11日。
③ 同上。

第五章 平衡:融媒中我国版权制度的优化

价格的居高不下。正因"一次买断模式"存在的诸多不足,一些网络媒体开始越来越谨慎使用它,从2011年四季度开始,众多视频网站不再盲目投钱购买影视剧独家版权。网络媒体购买动力的减少,也正促使版权价值的理性化,"由于版权购买和广告回报的时间差,要消化去年高价采购的版权,还需要一段时间。在此期间,出现了影视剧版权成交量低和成交价格低的现象,这正是版权价格逐步回归理性的一个信号。"①

2. 作品资源共发模式

"一次性买断模式"投入大,收效不明显。为了分摊成本,资源优化,一些网络媒体开始走"作品资源共发模式"。即大家把从传统媒体买断的作品资源拿出大家共享,如2010年2月优酷和土豆网联合宣布,共同打造"网络视频联播模式",在买断的独播剧资源方面进行免费的互相交换。② 这种模式的优势是,既能大大扩充作品资源数量,又部分解决了投入太多、风险过大的问题。

(五) 适度选用技术保护措施

技术是网络媒体的强项,实践中,技术措施也成为网络媒体最常用的版权保护手段。但在技术的运用中,网络媒体应注意的是:(1)降低成本,应避免出现使用防盗版技术的收益远小于成本的现象;(2)简化程序,让民众使用防盗版技术时形成习惯直至觉得不感觉它存在。一些防盗版技术,如DRM技术之所以被一些大网络媒体③所抛弃,就因为用户使用它时程序繁琐且很不

---

① 姜旭:《新媒体版权价格如何才能回归理性?》,《中国知识产权报》2012年5月11日。

② 徐楠、张晓东、李雪:《网络视频电视版权费暴涨十几倍》,《北京商报》2010年3月23日。

③ 在三网融合之前,DRM在互联网有过一段并不算成功的历史,苹果、微软等曾一度放弃了这项技术。——唐凯捷:《DRM——三网融合版权保护正当时》,《电视技术》2011年第6期。

经济，很难形成使用技术版权保护措施的习惯①。此外，网络媒体在使用技术保护措施时也要充分考虑到公众利益，不能因技术原因和自身的利益最大化，使得民众版权使用的合法权益受损害。

第五节 融媒中版权正当性续存的依据②

人类每一次媒体技术的重大革新都会对版权制度带来剧烈地冲击，并随之出现对其正当性的质疑。然而，实践表明，现代版权制度有着很强的韧性，面对冲击，它每次都能通过自我的完善更好地证明自身的合法性。以计算机网络技术为主要驱动的媒体融合再次给现有版权带来了幅度和深度都较大的冲击，并使版权合法性的地位又一次遭到了挑战。但诸多证据表明，融媒中版权

---

① 在培养用户使用 DRM 技术习惯方面，清华大学计算机科学与技术系唐凯捷的"三步法"值得借鉴：第一步：用户广泛使用 DRM。产品要成功，必须获得用户认可，而得到认可的必要条件就是让用户切身感受到该产品的益处。就像杀毒软件一样，先免费推广，赢得大量的用户群之后再从广告进行盈利。DRM 可以复制这一成功模式，首先推广免费的小型 DRM 产品，让用户用 DRM 首先对自己的照片、视频进行控制管理，确实感受 DRM 在保护隐私方式的优势，切身感受版权保护的必要性。一段时间后，用户会逐渐习惯使用 DRM。第二步：提供带 DRM 的媒体文件。等待机会成熟，运营商就可以提供带 DRM 的媒体内容了。可以有两种方式，一种是同内容商合作，以内容商的名义推出带 DRM 的媒体文件进行试点，另一种是从内容商购买内容版权，然后找第三方 DRM 厂商进行版权保护，最好此 DRM 厂商拥有较好的 DRM 用户基础。有了第一步的铺垫，用户对 DRM 的使用不会感觉太复杂，感情上也比较容易接受。DRM 能否成功在此一举。第三步：全面应用 DRM。在前面两步都获得成功之后，意味着运营商可以全面推广 DRM 了，也是 DRM 在广电行业大展拳脚的绝佳时机。广电可以凭借 DRM 的优势吸引更多的内容商，推出更多的业务，抢占更多的市场。这时候也许会呈现这样的景象：运营商争相强调其 DRM 产品的优势；内容商只选择拥有 DRM 的运营商进行合作以及产品销售；而用户偏好选择带有 DRM 的内容。——唐凯捷：《DRM——三网融合版权保护正当时》，《电视技术》2011 年第 6 期。

② 该节内容参见作者已发表的论文《冲突与调适：微信空间版权正当性的反思》（《国际新闻界》2016 年第 12 期）。

第五章 平衡:融媒中我国版权制度的优化

正当性依然有其续存的依据。

一 版权正当性存续的理论依据

(一) 激励理论说续存的依据

虽然媒体融合环境大量 UGC 用户并非因为版权的激励而产制信息内容,"有智力成果独占权才有创作动力"的激励说对他们并不适用。但是我们还应该考虑到一基本事实,即融合空间仍然有相当部分以知名作者和商业媒体为代表的作者和版权所有人依旧视版权的收益激励为其创作和生产版权作品的最大动力,而且在版权内容创作和生产越趋产业化、商业化的当下,这部分权利人是高品质版权作品产制的主体。实践表明,现代高质量版权作品,如一部精彩影片,若没有商业投资或基金支持,将越来越难以完成。而对于商业公司或基金组织而言,若没有现代版权的支撑,他们通常不可能投资支持作品的产制。

(二) 劳动理论说续存的依据

媒体融合中虽然有相当多的 UGC 用户并不在乎版权,并不在乎版权带来财产收益,不在乎以版权方式对其信息产制劳动的肯定。但这并不妨碍法律继续给这些用户所产制的信息内容以版权身份,因为保护包括无形资产物劳动者的所得,以财产权赋予来肯定劳动者的劳动所得,这是对劳动者的起码尊重,同时也是对劳动这一人类区别于动物最大不同、同时也是关涉人类生存和发展最基础行为的保护。此外,赋予用户所产制的信息内容以版权身份,也是为主动放弃版权的内容产制者提供日后追溯版权的机会。最后,劳动理论说续存的另一依据在于,毕竟融媒空间依然有相当多的信息内容产制者在乎版权,在乎版权的赋予其劳动付出所带来的肯定，比如上文所提及的知名作者和商业媒体机构。

（三）人格理论说续存的依据

媒体融合中，该理论学说与上两理论学说续存都有相类似的理由，即除了考虑大量互联网空间UGC用户群体之外，还应该关注作为优质版权作品最主要提供者的职业作者和商业媒体机构的诉求。具体在人格理论说中，我们应该关注职业作者和商业媒体机构版权所有人他们是否在意版权财产收益对其人格发展的作用，一般经验认为，版权财产收益对他们来说相对较多，因此对其人格的促进作用相对会较大。此外，我们也不能因为版权财产收益小就一定得出其对普通UGC用户人格的促进作用就小的结论。总体来看，不能因为大量UGC的版权财产收益小就此否认人格理论说的合理性。

二 版权与信息自由的并行不悖

前文述及的"信息自由优先论"存在三方面偏颇：第一，过多强调信息自由的地位，将信息自由和版权摆在了不平等的位置；第二，只看到版权与信息自由对立冲突面的负面意义；第三，过于强调版权对信息自由的阻碍作用。驳斥这三方偏颇之处的学理依据分别如下：

第一，信息自由是一种人类的基本自然权利，版权虽然是后来权利，但同样也应归为人类基本自然权利的范畴。众所周知，劳动者对劳动成果所拥有的财产权，是人类基本的自然权利。版权主要是财产权，是智力劳动者对劳动成果作品所拥有的财产权，因此，同样也应该和其他财产权一样属于人类的基本自然权利。

第二，版权有与信息自由相冲突对立的一面，但这种冲突对立从另一角度看也可以看作是版权对信息自由的一种制约。信息自由，和任何一种权利或自由一样，都不是绝对的，都不应该侵犯公民的合法自由和权利。版权是公民的合法权利，信息自由同样不能对其加以侵犯。

第三，为防止版权对信息自由会产生威胁，现代版权制度已经通过作品"独创性"要求、版权保护期、合理使用等方面来限制版权。因此，从整体来看，版权并不必然妨碍信息自由，现有的版权法已设置了容纳和保护信息自由的机制。

媒体融合中三种偏颇观点之所以兴起，两方面现实因素值得考虑：一是现有版权制度确有诸多规定与融媒空间惯常的信息接受、生产和传播行为相冲突，如若严格遵守"先授权后使用"原则，那融媒空间的信息就很难实现自由转发。二是如上文所述，互联网的使用一时满足了当下国民长期以来对于信息自由的急切需求，版权在某种程度上成为与之对立的制度而存在，为此，容易遭到诟病。

因此，从整体上来看，媒体融合环境中的"信息自由优先论"学理上站不住脚，现实社会的被迎合也只是暂时和非理性的。随着版权制度适时调整优化和国民信息自由需求得以正常的满足，合理的版权制度将更多以积极的一面与信息自由互相促进、相辅相成。

三 版权优化与实践障碍的消弭

融媒环境中版权在实践中推行所遇到的种种障碍特别容易使人产生质疑其正当性的直观感受。然而，一方面正如"倒洗澡水

▶▶▶ **失序与平衡：媒体融合中的版权制度**

的时候不能将孩子一起倒掉"一样，与这些障碍相比，版权对人类知识创造和传播的贡献更大，另一方面，事实表明只要对融媒环境中的版权制度进行全面的优化，这些所谓的障碍都会得以排除或部分排除。以计算机网络技术为代表的新媒体技术还在以加速度地方式不断的升级换代，由此所带来的媒体融合形态、业态和生态也会不断日新月异，对应，作用其中的版权制度还会出现更多的不适，在实践中遇到更多的障碍。但只要人的私心本性还存在，作为符合人的私心本性的私权——版权都有其存在的价值。这些不适和障碍也都只会作为副产品而存在，都会被不断出现的应对之策予以消弭或部分地消弭。

结 语

　　肇始于20世纪90年代中期延续至今的这场以计算机网络技术为根本推动力的媒体融合，正如长江之水，浩浩汤汤，奔流前行。对于中国而言，如何合理地引导这场媒体融合，使其能和整个国家的治理体系相匹配，优化其中的版权制度自然属于一重要环节。目前来看与传统媒体环境及单纯的网络媒体环境相比，媒体融合环境的版权问题要复杂得多，它既有从前两大媒体环境迁延进来的一些陈旧版权问题，又有两大媒体交融衍生出的新兴版权问题。现有的版权主体制度基于图书、期刊、报纸、电视、广播等传统媒体环境中的版权而设计，作用于融媒环境中的版权治理自然会出现诸多的不适应。种种证据表明这种不适应不仅影响到了融媒环境中版权作品产制、传播和使用的健康发展，同样也严重制约到了整个媒体融合的发展。为此，如何优化媒体融合中的版权制度，已成为各方急切期待找到答案的重大命题。面对该命题，理性的策略是，引起警惕，高度重视，及时应对，但无需过度恐慌。于我国而言，依托已搭建起来的版权法律制度、版权行政管理制度、版权社会服务制度、版权私力救济制度这四大版

▶▶▶ **失序与平衡：媒体融合中的版权制度**

权制度，有针对性地"拾遗补阙"：利用《著作权法》第三次修订的机会及时健全版权法律制度；借助国家版权局已并入中宣部的契机，调动更多资源，将版权行政管理制度这一中国特色高效制度的潜能发挥出来；重点强化中观环节版权社会服务制度，这一应在未来版权治理扮演主角同时也是当前最弱的版权制度；鼓励权利人和使用者不断创新建立更为现代的版权私力救济制度。我国就一定能较好地交份针对该重大命题的"答卷"，我国的版权制度也就一定能与时俱进地契合媒体融合发展的需要。

参考文献

一　中文著作

［美］R. 科斯、A. 阿尔钦、D. 诺斯等：《财产权利与制度变迁——产权学派与新制度学派译文集》，刘守英译，上海三联书店、上海人民出版社1994年版。

［美］保罗·戈斯汀：《著作权之道：从古登堡到数字点播机》，金海军译，北京大学出版社2008年版。

陈昌柏：《知识产权战略——知识产权资源在经济增长中的优化配置》，科学出版社2009年版。

陈传夫：《信息资源知识产权制度研究》，湖南大学出版社2008年版。

陈昕：《美国数字出版考察报告》，上海世纪出版集团、上海人民出版社2008年版。

丁汉青：《传媒版权管理研究》，中国人民大学出版社2017年版。

冯晓青：《企业知识产权战略（第二版）》，知识产权出版社2005

年版。

冯晓青：《知识产权法哲学》，中国人民公安大学出版社2003年版。

［日］富田彻男：《市场竞争中的知识产权》，廖正衡译，商务印书馆2000年版。

顾理平：《新闻法学》，中国广播电视出版社1999年版。

何贵忠：《版权与表达自由：法理、制度与司法》，人民出版社2011年版。

胡朝阳：《知识产权的正当性分析：法理和人权法的视角》，人民出版社2007年版。

蒋凯：《中国音乐著作权管理与诉讼》，知识产权出版社2008年版。

李响：《美国版权法：原则、案例及材料》，中国政法大学出版社2004年版。

李扬：《知识产权的合理性、危机及其未来模式》，法律出版社2003年版。

李扬主编：《产权的合理性、危机及其未来模式》，法律出版社2003年版。

［美］罗纳德·V. 贝蒂格：《版权文化——知识产权的政治经济学》，沈国麟、韩绍伟译，清华大学出版社2009年版。

迈克尔·A. 艾因霍恩：《媒体、技术和版权：经济和法律的融合》，赵启杉译，北京大学出版社2012年版［美］。

［美］尼古拉斯·尼葛洛庞帝：《数字化生存》，胡泳译，海南出版社1996年版。

［法］让－马克·夸克：《合法性与政治》，佟心平、王远飞译，中央编译出版社2002年版。

孙新强、于改之：《美国版权法》，中国人民大学出版社2002年版。

孙英伟：《数字技术时代私人复制的困境与出路》，知识产权出版社 2015 年版。

王迁、[荷] Lucie Guibault：《中欧网络版权保护比较研究》，法律出版社 2008 年版。

王志刚：《出版企业版权战略管理》，社会科学文献出版社 2012 年版。

[美] 威廉·M. 兰德斯、理查德·A. 波斯纳：《知识产权法的经济结构》，金海军译，北京大学出版社 2005 年版。

吴汉东、曹新明、王毅、胡开忠：《西方诸国著作权制度研究》，中国政法大学出版社 1998 年版。

吴汉东、胡开忠：《无形财产权制度研究》，法律出版社 2005 年版。

吴伟光：《数字技术环境下的版权法危机与对策》，知识产权出版社 2008 年版。

谢识予：《纳什均衡论》，上海财经大学出版社 1999 年版。

严波：《现场直播节目版权问题研究》，法律出版社 2016 年版。

杨延超：《知识产权资本化》，法律出版社 2008 年版。

尤杰：《在私有与共享之间：对版权与表达权之争的哲学反思》，上海交通大学出版社 2014 年版。

[美] 约翰·冈茨、杰克·罗切斯特：《数字时代盗版无罪》，周晓琪译，法律出版社 2008 年版。

[美] 约翰·罗尔斯：《正义论》，万俊人译，译林出版社 2000 年版。

曾一昕等编著：《知识产权保护制度的经济学分析》，中国社会科学出版社 2008 年版。

张今：《版权法中私人复制问题研究——从印刷机到互联网》，中国政法大学出版社 2009 年版。

张平：《网络知识产权及相关法律问题透析》，广州出版社 2000 年版。

赵丽莉:《著作权技术保护措施》,武汉大学出版社 2016 年版。

郑成思:《知识产权文丛》,中国方正出版社 2001 年版。

郑文明、杨会永、刘新民:《广播影视版权保护问题研究》,法律出版社 2013 年版。

朱鸿军:《新媒体时代我国版权保护制度的优化研究——基于新制度经济学视角》,苏州大学出版社 2012 年版。

二 中文论文

陈庆麟:《索赔 3 亿元 多家视频联合起诉百度快播盗链盗播》,《新京报》2013 年 11 月 14 日,http://stock.jrj.com.cn/2013/11/14112616148344-c.shtml。

程秀娟:《电视节目版权保护与制播改革》,硕士学位论文,华东政法大学,2010 年。

董琳:《网络版权技术措施刑事保护研究》,《中国出版》2012 年第 4 期。

郭禾:《规避技术措施行为的法律属性辨析》,沈仁干主编:《数字技术与著作权观念、规范与实例》,法律出版社 2004 年版。

郭鹏:《我国技术保护措施及其例外的法律架构完善——对〈著作权法修改草案〉的不修改质疑》,《暨南大学学报(哲学社会科学版)》2012 年第 10 期。

国家版权局:《关于〈中华人民共和国著作权法〉(修订草案)的简要说明》,2012 年 3 月。

国家版权局:《关于〈中华人民共和国著作权法〉(修订草案第二稿)修改和完善的简要说明》,2012 年 7 月。

何育红:《美国关于知识产权和国家信息基础设施的白皮书》,

《著作权》1996 年第 14 期。

李薇：《独创性标准破解网络版权难题》，《中国知识产权报》2010 年 1 月 29 日。

梁志文：《云计算、技术中立与版权责任》，《法学》2011 年第 3 期。

刘林森：《电视节目版权保护引起纷争》，《法制日报》2003 年 1 月 11 日。

刘铁光：《风险社会中技术规制基础的范式转换》，《现代法学》2011 年第 4 期。

牛静：《论视频分享网站的版权侵权责任》，《现代传播》2010 年第 2 期。

彭学龙：《论著作权语境下的获取权》，《法商研究》2010 年第 4 期。

茹竞岩、彭洪庆：《视频聚合平台链接侵权构成分析——广电媒体版权维权思路》，《中国广播电视学刊》2017 年第 7 期。

尚恩·里士满：《报纸赢得在线内容的版权之争》，《中国报业》2011 年 8 月（上）。

孙悦：《报纸与网络版权保护与需求现状（上）——传统媒体与网媒新贵版权博弈》，《中国新闻出版报》2009 年 8 月 6 日。

王迁：《广播组织权的客体——兼析"以信号为基础的方法"》，《法学研究》2017 年第 1 期。

王迁：《今日头条著作权侵权问题研究》，《中国版权》2014 年第 4 期。

王迁：《论版权保护技术措施的正当性》，《法学研究》2011 年第 4 期。

王迁：《论体育赛事现场直播画面的著作权保护——兼评凤凰网赛事转播案》，《法律科学》（《西北政法大学学报》）2016 年第 1 期。

王迁:《论网络环境中表演权的适用——兼评修改草案送审稿对表演权的定义》,《比较法学研究》2017年第6期。

王迁:《论网络游戏整体画面的作品定性》,《中国版权》2016年第4期。

王迁:《网播组织的邻接权保护》,《中国版权》2016年第6期。

王喜军:《论版权技术保护措施的扩张及其限制》,《出版发行研究》2012年第9期。

魏超、陈璐颖:《微博与微信的著作权问题思考》,《中国出版》2015年第8期。

吴汉东、王毅:《中国传统文化与著作权制度略论》,《法学研究》1994年第4期。

吴颖:《版权质押为电视制作业拓宽"财路"》,《中国知识产权报》2009年3月20日。

夏朝羡:《电视版式版权保护研究》,硕士学位论文,华东政法大学,2012年。

谢平:《三网融合下影视作品著作权集体管理制度研究》,硕士学位论文,浙江工商大学,2013年。

熊琦:《论"解除权"——著作财产权类型化的不足与克服》,《法律科学》2008年第5期。

徐涛:《电视版权管理的信息化建设——浅谈数字版权保护技术在电视版权管理中的应用》,《中国广播电视学刊》2012年第8期。

徐瑄:《知识产权的正当性——论知识产权法中的对价与衡平》,《中国社会科学》2003年第2期。

许福忠:《广播组织权中的转播权不应延伸至互联网领域》,《人民司法》2013年第2期。

严威、杨鹏、宋培义：《从战略到策略：媒体版权的战略选择与定价研究》，《新闻界》2012年第20期。

张大伟：《数字版权：互联网精神和版权管理制度》，《国际新闻界》2009年第9期。

张弘、胡开忠：《关于中国广播组织权保护制度的立法动议——兼析〈著作权法（修订草案送审稿）〉第41、第42条》，《北京理工大学学报（社会科学版）》2014年第3期。

张今：《版权法上"技术中立"的反思与评析》，《知识产权》2008年第1期。

张今：《网络传播权立法的价值取向》，《法律适用》2005年第1期。

张今：《著作权保护、数字权利管理与商业模式创新》，《学术交流》2009年第8期。

周贺微：《我国著作权法中广播组织权及其完善研究——兼评我国〈著作权法〉第三次修改》，《邵阳学院学报（社会科学版）》2014年第2期。

朱鸿军：《2017年媒体版权研究的现状、问题与趋向》，《中国记者》2018年第1期。

朱鸿军：《版权问题：制约媒介融合发展的瓶颈》，《出版发行研究》2016年第10期。

朱鸿军：《冲突与调适：微信空间版权正当性的反思》，《国际新闻界》2016年第12期。

朱鸿军、丁斌：《集体抗争与数字化转型：纸媒版权保护路径》，《中国报业》2014年第9期。

朱鸿军：《免费分享：一种值得提倡的学术期刊数据库论文使用》，《编辑之友》2017年第6期。

朱鸿军、农涛：《网络时代报纸版权保护面临的法律障碍》，《中国出版》2014 年第 17 期。

朱鸿军：《融媒环境下学术期刊版权保护之困与突围》，《中国出版》2017 年第 10 期。

朱鸿军：《融媒时代学术期刊版权的侵权情形、法律争议与新秩序》，《传媒》2017 年第 17 期。

朱鸿军：《三网融合中版权法律制度的不适应及完善》，《新闻记者》2015 年第 12 期。

朱鸿军：《三网融合中版权授权的流程机制及困境》，《南京社会科学》2015 年第 10 期。

《著作权案件半数涉网络　纠纷增多　审理难度大》，http：//www. legaldaily. com. cn/index _ article/content/2011 - 07/22/content_ 2806659. htm？ node = 5955。

左玉茹：《〈著作权法〉第三次修改草案述评》，《电子知识产权》2012 年第 4 期。

三　英文著作

Drahos, Braithwaite, *Information Feudalism*：*Who Owns the Knowledge Economy*？London：The New Press, 2003.

G. Davies, *Copyright and the Public Interest*, 2nd ed., Sweet and Maxwell, London, 2002.

Hugh Laddie, Peter Prescott, Mary Vitoria, *The Modern Law of Copyright and Designs*, 4 th ed., LexisNexis, London, 2011.

Jessica Litman, *Digital Copyright*, Prometheus Books, 2001.

John B Thompson, *Books in the Digital Age*, Polity Press, 2005.

John V. Martin, *Copyright*：*Current Issues and Laws*, Nova Publishers, 2002.

Lawrence Lessig, *Free Culture: How Big Media Uses Technology and the Law to Lock Down Culture and Control Creativity*, Penguin Press, 2004.

Lawrence Lessig, *The Future Ideas: The Fate of the Commons in a Connected World*, Vintage Books, 2002.

Lewis C L, Davidson J S, *Intellectual property for the internet*, Wiley Law Publications, 1998.

L. Ray Patterson, Stanley W. Lindberg, *The Nature of Copyright: A Law of user's Right*, Athens: the University of Georgia Press, 1991.

L. Ray Patterson Stanley W. Lindberg, *The Nature of copyright: A law of Users Right*, The University of Georgia Press, 1991.

Lynette Owen, *Selling Rights*, Routledge, 2005.

Martin Senftleben, *Copyright, Limitations and The three-step Test*, Kluwer Law International, 2004.

Megumi Ogawa, *Protection of broadcasters'Rights*, Lediden/Boston Martinus Nijhoff Publishers, 2006.

M Ficsor, *The Law of Copyright and the Internet: the 1996 WIPO Treaties, their Interpretation and Implementation*, Oxford University Press, 2002.

Michael A. Einhorn, *Media, Technology and Copyright: Integrating Law and Economics*, Edward Elgar Publishing, 2004.

Neil Weinstock Netanel, *Copyright's Paradox*, Oxford University Press, 2008.

Paul Goldstein, *International Copyright: Principles, Law and Practice, Oxford University Press, 2001.

Peter Dharos, *A Philosophy of Intellectual Property*, London: Dartmouth Publishing Company Limited, 1996.

Robert Burrell, Allison Coleman, *Copyright Exceptions: The Digital Impact*, Cambridge University Press, 2005.

Samuel Bowles, *Microeconomics: Behavior, Institutions, and Evolution*, Priceton university Press, 2004.

Sheldon W Halpern, *Copyright Law: Protection of Original Expression*, Carolina Academic Press, 2002.

Silke von Lewinski, *International Copyright Law and Policy*, Oxford University Press, 2008.

Simon Stokes, *Digital Copyright: Law and Practice*, Lexisnexis Butterworths, 2002.

Stephen Fishman, *The Copyright Handbook: How to Protect & Use Written Works*, Nolo, 2004.

Stuart Minor Benjamin, Dougla Gary Lichtman, Howard A Shelanski, *Telecommunication Law and Policy*, Carolina Academic Press, 2001.

Suzanne Scotchmer, *Innovation and Incentives*, MIT Press, 2004.

William F. Partry, *The Fair Use Privilege in Copyright Law*, 2nd ed, Washington D. C., BNA Books, 1995.

William W. Fisher Ill., *Promises to Keep: Technology, Law and the Future of Entertainment*, Stanford University Press, 2004.

四 英文论文

Alex eaton-salners, "*DVD Copy Control Association v. Bunner: Free-*

dom of Speech and Trade Secrets," Berkley Technology Law Journal, Vol. 19, 2004.

Andrew Christie, "*The New Right of Communication in Australia*," The Sydney Law Review, Vol. 27, 2005.

Christina J. Angelopoulos, "*Freedom of expression and copyright: The double balancing act*," I. P. Q., 2008. Christopher Geiger, "*Trade marks and Freedom of Expression-The Proportionality of Criticism*," IIC, Vol. 38, 2007.

Glynn S. Lunney, "*The Death of Copyright: Digital Technology, Private Copying, and the Digital Millennium Copyright Act*," Virginia Law Review, Vol. 87, No. 5, 2001.

Matt Jackson, "*From Broadcast to Webcast: Copyright and Streaming Media*," Texas Intellectual Property Law Journal, Spring, 2003.

Michael D. Birnhack, "*Acknowledging the Conflict Between Copyright and Freedom of Expression Under the Human Right Act*," Entertainment Law Review, 2003.

Michael D. Birnhack, "*Acknowledging the Conflict Between Copyright and Freedom of Expression Under the Human Right Act*," Entertainment Law Review, Vol. 24, 2003.

Mmerman, Diane L., "*Competing Perspectives and Divergent Analyses Fitting Publicity Rights into Intellectual Property and Free Speech Theory*," Journal of Art and Entertainment Law, Vol. 283, 2000.

Weinrib, Lloyd, "*Copyright for Functional Expression*," Harvard Law Review, Vol. 1149, 1998.

后　记

人生的第三部著作终于到了收官之时。提笔写后记的此刻，我正在回京的高铁过夜车上。转望窗外，黑夜沉沉，玻璃窗面上看到的是略显疲惫的我，坐在睡铺边沿，趴在狭窄的茶几桌上，急冲冲地敲击着电脑。此情此景在过去的5年已不知出现过多少回。

从哪说起呢？就从为什么十多年我都坚持研究版权谈起吧。2006年，我开始踏入版权研究这块领域，那时版权议题在新闻传播学界还很冷僻，圈内研究者屈指可数。但自那时起我就一直执拗地看好它。内容是信息传播空间的核心主体。在信息传播领域中，内容的版权出了问题，就正如现代社会公民的私有财产权出了问题一样严重。现代版权存在的核心主旨在于最大限度地释放人类知识作品创作的潜能，促使人类知识作品社会效应的最大化。虽然从版权300多年的发展史来看，其实际的运行效果离这样的主旨还有不小的差距。但也正如公民的私有财产权虽然存在这样或那样的不足，但至今找不到比其更好的激励公民创造财富的制度一样，目前来看，版权依然是激励人们创造知识作品的最优制度。正是抱着对版权重要性的执着信任，不知不觉我已坚持

后 记

12年研究它。侥幸的是，我的执着似乎是正确的。10多年前版权这个在新闻传播学舞台上很不起眼的跑龙套角色正在逐步被各方所关注，所演的戏份正越来越多。我也坚信，在未来越来越强调创意、创新的信息社会里，版权的地位将越来越凸显，版权的研究空间也将越来越大。

之所以将媒体融合中的版权制度作为研究对象，主要原因在于，我一直直觉地认为，媒体融合说到底是媒介内容的融合和载体的融合，如果内容的版权出了问题，那媒体融合就会出现"肠梗阻"。现今这样的直觉判断得到了印证。太多的证据表明，版权问题已成为制约我国媒体融合发展的掣肘。如何将其排除，自然会求助于版权制度的创新。研究发现，这样的求助能够奏效。虽然这场以计算机网络技术为代表的新兴媒体技术为根本驱动的媒体融合中，现有版权秩序正面临着重大的调整，但与历次由信息传播技术的重大变革所带来的版权应对一样，于我国而言，优化融媒中的现有版权制度，失序的版权会重新趋向平衡，媒体融合的进程也将愈加顺畅。

"研究是门缺憾的艺术"和"研究中苛求完美是一种病态"，香港城市大学创意媒体学院李金铨教授的两句金句开导时常成为我鼓足勇气将认为拿不出手的成果公开发表的托词，这本书也如此。自我检讨，这本书存有诸多缺憾，如文章架构铺的有点大，面面俱到，时常会出现单点深入的不足；国外追踪不多，研究视野尚需拓宽；一线调研不够，有的现实痛点没能捕捉，所提的方案难免会有"坐而论道"之嫌，等等。为此，诚望本书读者多用审视、批判的眼光来看它，本人也诚心实意地期待有识之士提更多批评，乃至棒喝。于我未来的研究而言，也希望能将这些缺憾慢慢弥补。

失序与平衡：媒体融合中的版权制度

本书是本人多年研究成果的结晶，一些成果已经陆续在《国际新闻界》《出版发行研究》《中国出版》《新闻记者》《南京社会科学》《现代出版》《新闻与写作》《中国编辑》《中国记者》等杂志发表，其中有2篇还被人大复印资料《新闻与传播》全文转载，1篇获第七届中华优秀出版科研论文奖，另一篇获首届全国编辑出版学优秀论文奖（排名第一）。在此感谢这些刊物的支持和编辑的付出。另外，此书的完成，还需特别感谢一些人。感谢恩师柳斌杰先生一直以来对我的辛勤栽培和厚望，感谢中国社会科学院新闻与传播研究所唐绪军所长尽可能为我创造了不受干扰的研究环境，感谢宋小卫研究员曾经为书中的一些文章字斟句酌的改写，感谢单位的其他领导和同事，在此不一一列举。感谢责任编辑陈肖静女士为本书顺利出版的辛勤工作。感谢家人一直以来默默支持我的清贫学术之路。最后也给自己一点勉励，过去五年顺利渡过了常人难以体验的艰辛。

收笔之际，列车里提醒夜休的广播已播完。希望自身的人生也像这奔腾的列车，朝着既定的目标，开足马力，一往无前。就此搁笔！

2018年2月26日夜于回京的列车上（2020年8月20日修改）